民國時期文獻保護計劃

Preservation and Conservation
Project of Materials in Minguo Period (1911-1949)

民國時期文獻
保護計劃

成 果

京報副刊

總目、索引

鄧詠秋　李　強　編

國家圖書館出版社

圖書在版編目（CIP）數據

京報副刊：總目、索引 / 鄧詠秋，李强編 . -- 北京：國家圖書館出版社，2016.4
（2016.8 重印）

（民國文獻資料叢編）

ISBN 978-7-5013-5743-7

Ⅰ.①京…　Ⅱ.①鄧…②李…　Ⅲ.①報紙—副刊—目録②報紙—副刊—索引
Ⅳ.① Z87

中國版本圖書館 CIP 數據核字（2015）第 292037 號

書　　名	京報副刊：總目、索引
著　　者	鄧詠秋　李强　編
叢　書　名	民國文獻資料叢編
責任編輯	鄧詠秋　李强
重印編輯	張慧霞
封面設計	敬人書籍設計工作室

出　　版	國家圖書館出版社（100034　北京市西城區文津街 7 號） （原書目文獻出版社　北京圖書館出版社）
發　　行	010-66114536　66126153　66151313　66175620 66121706（傳真），66126156（門市部）
E-mail	nlcpress@nlc.cn（郵購）
Website	www.nlcpress.com →投稿中心
經　　銷	新華書店
印　　裝	河北三河弘翰印務有限公司
版　　次	2016 年 4 月第 1 版　2016 年 8 月第 2 次印刷

開　　本	787×1092 毫米　1/16
印　　張	19.5
字　　數	280 千字

書　　號	ISBN 978-7-5013-5743-7
定　　價	180.00 圓

"民國時期文獻出版工作委員會"名單

（按姓氏筆畫排列）

"民國時期文獻編纂委員會"名單

（按姓氏筆畫排列）

主　　　任	周和平	韓永進		
副　主　任	王建朗	陳　力	黃修榮	程天權
委　　　員	王奇生	王開學	毛雅君	方自今
	朱志敏	全　勤	何振作	汪朝光
	金以林	周德明	倪俊明	徐大平
	徐曉軍	高　紅	陳謙平	桑　兵
	孫伯陽	黃興濤	楊奎松	詹長法
	厲　聲	鍾海珍	羅志田	

"民國時期文獻出版工作顧問委員會"名單

（按姓氏筆畫排列）

總　序

　　中華文明之所以博大精深、源遠流長，不僅與未曾斷裂的文字記錄有關，也與自古有"易代修史"和重視文獻收集、整理等優良傳統密不可分。明有《永樂大典》、清有《四庫全書》，都是有力的佐證。自新中國成立，特別是改革開放以來，我國日漸加大對古代各時期文獻整理和保護工作的力度，但對具有重要價值又亟需保護的民國時期文獻的重視程度尚需進一步加強。

　　民國時期是中國歷史上一個重要而特殊的嬗變時期，新舊交匯、中西碰撞，形成了社會轉型期特殊的文化景觀；同時，這一時期也是中華民族遭受外侮、充滿災難的時期。僅從文化角度考察，一方面傳統文化得到進一步的整理繼承和批判揚棄，另一方面西方文化又強烈衝擊和影響著當時人們的思想與行爲。特別是馬列著作的譯介與傳播，不僅深刻影響著人們的思想意識，而且直接導致了新民主主義革命的爆發，並由此帶來一系列社會巨變。這些政治、經濟、文化、社會的巨大變革，形諸文字，輔之於出版業和新聞業的飛速發展，使得民國時期的出版發行業達到了空前的規模。短短數十年間，積累了圖書、期刊、報紙以及檔案、日記、手稿、票據、傳單、海報、圖片及聲像資料等大量文獻。這些文獻正是記錄、反映民國時期政治、經濟、軍事、文化等諸多方面的重要載體。

　　概括而言，民國時期文獻具有以下特點：第一，數量衆多。據初步估算，民國時期文獻數量遠遠超過存世數千年的古籍總量，僅國家圖書館一館所藏就達 88 萬餘冊。第二，內容豐富。該時期文獻涵蓋了政治、經濟、文化、軍事等領域，既有政府公報、法律規範等方面的文獻資料，也有

豐富的文學作品。同時，電影及唱片等作品也大量出現。無論在內容上，還是在文獻形式上，均極爲豐富。第三，歷史和學術價值高。民國時期，中國經歷了內憂外患，中國共產黨領導中國人民開展了艱苦卓絕的革命鬥爭，在中國歷史上寫下了輝煌篇章，產生了大量革命歷史文獻。這些文獻歷久彌珍，是研究中國共產黨黨史的珍貴資料。民國時期又是各種思想交匯、碰撞的時期，留下了大量記載時代印跡的資料，在政治、法律、語言文字、歷史等諸學科都留下了豐富的文化遺產，對研究民國時期的歷史，尤其是人文社會科學，有著重要的借鑒意義。第四，現實意義重大。民國時期形成的邊疆墾務、農商統計、中國經濟志、賑災史料等文獻，對研究國家主權、邊境、民族、軍事以及農業、水利、經濟等均有重要的現實意義，同時也是開展愛國主義教育、革命傳統教育和國情教育的生動教材。例如，大量有關"東京審判"的文字記錄、照片、影像資料，集中反映了日軍侵略中國的歷史，是日本軍國主義侵華罪行的有力證據。第五，紙張和印製品質不佳。民國時期正處於從手工造紙向機械造紙轉換的初期，所產紙張酸性高，加之印刷、裝訂等工藝的自身缺陷，造成了文獻印製質量上的先天不足，致使很多文獻出現了嚴重的老化或損毀現象，其保存難度大大高於傳統手工紙文獻。民國時期文獻的上述特點，決定了對其進行保護的思路必須隨著科學技術的發展不斷創新，如在文獻普查、原生性保護基礎上，充分利用影印出版、縮微、數字化等再生性保護方式，以期達到事半功倍之效果。

國家圖書館是國家總書庫，履行國內外圖書文獻的收藏和保護職能，爲中央和國家領導機關立法決策、國內科學研究和公衆提供文獻信息服務。文獻作爲一個國家的歷史積澱和文化載體，肩負著國家和民族的文化傳承重任，保存、保護和利用好這些文獻，是圖書館人的歷史責任。2011年，在文化部、財政部支持下，國家圖書館聯合業內相關單位啟動了"民國時期文獻保護計劃"，旨在通過文獻普查、海內外文獻徵集、

整理出版，以及文獻保護技術研究等各項工作的開展，切實有效地搶救與保護民國時期文獻。

文獻整理出版是保護計劃的一項重要内容，由國家圖書館策劃，將依據文獻的館藏特色、資料類型、瀕危狀況、珍稀程度和社會需求等方面，整合各文獻存藏單位所藏，彙集相關領域專家與出版工作者等多方力量，採取“民國文獻資料叢編”形式，統籌規劃、有序推進，成規模地整理、編纂出版包括民國時期政治、經濟、社會、文化、教育、外交等各領域文獻，努力爲社會各界提供豐富的、有價值的、便利的文獻資源。

中華民族的偉大復興，以文化復興爲標誌。文化的復興，必須以弘揚傳統文化爲基礎。弘揚傳統文化，又必須以保護、傳承傳統文化爲前提。我們堅信，“叢編”的推出，必將爲民族復興、文化繁榮做出重要貢獻。

是爲序。

周和平
2013 年 1 月

目　　録

編例　………………………………………………………………………（1）

《京報副刊》總目　……………………………………………………（1）

　　第一冊（第一至七十四號）　……………………………………（1）

　　第二冊（第七十五至一三四號）　………………………………（24）

　　第三冊（第一三五至二二四號）　………………………………（42）

　　第四冊（第二二五至三一四號）　………………………………（70）

　　第五冊（第三一五至四〇一號）　………………………………（97）

　　第六冊（第四〇二至四七七號）　………………………………（121）

《京報副刊》篇名索引　………………………………………………（145）

《京報副刊》作者索引　………………………………………………（271）

編　　例

　　《京報副刊》於 1924 年 12 月 5 日創刊，1926 年 4 月 24 日停刊，共發行477 期，發表三千多篇文章。《京報副刊》是民國時期很有影響的報紙副刊，在哲學、歷史、經濟、文學、藝術等各方面均有所兼顧，特別偏重於文學。該刊對於中國現代文學史研究者來說，是必備的參考資料。但由於距今已有九十多年，現在若想湊齊一套完整的《京報副刊》已經並非易事。爲便於相關學者利用，國家圖書館出版社按原樣影印出版全套《京報副刊》，精裝六冊，另編"總目、索引"一冊。

　　《京報副刊》上的文章超過三千篇，如果不編詳細的總目錄，讀者使用起來無異於大海撈針。所以即使費時費力，我們仍堅持要爲這份九十多年前的報紙編製一份完整的總目錄。具體做法是：將《京報副刊》自第 1 期至第 477 期，逐期的篇目、作者等信息，彙編到一起，即《〈京報副刊〉總目》。

　　目錄既成，有朋友說，光有目錄還是不夠的，如果能有索引多好啊！

　　於是在此基礎上，我們又編製了篇名索引和作者索引。希望通過提供多種檢索途徑，最大限度地方便讀者檢索利用。

　　下面，我們就總目、索引編製過程中的一些問題說明如下：

　　一、總目部分的篇名、作者信息，按《京報副刊》發表時用字照錄。作者項的筆名、譯名等，也照發表時的署名錄入。如周作人的文章，既有署名周作人的，還有署名爲豈明等；又如，俄國作家契訶夫也有人譯爲柴霍甫，在總目中，我們分別按各篇文章發表時的署名照錄。有些外國譯者用的是中文譯名，有些則衹署西文字母，有的有國別，有些無，在編總目時，我們都儘量尊重原文。

　　二、除文章以外，有名稱的圖片，也編入總目。如：雷峰塔內藏經（插圖）。

　　三、篇名中的標點原則上不作改動。但是篇名中的書名號，原來都用的是引號，爲避免閱讀歧義，編者將表示書名號的引號改爲了書名號，如：讀《隔絕》

與《旅行》。

　　四、有些連載文章，在篇名後使用的順序號較爲隨意，不規範，如（續昨）（續二）（續某月某日）（續完）這種格式。爲使目錄一致，便於理解，我們對這些序號不規範的連載文章按順序重新編號，採用（一）（二）（三）（四）這種格式。

　　五、總目、篇名索引中的册號和頁碼對應的是這篇文章在《京報副刊》影印本的册號和頁碼。

　　六、爲節省篇幅，作者索引祇包括兩項內容：作者名、文章順序號，不再重複篇名、刊登日期、頁碼等信息。作者索引中的文章順序號對應的是篇名索引中每篇文章前面的順序號，如0001、0002等。例如：

　　潘家洵　0004，1590

　　這表示：作者署名爲潘家洵的文章共有兩篇，即0004和1590；接下來，請查閱篇名索引，按順序找到這兩個序號所對應的文章，就可以知道這篇文章的篇名、發表日期、位於影印版第幾册和多少頁。

　　這本"總目、索引"在編製過程中一定還有一些疏漏和不足之處，敬請讀者、專家批評指正。希望它爲讀者檢索《京報副刊》帶來便利，也期待更多的目錄、索引成果能夠出版。

鄧詠秋　李　强

2015 年 11 月

《京報副刊》總目

第一冊

第一號　一九二四年十二月五日（星期五）

理想中的日報附張　記者　1

中國文學觀念的進化（一）　楊鴻烈　5

家畜中蠻性之遺留（一）　（美）摩耳著　小峰譯　6

買燒餅　沅君　7

讀書録　甘蟄仙　9

甜蜜的回憶　金滿成　9

伐木　汪震　10

什麽字　開明　10

《京副》的式樣　記者　10

第二號　一九二四年十二月六日（星期六）

一個批評家的“千慮一失”　高佩琅　11

中國文學觀念的進化（二）　楊鴻烈　12

家畜中蠻性之遺留（二）　（美）摩耳著　小峰譯　14

死路　吳隼　15

上午　曙天女士　17

《一夜北風緊》裏的我　拂嵐　17

第三號　一九二四年十二月七日（星期日）

教育心理學的問題和範圍　衛士生　19

中國文學觀念的進化（三）　楊鴻烈　21

家畜中蠻性的遺留（三）（美）摩耳著　小峰譯　21

高尚生活　（荷）Multatuli 著　魯迅譯　23

在江南第一樓（一）　欽文　24

航空談片　毛麟閣　25

讀《隔絕》與《旅行》　萍霞　26

第四號　一九二四年十二月八日（星期一）

小仲馬　蓬心　27

中國文學觀念的進化（四）　楊鴻烈　30

家畜中蠻性的遺留（四）（美）摩耳著　小峰譯　31

在江南第一樓（二）　欽文　33

張靜廬君的單戀集　沅君　34

第五號　一九二四年十二月九日（星期二）

觀照享樂的生活（一）（日）廚川白村著　魯迅譯　35

中國文學觀念的進化（五）　楊鴻烈　36

家畜中蠻性的遺留（五）（美）摩耳著　小峰譯　38

衣銀姑娘的死　小酪　39

外國人與民心　開明　42

第六號　一九二四年十二月十日（星期三）

《七種週刊》在新聞學上之理由　飄萍　43

觀照享樂的生活（二）（日）廚川白村著　魯迅譯　44

家畜中蠻性的遺留（六）（美）摩耳著　小峰譯　46

倒霉的煤　何蔚然　47

《夕陽》與《寒菊》並序　伍風　48

冬夜　王蓮友

公府裏面只有一個曹錕的嗎？　柏生　49

介紹另一個《孤軍》記者　50

第七號　一九二四年十二月十一日（星期四）

觀照享樂的生活（三）（日）廚川白村著　魯迅譯　51

爲蕭統的《文選》呼冤　楊鴻烈　52

風雨中的遭遇　吳鏡堂　55

夢要消了　培良　57

生活上的幾項煩惱　汪震　58

第八號　一九二四年十二月十二日（星期五）

因果律與反帝國主義運動（一）　莫震旦　59

觀照享樂的生活（四）（日）廚川白村著　魯迅譯　60

家畜中蠻性的遺留（七）（美）摩耳著　小峰譯　62

相思子　培良　63

悲憤　王蓮友　64

從軍日記（一）　文翰　64

評鄭譯《海鷗》（一）　生爲　65

第九號　一九二四年十二月十三日（星期六）

因果律與反帝國主義運動（二）　莫震旦　67

觀照享樂的生活（五）（日）廚川白村著　魯迅譯　69

靴子　（俄）柴霍甫著　怡廬譯　71

從軍日記（二）　文翰　73

"和平門"怎樣了　柏生　74

第十號　一九二四年十二月十四日（星期日）

因果律與反帝國主義運動（三）　莫震旦　75

家畜中蠻性的遺留（八）（美）摩耳著　小峰譯　77

從軍日記（三）　文翰　78

讀《生活上的幾項煩惱》　懸瓠　80

何必煩惱？　唐光宙　81

《評中西文化觀》作者的答辯　楊明齋　81

第十一號　一九二四年十二月十五日（星期一）

今日是柴門霍甫的生日　荊有麟　83

柴門霍甫的生平及思想　荊有麟　84

柴門霍夫紀念日　孟體仁　86

給同胞　柴門霍甫著　荊有麟譯　87

世界語與中國　呂蘊儒　88

第十二號　一九二四年十二月十六日（星期二）

爲什麼人們需要世界語　瀨得瀨夫著　漫雲譯　91

因果律與反帝國主義運動（四）　莫震旦　93

評鄭譯《海鷗》（二）　生爲　94

家畜中蠻性的遺留（九）（美）摩耳著　小峰譯　96

從軍日記（四）　文翰　97

無禮與非禮　（荷）Multatuli 著　魯迅譯　97

無謂之感慨　開明　98

第十三號　一九二四年十二月十七日（星期三）

評鄭譯《海鷗》（三）　生爲　99

從軍日記（五）　文翰　100

消息　曹智官　102

"外公"與"老外公"　拂嵐　105

《世界語周刊》　柏生　106

第十四號　一九二四年十二月十八日（星期四）

什麼是小說？（一）　楊鴻烈　107

苗族狀況的概略（一）　劉驤　109

往事　俞問樵　109

夢境　羅學濂　112

從軍日記（六）　文翰　113

中流社會那裏去了？　柏生　114

第十五號　一九二四年十二月十九日（星期五）

文明人之由來（一）（美）摩耳著　李小峰譯　115

什麼是小說？（二）　楊鴻烈　116

苗族狀況的概略（二）　劉驤　118

掛號信的運命　培良　120

從軍日記（七）　文翰　121

李彥青槍斃了　柏生　122

第十六號　一九二四年十二月二十日（星期六）

小仲馬與馬利都比利昔斯——《茶花女遺事》的來歷　Rene Berton 著　蓬心　譯　123

文明人之由來（二）（美）摩耳著　李小峰譯　125

什麼是小說？（三）　楊鴻烈　126

苗族狀況的概略（三）　劉驤　127

一封使人安慰的來信　量之　129

從軍日記（八）　文翰　130

"樹介"　柏生　130

第十七號　一九二四年十二月二十一日（星期日）

文明人之由來（三）（美）摩耳著　李小峰譯　131

苗族狀況的概略（四）　劉驤　133

從軍日記（九）　文翰　134

油漆匠　寶賢　135

讀語絲《女褲心理的研究》　陳治安　137

關於《京副》的幾句話　吳聯棟　138

第十八號　一九二四年十二月二十二日（星期一）

文明人之由來（四）（美）摩耳著　李小峰譯　139

苦樂問題之研究（一）　嚴毅夫　140

苗族狀況的概略（五）　劉驤　141

從軍日記（十）　文翰　142

胭脂盒　吳隼　144

夜靜　徐芳　145

《燕風》發刊詞　145

第十九號　一九二四年十二月二十四日（星期三）

雷峰塔與保叔塔　鄭孝觀　147

大戰中之一　童過西　152

第二十號　一九二四年十二月二十五日（星期四）

三千年前的龜甲和獸骨　馬叔平　155

斷簡　魏建功　158

時當　昕初　160

"想象的繪畫"教授　曙天女士　161

第二十一號　一九二四年十二月二十七日（星期六）

未有天才之前　魯迅　163

霧樹　陳萬里　165

苦樂問題的研究（二）　嚴毅夫　165

遺憾　欽文　167

聽說商會要皇帝　開明　170

通訊　魯迅　170

第二十二號　一九二四年十二月二十八日（星期日）

追悼荷耳　許壽裳　171

苦樂問題的研究（三）　嚴毅夫　173

竹青的死　欽文　174

女子教育未必重要　蕭度　176

一夜　ＣＰ　177

第二十三號　一九二四年十二月二十九日（星期一）

誰配廢除中華民國臨時約法？　譚仲逵　179

善後會議裏的遺老　開明　180

苗族狀況的概略（六）　劉驤　181

齊福　小吉司梯瑪威廉著　寒光譯　182

流光　昕初　184

從軍日記（十一）　文翰　185

讀《蔦蘿集》萍霞　185

第二十四號　一九二四年十二月三十日（星期二）

荷耳博士在教育上的貢獻（一）　波爾罕著　楊廉譯　187

文明人之由來（五）（美）摩耳著　李小峰譯　190

海的來臨　（愛爾蘭）唐珊南著　焦菊隱譯　191

讀《聽說商會要皇帝》後　班延兆　194

第二十五號　一九二四年十二月三十一日（星期三）

荷耳博士在教育上的貢獻（二）　波爾罕著　楊廉譯　195

文明人之由來（六）（美）摩耳著　李小峰譯　198

弔雷峰塔　孫福熙　200

本月份副刊目録　201

《京報副刊》（一九二五年一月）總目録　205

第二十六號　一九二五年一月四日（星期日）

一九二五新年本刊之二大徵求　記者　209

政治生活與王家三阿嫂（一）　徐志摩　209

清宮參觀記（一）　江問漁　212

斷片的回憶（一）　曙天女士　213

遊子的夢　張權　214

與班延兆君討論　楊天木　214

答班延兆先生　開明　216

第二十七號　一九二五年一月五日（星期一）

政治生活與王家三阿嫂（二）　徐志摩　217

清宮參觀記（二）　江問漁　218

斷片的回憶（二）　曙天女士　220

渴睡　（俄）契訶夫著　素園譯　221

老實者何多　天憨　224

一九二五新年本刊之二大徵求　224

第二十八號　一九二五年一月六日（星期二）

政治生活與王家三阿嫂（三）　徐志摩　225

大戰後的新社會（一）　皮爾孫著　楊廉、盧逮曾合譯　228

于卓的日記（一）　欽文　229

介紹日本人的怪論　開明　230

二大徵求的疑問　汪震　231

一九二五新年本刊之二大徵求　232

第二十九號　一九二五年一月七日（星期三）

新教育與舊道德　丁文江講　章洪熙記　233

大戰後的新社會（二）　皮爾孫著　楊廉、盧逯曾合譯　234

斷片的回憶（三）　曙天女士　236

于卓的日記（二）　欽文　236

我回去了　汪震　239

評陳衡哲的西洋史　蔣廷黻　239

答開明先生　班延兆　240

第三十號　一九二五年一月八日（星期四）

美的思想（一）　張競生　241

斷片的回憶（四）　曙天女士　243

于卓的日記（三）　欽文　244

不期地遇着她　天心　246

《美的人生觀》後序　張競生　246

關於二大徵求的來信　尚惜凡　248

第三十一號　一九二五年一月九日（星期五）

從靈向肉和從肉向靈（一）（日）廚川白村著　魯迅譯　249

美的思想（二）　張競生　250

斷片的回憶（五、六）　曙天女士　253

清室優待條件真是法律麼？——並代開明先生答班延兆君　周淦　254

兩個七本書　汪震　255

第三十二號　一九二五年一月十日（星期六）

從靈向肉和從肉向靈（二）（日）廚川白村著　魯迅譯　257

美的思想（三）　張競生　259

南開教育的破產　祝冷然　260

償相之夜　曹智官　262

順風旗與逆風旗　荇生　264

又有兩個疑問　李君度　264

第三十三號　一九二五年一月十一日（星期日）

致趙元任君書　羅素　265

美國的知識階級　羅素著　錢星海譯　266

美的思想（四）　張競生　268

不再是我的乖乖　徐志摩　270

忠告溥儀和溥儀的保皇黨　王鐵肩　270

奴性與非奴性　童過西　271

咬文嚼字（一）　魯迅　272

第三十四號　一九二五年一月十二日（星期一）

從靈向肉和從肉向靈（三）（日）廚川白村著　魯迅譯　273

美的思想（五）　張競生　274

斷片的回憶（七）　曙天女士　275

不忠實的愛情（三幕劇）（一）　向培良　276

隔絕　天心　278

《語絲》的作風　尚惜凡　279

論二大徵求　楊天木　280

第三十五號　一九二五年一月十三日（星期二）

從靈向肉和從肉向靈（四）（日）廚川白村著　魯迅譯　281

不忠實的愛情（三幕劇）（二）　向培良　282

雪楊之畫　汪震　285

《日本人的怪論》書後　開明　286

關於《苦悶的象徵》　王鑄、魯迅　287

"奴性"與"人格"　班延兆、開明　288

第三十六號　一九二五年一月十四日（星期三）

從靈向肉和從肉向靈（五）（日）廚川白村著　魯迅譯　289

美的思想（六）　張競生　290

不忠實的愛情（三幕劇）（三）　向培良　292

小別贈言　衣萍　294

不眠　雷淑　294

我是藝術品　龔珏　295

"變遷"　有麟　295

敬謝和我討論的諸君　班延兆　296

第三十七號　一九二五年一月十五日（星期四）

道德學中的體制（一）羅素著　彭基相譯　297

美的思想（七）　張競生　298

清宮攝影兩幅　陳萬里　299

不忠實的愛情（三幕劇）（四）　向培良　300

冤枉　王天驥　302

說話眞要小心呢！　胡治文　302

也怪不得班君生氣　李江安　303

學者說話不會錯?　江震亞　303

"無聊的通信"　仲潛　304

第三十八號　一九二五年一月十六日（星期五）

道德學中的體制（二）　羅素著　彭基相譯　305

清宮攝影兩幅　陳萬里　306

幻戀（一）　欽文　308

不忠實的愛情（三幕劇）（五）　向培良　309

影的苦悶　李遇安　310

介紹王怡柯君譯的貨幣學　馬寅初　311

答班延兆君　周淦　311

北大研究所國學門紀事——北大風俗調查會徵集各地關於舊曆新年風俗物品之說
　　明　312

第三十九號　一九二五年一月十七日（星期六）

文明人中蠻性的遺留（一）（美）摩耳著　李小峰譯　313

幻戀（二）　欽文　315

不忠實的愛情（三幕劇）（六）　向培良　316

夢　天心　317

課餘偶錄　周方度　317

"學者說話不會錯？"？　胡崇軒　318

北京市民家奴氣確是十足　周十力　319

原文不如此　李君度　319

忽然想到（一）　魯迅　320

改名的通信　開明　320

第四十號　一九二五年一月十八日（星期日）

文明人中蠻性的遺留（二）（美）摩耳著　李小峰譯　321

幻戀（三）　欽文　323

不忠實的愛情（三幕劇）（七）　向培良　323

兄弟姊妹　衣萍　325

我對於優待條件之謬見　毛又新　325

關於"咬文嚼字"　仲潛　326

情書與罵信　子榮　327

六書說是應該欽定的嗎！　周慎言　328

第四十一號　一九二五年一月十九日（星期一）

文明人中蠻性的遺留（三）（美）摩耳著　李小峰譯　329

法國最近文壇　金滿成　330

幻戀（四）　欽文　330

不忠實的愛情（三幕劇）（八） 向培良 332

假如你告訴我 昕初 334

看了張雪楊國畫展覽會之後 何墨 334

不平則鳴 繼先 335

夢判北京市民家奴氣十足 信舫 335

我來做個和事人 羅學濂 335

嚼字 平明 336

第四十二號 一九二五年一月二十日（星期二）

文明人中蠻性的遺留（四）（美）摩耳著 李小峰譯 337

關於《紅樓夢》——答王南嶽君 俞平伯 339

不忠實的愛情（三幕劇）（九） 向培良 340

同行曲 衛士生 341

"試他一試" 段思召 342

學者說話會錯不會錯？——答胡崇軒 江震亞 342

"咬文嚼字"是"濫調" 潛源 343

罵人的妙法 子榮 344

忽然想到（二） 魯迅 344

第四十三號 一九二五年一月二十一日（星期三）

文明人中蠻性的遺留（五）（美）摩耳著 李小峰譯 345

頑皮的孩子 （俄）契訶夫著 林聲譯 346

不忠實的愛情（三幕劇）（十） 向培良 348

卜 王啟仁 350

《父親的歸來》與《父之回家》 許子 350

"改名的通信" 霽眺 351

讀魯迅先生的《忽然想到》 周振禹 352

第四十四號　一九二五年一月二十二日（星期四）

文明人中蠻性的遺留（六）（美）摩耳著　李小峰譯　353

不忠實的愛情（三幕劇）（十一）　向培良　355

山頭上的火　金滿成　356

寧靜的時候　朱大枬　357

城上　王蓮友　357

雪霽　徐芳　358

給俞平伯先生的一封信　延齡　358

關於《父親的歸來》　歐陽蘭　359

咬嚼之餘　魯迅　360

第四十五號　一九二五年一月二十九日（星期四）

桃太郎的辯護　"王母"　361

"又是一年春去也"　建功　362

守歲　吳隼　365

商人　龔珏　366

國民會議　（俄）克里諾夫著　林聲試譯　367

答延齡先生　俞平伯　367

與延齡先生論炕　湛廬　368

第四十六號　一九二五年一月三十日（星期五）

論職業教育（一）　彭基相　369

幻景　怡庵　371

血滴　董作賓　372

夜闌　韻笙　373

"新新中外合璧男女分字百家姓"的要求　健攻　373

鄭振鐸君錯了　荊有麟　374

崇拜真理與捧先生　冥行　375

"無聊"？"濫調"？　江震亞　375

抄襲的笑話——並告《晨報副刊》記者　金滿成　376

第四十七號　一九二五年一月三十一日（星期六）

論職業教育（二）　彭基相　377

"原來就是你！"　欽文　379

蛇睛集選　（俄）梭羅古勃著　素園譯　382

考後　幻鄰　382

關於《父親的歸來》——答許子先生　甘人　383

希望於今後之京副　平平　384

《京報副刊》（一九二五年二月）總目錄　387

第四十八號　一九二五年二月一日（星期日）

風俗史的研究與古美術品的關係　（日）大村西崖　391

惆悵　王蓮友　396

送竈　夏葵如　396

漁人之妻（採自 Grimm's Fairy Tales）（一）　畢樹棠譯　397

第四十九號　一九二五年二月二日（星期一）

教育之使命與教育家之責任　譚仲逵　399

漁人之妻（採自《Grimm's Fairy Tales》）（二）　畢樹棠譯　403

譯丁尼孫詩（自《Idylls of the king》）　楊天木譯　405

眞是試不得嗎？　文福田　405

雷峰塔倒掉的原因　胡崇軒　406

第五十號　一九二五年二月三日（星期二）

山格夫人來信　張競生　407

農氏與平民教育　田倬之　408

芳春　湯鍾瑤　410

法醫學　周振禹　412

太冤枉了！　雲卿　413

幾句公平話　刺心　414

第五十一號　一九二五年二月四日（星期三）

勸梁任公、張君勱、胡適之三先生與中國國民黨合作書　楊鴻烈　415

春心的美伴（一）　廖仲潛　419

給菊妹　羅學濂　420

咬嚼之乏味　潛源　420

人頭蛛蜘瞧見未？　王培義　422

第五十二號　一九二五年二月五日（星期四）

永平十年以前流入中國之佛教（一）　鄭孝觀　423

制育的理論與實際　磑磑　425

春心的美伴（二）　廖仲潛　426

除夕　益清　428

無聊　龔珏　429

與湛廬先生論炕　周素倩　430

第五十三號　一九二五年二月六日（星期五）

永平十年以前流入中國之佛教（二）　鄭孝觀　431

瑣碎的記載清故宮（一）　建功　434

春心的美伴（三）　廖仲潛　435

夕陽染就的春林　琴心　436

楊鴻烈先生的邏輯　汪震　437

答汪震先生　楊鴻烈　437

無題的通信　段思召　438

歡迎齊撫萬茂才　文童　438

第五十四號　一九二五年二月七日（星期六）

文學批評上的七大謬見　Ioel Ellas Spingarn 著　聖麟譯　439

春心的美伴（四）　廖仲潛　442

賭徒（獨幕劇）（一）（俄）郭歌里著　李秉之譯　444

再答楊鴻烈先生　汪震　445

罵得使人討厭　琴心　445

不習見的好東西　喜旺木　446

第五十五號　一九二五年二月八日（星期日）

知行合一的人格教育（一）　楊廉　447

愛爾蘭與戲劇　畢樹棠　448

羅素是真了解詹姆士的　汪震　449

春心的美伴（五）　廖仲潛　450

賭徒（獨幕劇）（二）（俄）郭歌里著　李秉之譯　451

桃太郎之神話　"王母"　453

"懷疑"的討論　王復嶺　453

介紹天體儀之新出品　陳展雲　454

第五十六號　一九二五年二月九日（星期一）

知行合一的人格教育（二）　楊廉　455

六字真言考　莊嚴　456

春心的美伴（六）　廖仲潛　459

陽春非不老　琴心　460

再談制育　張競生　461

論炕答素倩　湛廬　461

第五十七號　一九二五年二月十日（星期二）

知行合一的人格教育（三）　楊廉　463

批評文學與文學原理　董秋芳　464

賭徒（獨幕劇）（三）（俄）郭歌里著　李秉之譯　465

"裝飾化妝與美"　革老觀　467

回憶　張永善　469

咬嚼未始"乏味"　魯迅　469

離奇的咬嚼　毛又新　470

第五十八號　一九二五年二月十一日（星期三）

知行合一的人格教育（四）　楊廉　471

大家庭制度與人生　張潛華　472

賭徒（獨幕劇）（四）（俄）郭歌里著　李秉之譯　474

不見得討厭吧？　幻林　477

看《弟弟》後　伏園　477

青年必讀書（一）　胡適之　478

第五十九號　一九二五年二月十二日（星期四）

知行合一的人格教育（五）　楊廉　479

土儀（一）　長虹　482

賭徒（獨幕劇）（五）（俄）郭歌里著　李秉之譯　482

《少奶奶的扇子》之厄運　培良　484

咬文嚼字（二）　魯迅　485

我愛咬嚼　平明　486

青年必讀書（二）　梁任公　486

第六十號　一九二五年二月十四日（星期六）

出了象牙之塔（一）（日）廚川白村著　魯迅譯　487

瑣碎的記載清故宮（二、三）　魏建功　488

印花布棉被　欽文　489

不是我的錯──答幻林先生　琴心　492

再說幾句罷　歐陽蘭　493

讀經之將來　問星　493

忽然想到（三）　魯迅　494

青年必讀書（三）　周作人　494

第六十一號　一九二五年二月十五日（星期日）

出了象牙之塔（二）（日）廚川白村著　魯迅譯　495

土儀（二）　長虹　496

一封不敢發的信　寒光　497

賭徒（獨幕劇）（六）（俄）郭歌里著　李秉之譯　499

小兒女心情　潘健卿　500

願制育社復活　磑磑　500

蔗汁　孫景章　501

齊燮元與《新青年》　喜旺木　502

青年必讀書（四）　李小峰　502

第六十二號　一九二五年二月十六日（星期一）

出了象牙之塔（三）（日）廚川白村著　魯迅譯　503

土儀（三）　長虹　504

歲暮（上）　楊曾威　505

龜蛇盤旋的頭腦　龔珷　507

懷疑自由的權　幻林　507

再來跑一趟野馬（青年必讀書　五）　徐志摩　508

第六十三號　一九二五年二月十七日（星期二）

出了象牙之塔（四）（日）廚川白村著　魯迅譯　511

歲暮（下）　楊曾威　512

賭徒（獨幕劇）（七）（俄）郭歌里著　李秉之譯　514

他們倆　秉雄　516

"狐假虎威"　來蘇　517

青年必讀書（六）　潘家洵　518

第六十四號　一九二五年二月十八日（星期三）

出了象牙之塔（五）（日）廚川白村著　魯迅譯　519

女子與藝術　畢樹棠　520

瑣碎的記載清故宮（四、五）　魏建功　521

賭徒（獨幕劇）（八）（俄）郭歌里著　李秉之譯　522

廖仲潛先生的《春心的美伴》　芳子　523

必讀書的疑問　李霄初　525

青年必讀書與飽學愛讀書　田瑞璐　525

三四千字寫不完　吳敬恒　526

青年必讀書（七）　馬幼漁　526

第六十五號　一九二五年二月十九日（星期四）

二百年後的康德（一）　杜威（John Dewey）著　彭基相譯　527

隆宗門的箭鏃（附圖）　隅卿　528

灰明的春晚　小酩　529

賭徒（獨幕劇）（九）（俄）郭歌里著　李秉之譯　532

"咳，這眞是無聊！"　琴心　533

青年必讀書（八）　江紹原　534

第六十六號　一九二五年二月二十日（星期五）

二百年後的康德（二）　杜威（John Dawey）著　彭基相譯　535

賭徒（獨幕劇）（十）（俄）郭歌里著　李秉之譯　537

忽然想到（四）　魯迅　538

"往大連去"　喜旺木　539

關於二大徵求的一小請求　朱大枡　540

代答《必讀書的疑問》　梅羹　541

再怪沒有了！　枕歐　541

曾（國藩）選"後學不可不讀書"七部　徐彬彬　542

青年必讀書（九）　朱我農　542

第六十七號　一九二五年二月二十一日（星期六）

出了象牙之塔（六）（日）廚川白村著　魯迅譯　543

羅素論胡適　畢樹棠　544

教育界與鴉片煙　宥別　546

近世史的知識　喜旺木　546

賭徒（獨幕劇）（十一）（俄）郭歌里著　李秉之譯　547

擬《擬曲》　劉半儂　548

二嫂　金滿成　549

青年必讀書（十）　魯迅　550

第六十八號　一九二五年二月二十二日（星期日）

中國的到自由的路　羅素著　錢星海譯　551

土儀（四、五）　長虹　555

露水沾濕了我的衣襟　琴心　556

譯名疑義舉例　喜旺木　556

看重一字忘卻全篇的批評家　平江　557

王敬軒先生選定的十部書　董魯安　558

青年必讀書（十一）　譚仲逵　558

第六十九號　一九二五年二月二十三日（星期一）

蠻性與新本能（一）（美）摩耳著　李小峰譯　559

出了象牙之塔（七）（日）廚川白村著　魯迅譯　561

創傷（一）　長虹　562

搖椅（一）　欽文　562

我的懺悔　彭基相　564

一偏之見　鏡人　565

一個問題　蓀　566

青年必讀書（十二）（一、國學必讀書）　林玉堂　566

第七十號　一九二五年二月二十四日（星期二）

蠻性與新本能（二）（美）摩耳著　李小峰譯　567

搖椅（二）　欽文　569

瑣碎的記載清故宮（六）　建功　571

寒假　聖麟　572

創傷（二）　長虹　574

你怎麼竟如秋風般的殘忍？　琴心　574

青年必讀書（十二）（二、新學必讀書）　林玉堂　574

第七十一號　一九二五年二月二十五日（星期三）

蠻性與新本能（三）（美）摩耳著　李小峰譯　575

出了象牙之塔（八）（日）廚川白村著　魯迅譯　577

閒談邏輯兼質楊鴻烈先生（一）　張漢輔　578

回家的一夕（一）　西和　579

我來了！　華林　581

敬請復辟　喜旺木　581

願與記者訂文字交　ＣＷ　581

青年必讀書（十三）　沈兼士　582

第七十二號　一九二五年二月二十六日（星期四）

蠻性與新本能（四）（美）摩耳著　李小峰譯　583

回家的一夕（二）　西和　586

五分鐘的佇立　學昭　588

徐志摩先生的耳朵及其他　小郎　588

青年必讀書的疑問二則　滌寰、平平　589

青年必讀書（十四）　易寅村　590

第七十三號　一九二五年二月二十七日（星期五）

蠻性與新本能（五）（美）摩耳著　李小峰譯　591

異哉，僞憲法在初中公民教育裏竟發生了效力！——評中華教育改進社叢書第五
　　種《初中公民教本》（一）　何呈錡　593

閒談邏輯兼質楊鴻烈先生（二）　張漢輔　595

未盡的懺悔　饒子離　596

對於林玉堂先生所選國學必讀書第七種的一點疑問　霽眺　597

字紙籠裡的蔗渣　弗里曼　597

編餘閒話　記者　598

青年必讀書（十五）　張競生　598

第七十四號　一九二五年二月二十八日（星期六）

出了象牙之塔（九、十）（日）廚川白村著　魯迅譯　600

異哉，僞憲法在初中公民教育裏竟發生了效力！——評中華教育改進社叢書第五
　　種《初中公民教本》（二）　何呈錡　601

殺鼠記　欽文　603

青年必讀書（十六）　李仲廣　604

青年必讀書（十七）　曾慶鑄　604

青年必讀書（十八）　李慈良　604

青年必讀書（十九）　黎錦暉　604

青年必讀書（二〇）　吳少華　604

青年必讀書（二一）　任昶　605

青年必讀書（二二）　謝行暉　605

青年必讀書（二三）　章錫琛　605

青年必讀書（二四）　張煦　605

青年必讀書（二五）　劉子雲　605

青年必讀書（二六）　蘇天行　605

青年必讀書（二七）　汪震　605

青年必讀書（二八）　韓介生　606

青年必讀書（二九） 徐之予 606

青年必讀書（三〇） 謝茨安 606

青年必讀書（三一） 王文彬 606

青年必讀書（三二） 莊更生 606

青年必讀書（三三） 趙哲存 606

青年必讀書（三四） 王劼剛 606

青年必讀書（三五） 鄭介石 606

青年必讀書（三六） 鄧皋生 606

青年必讀書（三七） 念珮 606

青年必讀書（三八） 劉作人 606

青年必讀書（三九） 袁憲範 606

青年必讀書（四十） 俞平伯 606

第二册

《京報副刊》（一九二五年三月）總目錄　3

第七十五號　一九二五年三月一日（星期日）

飛來峰——譯泰戈爾在杭州講演原稿　（印度）泰戈爾講　徐志摩譯　7

創傷（三）　長虹　8

畫家的妻（三幕劇）（一）　顧千里　9

論識字之危　林玉堂　11

青年必讀書（四一）　顧頡剛　12

有志研究中國史的青年可備閱覽書十四種　伏園　13

狂飆週刊宣言　14

第七十六號　一九二五年三月二日（星期一）

革命化的歌舞劇　畢樹棠　15

出了象牙之塔（十一）（日）廚川白村著　魯迅譯　16

畫家的妻（三幕劇）（二） 顧千里　17

在北方雪光裏　潘訓　19

同張江二君討論孫科君的文章（一） 簡又文　20

願意墮落的青年　TC　21

青年必讀書（四二）　邵元沖　22

第七十七號　一九二五年三月三日（星期二）

出了象牙之塔（十二）（日）廚川白村著　魯迅譯　23

同張江二君討論孫科君的文章（二） 簡又文　24

畫家的妻（三幕劇）（三） 顧千里　25

殺的滋味的回憶　欽文　28

"赤帶是個病名"？　婆心　29

青年必讀書（四三）　徐旭生　30

第七十八號　一九二五年三月四日（星期三）

出了象牙之塔（十三）（日）廚川白村著　魯迅譯　31

同張江二君討論孫科君的文章（三） 簡又文　32

畫家的妻（三幕劇）（四） 顧千里　34

只悄悄地獨自呻吟　琴心　37

無聊之閑話　趣生　38

青年必讀書（四四）　周建人　38

第七十九號　一九二五年三月五日（星期四）

介紹華德博士　衣萍　39

出了象牙之塔（十四）（日）廚川白村著　魯迅譯　40

故宮雜記（一）　莊尚嚴　41

蒼茫的雨夜（一）　崇軒　42

悲哀之果及其他　A. A.　45

偏見的經驗　柯柏森　45

聊答"……" 魯迅 46

青年必讀書（四五） 張東蓀 46

第八十號　一九二五年三月六日（星期五）

工業主義的倫理（第一講）——從工業主義發生的問題（一） 華德講　簡又文
　譯述 47

論國民文學的三封信　穆木天、鄭伯奇、周作人 49

心房的小鑰匙　楊丙辰 52

蒼茫的雨夜（二）　崇軒 52

麵包歌（倣燒餅歌體）　芙蓉子 54

青年必讀書（四六）　馬叙倫（馬夷初） 54

第八十一號　一九二五年三月七日（星期六）

出了象牙之塔（十五上）（日）廚川白村著　魯迅譯 55

創傷（四）　長虹 56

蒼茫的雨夜（三）　崇軒 56

嘲笑皇帝末路的一首歌謠　陳仲益 59

徐志摩先生的常識　非子 59

北大研究所國學門紀事——研究所國學門風俗調查表　張競生 60

青年必讀書（四七）　羅庸 62

第八十二號　一九二五年三月八日（星期日）

工業主義的倫理（第一講）——從工業主義發生的問題（二） 華德講　簡又文
　譯述 63

花園之外　長虹 66

奇哉！所謂魯迅先生的話　熊以謙 66

報"奇哉所謂……"　魯迅 68

魯迅先生的笑話　Z.M. 70

青年必讀書（四八）　汪精衛 70

第八十三號　一九二五年三月九日（星期一）

出了象牙之塔（十五下）（日）廚川白村著　魯迅譯　71

中國蠶業史大綱　陳香貽　72

讀《晨報六週增刊》中曹任遠先生的《原子與分子之構成》　泉心　74

評《畫家之妻》　培良　76

不要說這場奮鬥無益　（英）克勞著　朱湘譯　78

青年必讀書（四九）　楊四穆　78

第八十四號　一九二五年三月十日（星期二）

工業主義的倫理（第二講）——資本主義能否給一個解決的方法（一）　華德
　講　簡又文譯述　79

土儀（六）　長虹　81

古廟雜談（一）　衣萍　81

南歸　朱湘　82

"無抵抗主義"與基督教——答簡又文先生　張宙　83

忠告私立各校聯合會　普照　85

嗚呼中國的青年　周十力　85

青年必讀書（五〇）　許季黼　86

第八十五號　一九二五年三月十一日（星期三）

出了象牙之塔（十六）（日）廚川白村著　魯迅譯　87

給教育總次長的信　張一麐　88

白朗寧的《異域鄉思》與英詩　朱湘　90

又一件慘苦事　佩瑩　93

青年必讀書（五一）　吳鏡笙　94

第八十六號　一九二五年三月十二日（星期四）

工業主義的倫理（第二講）——資本主義能否給一個解決的方法（二）　華德
　講　簡又文譯述　95

故宮雜記（二）　莊尚嚴　98

起了逃走的念頭　秋明　100

莫名其妙　陳仲益　101

眞正新青年必讀書十種　萬力　102

青年必讀書（五二）　常維鈞　102

第八十七號　一九二五年三月十三日（星期五）

青年運動　徐志摩　103

蘇俄現代文學之命運　李秉之　106

古廟雜談（二）　衣萍　107

讀《嗚呼中國青年》　梅羹　108

浙江人的毛病　普照　109

予亦名"疑古"　錢玄同　109

青年必讀書（五三）　常燕生　110

第八十八號　一九二五年三月十四日（星期六）

工業主義的倫理（第二講）——資本主義能否給一個解決的方法（三）　華德
　講　簡又文譯述　111

歷史教授之目的（一）（美）Charles A. Mcmurry 著　秦志壬譯　114

王星拱先生的《生命素 Vitamins 之略說》內的誤譯　紫如　115

一封青年苦悶自殺的絕命書　劉任責　116

青年必讀書（五四）　羅德輝　117

第八十九號　一九二五年三月十五日（星期日）

工業主義的倫理（第三講）——從社會主義可以期望得些甚麼（一）　華德
　講　簡又文譯述　119

白話與文言的用法　燕生　122

余名"疑今"　疑今　123

再談馬幼漁先生的選書　梅羹　123

青年的五色國旗　張崧年　124

"盲目的讀者"　喬迤　124

讀了《白朗寧的〈異域鄉思〉與英詩》後（一）　王宗璠　125

青年必讀書（五五）　秦蛻人　126

第九十號　一九二五年三月十六日（星期一）

工業主義的倫理（第三講）——從社會主義可以期望得些甚麼（二）　華德
　講　簡又文譯述　127

歷史教授之目的（二）（美）Charles A. Mcmurry 著　秦志壬譯　128

創傷（五、六）　長虹　130

讀《嗚呼中國的青年》——答梅羹先生　周十力　131

介紹《少奶奶的扇子》　楊聲初　132

讀了《白朗寧的〈異域鄉思〉與英詩》後（二）　王宗璠　133

青年必讀書（五六）　秦黄胤　134

第九十一號　一九二五年三月十七日（星期二）

工業主義的倫理（第三講）——從社會主義可以期望得些甚麼（三）　華德
　講　簡又文譯述　135

歷史教授之目的（三）（美）Charles A. Mcmurry 著　秦志壬譯　137

讀了《白朗寧的〈異域鄉思〉與英詩》後（三）　王宗璠　138

死嬰（一）　霽野　140

讀《玉君》之後　尚鉞　141

青年必讀書（五七）　劉奇　142

第九十二號　一九二五年三月十八日（星期三）

工業主義的倫理（第四講）——科學有甚麼貢獻？（一）　華德講　簡又文譯述
　143

理學家與文學　子美　144

陶元慶氏西洋繪畫展覽會目録序　魯迅　145

我所要說的幾句話（一）　吳西屏　145

虛偽的人生　愚公　147

死嬰（二）　霽野　148

讀《玉君》後　培堯　149

青年必讀書（五八）　董魯安　150

第九十三號　一九二五年三月十九日（星期四）

工業主義的倫理（第四講）——科學有甚麼貢獻?（二）　華德講　簡又文譯
　述　151

歷史教授之目的（四）（美）Charles A. Mcmurry 著　秦志壬譯　152

我所要說的幾句話（二）　吳西屏　153

死嬰（三）　霽野　157

我四望均覺渺茫　琴心　157

讀《玉君》後　圅莊　157

青年必讀書（五九）　周傑人　158

第九十四號　一九二五年三月二十日（星期五）

工業主義的倫理（第四講）——科學有甚麼貢獻?（三）　華德講　簡又文
　述　159

歷史教授之目的（五）（美）Charies A. Mcmurry 著　秦志壬譯　161

我所要說的幾句話（三）　吳西屏　162

三姐　金滿成　164

看陶璇卿先生畫展的小記　錢稻孫　165

我嚴重地警告你們!　培良　165

青年必讀書（六〇）　劉書韻　166

第九十五號　一九二五年三月二十一日（星期六）

工業主義的倫理（第四講）——科學有甚麼貢獻?（四）　華德講　簡又文
　述　167

我所要說的幾句話（四）　吳西屏　169

孔家店老夥計也要笑開明先生不見世面吧　蕭度　171

"野火燒不盡"——告《盲目的讀者》的作者　鐃孟侃　173

青年必讀書（六一）　周長憲　174

第九十六號　一九二五年三月二十二日（星期日）

論平民教育　彭基相　175

歷史教授之目的（六）（美）Charles A. Mcmurry 著　秦志壬譯　178

瑣碎的記載清故宮（七至九）　魏建功　179

古廟雜談（三）　衣萍　181

青年必讀書（六二）　黎性波　182

第九十七號　一九二五年三月二十三日（星期一）

吾人所應讀的書（一）　H. G. Wells　183

《語絲》的解說　沙灘　185

不期而遇　漱嚴　186

土儀（七）　長虹　188

詩四首　朱湘　189

翻譯之難易參半（上）　張乙雍　189

介紹維得高斯基教授　畢樹棠　190

青年必讀書（六三）　黃積之190

第九十八號　一九二五年三月二十四日（星期二）

吾人所應讀的書（二）　H. G. Wells　191

所思（一、二）　申府　192

翻譯之難易參半（下）　張乙雍　193

評《現代評論》《女師大的學潮》　正言　194

雨夜　昕初　196

致戲劇的演者　培良　196

給周十力先生的信　梅羹　198

青年必讀書（六四）　周志偉　198

第九十九號　一九二五年三月二十五日（星期三）

關於道爾頓制創始者柏克赫司特女士來華的幾封信　舒新城、柏克赫司特　199

吾人所應讀的書（三）　H. G. Wells　200

創傷（七）　長虹　202

與彭基相論平民教育　楊廉　203

觀《酒後》與《一隻馬蜂》　蕭然　204

看《少奶奶的扇子》　楊聲初　205

青年必讀書（六五）　太虛和尚　206

第一○○號　一九二五年三月二十六日（星期四）

未進化的國家中之社會主義（一）　羅素著　戴景雲譯　207

所思（三）　申府　208

古廟雜談（四）　衣萍　209

鬼（一）　龔珏　210

星孩（一）（英）Oscar Wilde 著　沈召棠譯　211

參觀女師大游藝會以後　聞國新　213

走錯了路　曙天女士　214

青年必讀書（六六）　安世徽　214

第一○一號　一九二五年三月二十七日（星期五）

工業主義的倫理（第五講）——經濟的定命論抑或道德的制治（一）　華德
　講　簡又文譯述　215

星孩（二）（英）Oscar Wilde 著　沈召棠譯　217

鬼（二）　龔珏　219

青年會觀劇之後　程坤一　220

我承認失敗了　雪紋　221

我的耳朵　春臺　222

青年必讀書（六七）　廖廸謙　222

第一〇二號　一九二五年三月二十八日（星期六）

春風不要再吹罷　甘人　223

譯英詩兩首　天心　224

一對致友人饒孟侃的公開信　朱湘　225

饒先生！你肩頭背的真理的包袱呢?　喬逎　228

這三天所見　玄同　230

青年必讀書（六八）　丁夢賢　230

第一〇三號　一九二五年三月二十九日（星期日）

工業主義的倫理（第五講）——經濟的定命論抑或道德的制治（二）　華德
　　講　簡又文譯述　231

未進化的國家中之社會主義（二）　羅素著　戴景雲譯　233

鬼（三）　龔珏　234

星孩（三）（英）Oscar Wilde 著　沈召棠譯　236

聖人復起　仲益　237

玩　尚木　238

青年必讀書（六九）　李幼莽　238

第一〇四號　一九二五年三月三十日（星期一）

工業主義的倫理（第五講）——經濟的定命論抑或道德的制治（三）　華德
　　講　簡又文譯述　239

未進化的國家中之社會主義（三）　羅素著　戴景雲譯　241

星孩（四）（英）Oscar Wilde 著　沈召棠譯　243

所思（四）　申府　245

斷片的回憶（八）　曙天女士　245

青年必讀書（七〇）　孫竹生　246

第一〇五號　一九二五年三月三十一日（星期二）

未進化的國家中之社會主義（四）　羅素著　戴景雲譯　247

星孩（五）（英）Oscar Wilde 著　沈召棠譯　249

創傷（八）　長虹　250

斷片的回憶（九）　曙天女士　250

古廟雜談（五）　衣萍　251

《一隻馬蜂》在舞臺上的成績並質西林先生　琴心　252

青年必讀書（七一）　趙雪陽　254

青年愛讀書特刊（一）　255

青年愛讀書特刊（二）　263

青年愛讀書特刊（三）　271

《京報副刊》（一九二五年四月）總目錄　281

第一〇六號　一九二五年四月一日（星期三）

中山先生少年時遺著　吳稚暉　285

所思（五）　申府　291

大暑　聞一多　291

"玩"　木先生　292

青年必讀書（七二）　梁問天　292

第一〇七號　一九二五年四月二日（星期四）

工業主義的倫理（第六講）——倫理的工業主義之條件（一）　華德講　簡又文
　　譯述　293

淚雨（朱湘附識）　聞一多　295

非宗教運動　已驚　297

論《異域鄉思》與辯誣　子潛　297

青年必讀書（七三）　李宜春　300

第一〇八號　一九二五年四月三日（星期五）

工業主義的倫理（第六講）——倫理的工業主義之條件（二）　華德講　簡又文
　譯述　301

交士與藝人　怡京　303

《玉君》　伏園　304

上帝望着我微微地笑　琴心　304

我願（一）　天心　305

“你也要傷心吧”——憶高君宇　川島　305

這是這麼一個意思　魯迅　306

看了青年愛讀書十部徵求的結果以後　燕生　306

青年必讀書（七四）　劉夢葦　307

第一〇九號　一九二五年四月四日（星期六）

工業主義的倫理（第六講）——倫理的工業主義之條件（三）　華德講　簡又文
　譯述　309

所思（六）　申府　311

西山的馬路　金滿成　312

拜腳商兌　異襟　313

我的頭髮　學昭　314

土儀（八）　長虹　315

又引起了我的疑惑　席明　316

青年必讀書（七五）　許昂若　316

第一一〇號　一九二五年四月五日（星期日）

德國的戰事劇　畢樹棠　317

猴子阿三　欽文　318

古書可讀否的問題　易金　320

評玉君　培良　321

土儀（九）　長虹　322

精神和物質　子美　323

"似曾相識燕歸來"　履霜　323

第一一一號　一九二五年四月七日（星期二）

華盛頓的誕辰——民治主義的精神（一）（美）舒爾曼講　錢星海譯　325

無聊　學昭　327

斷片的回憶（十）　曙天女士　330

風紀之柔脆　一擒　330

補假　尚木　331

青年必讀書（七六）　蕭蓬如　332

第一一二號　一九二五年四月八日（星期三）

華盛頓的誕辰——民治主義的精神（二）（美）舒爾曼講　錢星海譯　333

依違（一）　培良　335

"清明"　張友鸞　337

魯迅先生被人誤解的原因　王鑄　338

有鼻子的人留心　蕭度　339

青年必讀書（七七）　唐雍獻　340

第一一三號　一九二五年四月九日（星期四）

新社會之建造（第一講）——貧窮之廢除（一）　華德講　簡又文譯述　341

西湖畫信（一　生之活潑）　孫福熙　343

依違（二、三）　培良　344

明知是得罪人的話　琴心　348

青年必讀書（七八）　王良才　348

第一一四號　一九二五年四月十日（星期五）

新社會之建造（第一講）——貧窮之廢除（二）　華德講　簡又文譯述　349

尊重女子的中國　義阱　351

依違（四）　培良　351

"海枯石爛終不相忘"　天心　353

銅元的咬嚼　夷斤　354

抄襲的能手　陳永森　355

"怪字"　喬逎　356

第一一五號　一九二五年四月十一日（星期六）

中國畫學　金拱北講　其涼記　357

零（一）　趙其文　358

非邏輯　衣錦　360

給創作家們底一個建議　隨衣　361

再評玉君並答琴心女士　培良　362

這是什麼意思　朱湘　363

第一一六號　一九二五年四月十二日（星期日）

新社會之建造（第二講）——戰爭之廢除（一）　華德講　簡又文譯述　365

愛多亞兒童　法朗士著　金滿成譯　367

零（二）　趙其文　369

寄一多、基相　朱湘　372

介紹《中華教育界》的"收回教育權運動號"　憶愚　372

第一一七號　一九二五年四月十三日（星期一）

新社會之建造（第二講）——戰爭之廢除（二）　華德講　簡又文譯述　373

心欲之國土（一）（愛爾蘭）夏芝著　卜士譯　375

二非佳兆論　疑今　378

"民治主義的精神"？　無名　379

"到民間去"與"革命文學" 蔣鑑、希生 379

第一一八號 一九二五年四月十四日（星期二）

沾沾自喜 （日）鶴見祐輔著 魯迅譯 381

心欲之國土（二）（愛爾蘭）夏芝著 卜士譯 384

斷片的回憶（十一） 曙天女士 385

"細心"誤用了！ 雪紋女士 386

又一個不平鳴 琴心 387

讀琴心女士《明知是……》之後 閻宗臨 388

第一一九號 一九二五年四月十五日（星期三）

婦女與新道德（上） Beatrice M. Hinkle 著 余岱東譯 389

新格（Synge）評傳 鮑文蔚 390

心欲之國土（三）（愛爾蘭）夏芝著 卜士譯 392

詩人的夢 長虹 395

轉圈 賞目 396

"半臂春寒晚更添" 孫景章 396

第一二○號 一九二五年四月十六日（星期四）

動物內動力的研究（一）（美）F. A. Moss 著 林篤信譯 397

心欲之國土（四）（愛爾蘭）夏芝著 卜士譯 398

斷片的回憶（十二） 曙天女士 401

淒清的早上 蹇先艾 401

你讓我站在這土丘上招魂 梵心 402

新性道德的討論——讀陳伯年先生的《一夫多妻的新護符》的感想 許言
  午 403

第一二一號 一九二五年四月十七日（星期五）

動物內動力的研究（二）（美）F. A. Moss 著 林篤信譯 405

婦女與新道德（下） Beatrice M. Hinkle 著　余岱東譯　407

雲雀與水蓮的故事——送天心南行　露茜　409

故宮雜記（三）　莊嚴　411

第一二二號　一九二五年四月十八日（星期六）

動物內動力的研究（三）　F. A. Moss 著　林篤信譯　413

讀書　胡適講　嘯塵記　414

忽然想到（五）　魯迅　416

所思（七）　申府　417

"你要知道"　茂林　418

平鳴　愛吾　419

第一二三號　一九二五年四月十九日（星期日）

動物內動力的研究（四）（美）F. A. Moss 著　林篤信譯　421

健康與婦女運動（一）（美）C. D. Mosher 著　志仁譯　422

土儀（十）　長虹　425

從此（散文詩）　焦菊隱　426

我心裏常常想　歐陽蘭　426

第一二四號　一九二五年四月二十日（星期一）

動物內動力的研究（五）（美）F. A. Moss 著　林篤信譯　429

斷片的回憶（十三）　曙天女士　430

開茨的美女無情　天心　431

螞蟻與歐陽蘭　風光　435

續"玩"　尚木　436

第一二五號　一九二五年四月二十一日（星期二）

柏克赫司特女士　衣萍　437

土皇帝之威　一平　440

默禱 昕初 442

你知否？ 天心 442

文藝批評家是不能公正的 侯聖麟 442

關羽與財神 長虹 444

我敢斷定歐陽君是個"抄襲犯" 符致遠 444

第一二六號 一九二五年四月二十二日（星期三）

柏克赫士特女士 衣萍 445

青仙（一） 欽文 448

土儀（十一） 長虹 450

忽然想到（六） 魯迅 451

批評界的"全捧"與"全罵" 琴心 451

第一二七號 一九二五年四月二十三日（星期四）

西藏文化發達史（一） 河口慧海講 張鳳舉譯 歷陽記 453

青仙（二） 欽文 455

晚秋將暮 天心 457

假話 長虹 457

值得紀念的一天（一） ＴＰ 458

希望自愛的青年勿學歐陽蘭 甘人 459

第一二八號 一九二五年四月二十四日（星期五）

西藏文化發達史（二） 河口慧海講 張鳳舉譯 歷陽記 461

故宮雜記（四） 莊嚴 463

向海去的騎者（一）（愛爾蘭）新格著 鮑文蔚譯 464

創傷（九、十） 長虹 466

入夢 昕初 467

值得紀念的一天（二） ＴＰ 467

楊袁昌英的《玫君》讀後感 鶯嗔女士 468

第一二九號　一九二五年四月二十五日（星期六）

徒然的篤學　（日）鶴見祐輔著　魯迅譯　469

西藏文化發達史（三）　河口慧海講　張鳳舉譯　歷陽記　470

向海去的騎者（二）（愛爾蘭）新格著　鮑文蔚譯　473

春意　劉廷蔚　475

你呀，甘人！　琴心　476

第一三〇號　一九二五年四月二十六日（星期日）

馬克斯的唯物史觀　高一涵講　熊以謙記　477

沙夫表兄（一）　春芝　480

創傷（十一）　長虹　481

《短篇小說三篇》序　欽文　482

雨夜懷先艾琮本　聞國新　482

"我心裏"也"常常想"　戀琳　483

忍不住了　金滿成　484

第一三一號　一九二五年四月二十七日（星期一）

西藏文化發達史（四）　河口慧海講　張鳳舉譯　歷陽記　485

沙夫表兄（二）　春芝　487

瑣碎的記載清故宮（十）　建功　489

所思（八）　申府　490

土儀（十二）　長虹　491

張冠李戴　謝行暉　491

第一三二號　一九二五年四月二十八日（星期二）

西藏文化發達史（五）　河口慧海講　張鳳舉譯　歷陽記　493

故宮雜記（五）　莊嚴　495

一抓葡萄　法郎士著　金滿成譯　495

健康與婦女運動（二）（美）Mosher著　志仁譯　498

菜花香　范愛湖　500

第一三三號　一九二五年四月二十九日（星期三）

故宮雜記（六）　莊嚴　501

健康與婦女運動（三）（美）Mosher 著　志仁譯　505

夜之歌女　昕初　507

函數式的中國婦女　李繼宣　508

第一三四號　一九二五年四月三十日（星期四）

故宮雜記（七）　莊嚴　509

健康與婦女運動（四）（美）Mosher 著　志仁譯　512

創傷（十二）　長虹　515

朋友，驕傲些罷！　天心　516

春意　易墨　516

第三册

《京報副刊》（一九二五年五月）總目録　3

第一三五號　一九二五年五月一日（星期五）

五一節史略　7

五一節與弱小民族的群衆　大通　8

五一節與第二次全國勞動大會　識因　8

五一節與中國無産階級的青年　識因　10

五一節與婦女　莊　12

一九二〇年來中國之勞動運動　大通　13

第一三六號　一九二五年五月二日（星期六）

新社會之建造（第三講）——經濟的公道（一）　華德講　簡又文譯述　15

中等學校國文教學的商榷（一）　王森然　17

烟霞伴侶（一）　學昭　18

曼筠　默默　19

日本行（一）　陸錫侯　20

關於《現代評論》被扣的話　王鑄　22

第一三七號　一九二五年五月三日（星期日）

新社會之建造（第三講）——經濟的公道（二）　華德講　簡又文譯述　23

中等學校國文教學的商榷（二）　王森然　25

風達勒的遮光帽　法郎士著　金滿成譯　27

烟霞伴侶（二）　學昭　28

日本行（二）　陸錫侯　29

第一三八號　一九二五年五月四日（星期一）

希臘的藝術觀（一）　狄更生著　彭基相譯　31

新社會之建造（第三講）——經濟的公道（三）　華德講　簡又文譯述　32

烟霞伴侶（三）　學昭　34

西湖畫信（二　死之安慰）　孫福熙　35

日本行（三）　陸錫侯　36

論章教長之舉措　宜禁　37

來信　魯迅　38

第一三九號　一九二五年五月五日（星期二）

希臘的藝術觀（二）　狄更生著　彭基相譯　39

烟霞伴侶（四）　學昭　40

日本行（四）　陸錫侯　41

再介紹日本人的謬論　凱明　44

一個選“國學討論集”的計畫書　王鑑　44

並非《晨報》造謠　素昧　46

第一四〇號　一九二五年五月六日（星期三）

希臘的藝術觀（三）　狄更生著　彭基相譯　47

大氣中的微塵與吾人之關係（一）　李繼宣　48

中等學校國文教學的商榷（三）　王森然　50

日本行（五）　陸錫侯　51

和"大考據"先生談"半臂"　孫景章　52

雁聲　伍誠周　53

啟事　魯迅　54

第一四一號　一九二五年五月七日（星期四）

大氣中的微塵與吾人之關係（二）　李繼宣　55

中等學校國文教學的商榷（四）　王森然　56

烟霞伴侶（五）　學昭　57

日本行（六）　陸錫侯　58

又是一棵小小的臭草　刘丁　59

對於日本國民之忠告　張一粟　62

第一四二號　一九二五年五月八日（星期五）

希臘的藝術觀（四）　狄更生著　彭基相譯　63

瑣碎的記載清故宮（十一）　魏建功　65

中等學校國文教學之商榷（五）　王森然　66

烟霞伴侶（六）　學昭　68

刹那的心象　長虹　69

日本行（七）　陸錫侯　69

第一四三號　一九二五年五月九日（星期六）

希臘的藝術觀（五）　狄更生著　彭基相譯　71

瑣碎的記載清故宮（十二）　魏建功　72

中等學校國文教學之商榷（六）　王森然　74

王統照譯詩摘謬（一）　甘人　75

溫良　武者　76

心的世界　長虹　77

清晨　愛芝　78

第一四四號　一九二五年五月十日（星期日）

新社會之建造（第四講）——私立之廢除（一）　華德講　簡又文譯述　79

中山先生遺墨又一篇　簡又文　81

他的愛人　子美　81

瑣碎的記載清故宮（十三）　魏建功　84

茶舘的内外　長虹　85

王統照譯詩摘謬（二）　甘人　85

教會學校學生的呼聲　遠林　86

第一四五號　一九二五年五月十一日（星期一）

大學校長問題　龔漱滄　87

中等學校國文教學之商榷（七）　王森然　89

新社會之建造（第四講）——私立之廢除（二）　華德講　簡又文譯述　90

王統照譯詩摘謬（三）　甘人　92

我所見於《示衆》者　孫福熙　93

第一四六號　一九二五年五月十二日（星期二）

新社會之建造（第四講）——私立之廢除（三）　華德講　簡又文譯述　95

勒波老人　法郎士著　金滿成譯　97

在青春的夢裏　王蓮友　99

中等學校國文教學之商榷（八）　王森然　99

王統照譯詩摘謬（四）　甘人　101

忽然想到（七）　魯迅　102

第一四七號　一九二五年五月十三日（星期三）

妙峰山進香專號

引言　顧頡剛　103

妙峰山進香者的心理　容肇祖　105

朝山記瑣　伏園　107

妙峰山　關璞田　110

第一四八號　一九二五年五月十四日（星期四）

新社會之建造（第四講）——私立之廢除（四）　華德講　簡又文譯述　111

希臘的藝術觀（六）　狄更生著　彭基相譯　112

在燈下（古廟通信之一）　衣萍　114

國恥紀念日　伍誠周　116

王統照譯詩摘謬（五）　甘人　117

病中想到　胡侯楚　118

第一四九號　一九二五年五月十五日（星期五）

希臘的藝術觀（七）　狄更生著　彭基相譯　119

中等學校國文教學之商榷（九）　王森然　120

詩人的失戀　徐丹歌　121

西湖畫信（三　獨居）　孫福熙　122

甘地　屠哲隱　123

王統照譯詩摘謬（六）　甘人　125

女人壓迫女人　風先　126

劇評中間牽涉西林　西瀅　126

第一五○號　一九二五年五月十六日（星期六）

希臘的藝術觀（八）　狄更生著　彭基相譯　127

我們爲什麼要攝取食料？（上）　李繼宣　129

烟霞伴侶（七、八）　學昭　130

第一五四號 一九二五年五月二十日（星期三）

新社會之建造（第五講）——全世界之合作（二） 華德講 簡又文譯述 159

中等學校國文教學之商榷（十） 王森然 160

國家主義的教育與中國（四） 衛士生 161

阿剌伯數字的起源 陳仲益 162

在墓前 徐丹歌 163

甘人先生的態度 章質夫 165

再談一次"半臂" 孫景章 166

第一五五號 一九二五年五月二十一日（星期四）

新社會之建造（第五講）——全世界之合作（三） 華德講 簡又文譯述 167

中日文化關係之歷史的研究（一） 李劍華 169

中等學校國文教學之商榷（十一） 王森然 170

旅途中悲劇之一幕 陳俞廷 171

心靈的祖國 王蓮友 174

關於《希臘的藝術觀》的更正 基相 174

第一五六號 一九二五年五月二十二日（星期五）

蘇李與文學（四） 子美 175

中日文化關係之歷史的研究（二） 李劍華 176

中等學校國文教學之商榷（十二） 王森然 178

不幸 魯彥譯 179

小詩（新安橋畔及其他） 蘇宗武 181

女師大的學風 凱明 181

覆包珂的一封信 無偏 182

第一五七號 一九二五年五月二十三日（星期六）

妙峰山進香專號（二）

妙峰山的香會（一） 顧頡剛 183

惜字老會會啟說明　顧頡剛　184

碧霞元君廟考　容庚　188

第一五八號　一九二五年五月二十四日（星期日）

蘇李與文學（五）　子美　191

中等學校國文教學之商榷（十三）　王森然　192

傳說中的悲劇　長虹　193

叔父　欽文　193

壓迫同性之卑劣手段　靜農　196

酒後　刘丁　197

"半臂春寒晚更添"　述之　198

第一五九號　一九二五年五月二十五日（星期一）

蘇李與文學（六）　子美　199

西湖畫信（五　看月上）　孫福熙　200

烟霞伴侶（九、十）　學昭　203

戰顫　昕初　205

明知是無聊的話　蘭敏　205

《溪水》自序　王利貞　206

病人　養正　205

第一六〇號　一九二五年五月二十六日（星期二）

新社會之建造（第六講）——俄羅斯之大試驗（一）　華德講　簡又文譯述　207

中等學校國文教學之商榷（十四）　王森然　209

礦蜂——法布耳的昆蟲故事之五（一）　林蘭女士　211

幔子下的人們　長虹　212

毋庸懺悔　亦荆　213

"拉雜讕言"　蕭度　214

第一六一號　一九二五年五月二十七日（星期三）

新社會之建造（第六講）——俄羅斯之大試驗（二）　華德講　簡又文譯述　215

太平天國福字碑記　簡又文　216

中等學校國文教學之商榷（十五）　王森然　218

雨夜　蕭元璋　219

觳觫一週年　朱虛白　220

心頭碎影　蕭承慈　221

羅素的《心之分析》　彭基相　221

第一六二號　一九二五年五月二十八日（星期四）

新社會之建造（第六講）——俄羅斯之大試驗（三）　華德講　簡又文譯述　223

中等學校國文教學之商榷（十六）　王森然　225

礦蜂——法布耳的昆蟲故事之五（二）　林蘭女士　226

沸騰　長虹　226

烟霞伴侶（十一）　學昭　228

所思（九）　申府　228

要來做執政府顧問的辜顯榮君究竟是個甚麼東西？　李雪峰　230

第一六三號　一九二五年五月二十九日（星期五）

妙峰山進香專號（三）

妙峰山的香會（二）　顧頡剛　231

妙峰山進香日記　莊嚴　236

預告　編者　238

第一六四號　一九二五年五月三十日（星期六）

耶穌的革命精神（一）　華德講　簡又文譯述　239

中等學校國文教學之商榷（十七）　王森然　240

編纂國史講話的計畫（一）　顧頡剛　241

蝴蝶寰　欽文　243

昆明湖畔　陳劍非　245

深夜的我　王蓮友　246

多餘　海嘯　246

第一六五號　一九二五年五月三十一日（星期日）

耶穌的革命精神（二）　華德講　簡又文譯述　247

中等學校國文教學之商榷（十八）　王森然　249

編纂國史講話的計畫（二）　顧頡剛　249

礦蜂——法布耳的昆蟲故事之五（三）　林蘭女士　251

“毋庸懺悔”？　天心　253

鐵塔強姦案中之最可恨者　唯亭　254

《京報副刊》第七冊（一九二五年六月）總目錄　261

第一六六號　一九二五年六月一日（星期一）

大學生心目中的問題　張欽士　265

中等學校國文教學之商榷（十九）　王森然　266

給 LN 君　魯彥　267

閃光（一至一〇）　長虹　268

並非閒談　魯迅　269

京兆人　凱明　271

敬告楊蔭榆先生　誠之　271

不是省籍問題　伏園　272

第一六七號　一九二五年六月二日（星期二）

致行知社的一封公開信　余文偉　273

知乎？行乎？　彭基相　274

記曹仲華（一）　汪震　275

中等學校國文教學之商榷（二十）　王森然　276

閃光（十一至二〇） 長虹　277

烟霞伴侶（十二） 學昭　278

翻譯真難？——略評中譯的《莎樂美》（上） 王宗璠　279

第一六八號　一九二五年六月三日（星期三）

婦女與勞動 （南非）須萊納爾著　天廬譯述　281

記曹仲華（二） 汪震　283

畸人語（一） 金滿成　284

閃光（二一至二六） 長虹　285

翻譯真難？——略評中譯的《莎樂美》（下） 王宗璠　286

癡人說“夜” 亦荊　287

六個學生該死 傷時　288

又多一番創痛之六三 伏園　288

第一六九號　一九二五年六月四日（星期四）

上海的空前大殘殺 東璧　289

燕大與反帝國主義運動 焦菊隱　290

中國官僚一般之見識 ＳＪ　291

淨街 王鑄　292

隨便談談 揖敬　293

勿談閨閫 京紳　293

楊蔭榆開除學生黑幕之一角 金仲芸　294

忙話 沄沁　294

“閒話”之“不像樣” 丁謇　295

“嚄等”之一又有“關於民眾文藝的話” 荊有麟　296

第一七〇號　一九二五年六月五日（星期五）

俄印兩國思潮對於東亞將來的發展之影響之比較的研究（一） 華德教授講
　演　簡又文譯述　297

挪揄　聞國新　298

窮而多事——楊蔭榆和分金　申府　299

對於女師大風潮的觀察　無名　301

病中捉賊　風光　302

壞人與好人　允明　303

遊行示威以後　伏園　303

第一七一號　一九二五年六月六日（星期六）

妙峰山進香專號（四）

請讀者在百忙中再讀我們的妙峰山專號　伏園　305

妙峰山的香會（三）　顧頡剛　305

妙峰山的漫遊　俞宗杰　310

第一七二號　一九二五年六月七日（星期日）

此後的中國　伏園　313

反帝國主義以後　荆有麟　314

英日暴動事件中我們第一件要做的事　常燕生　315

三個方法　王蓮友　315

我們應該怎麼樣？　ＳＪ　316

咬文嚼字（三）　魯迅　317

西瀅與楊蔭榆　亞俠　317

致汪懋祖先生書　劉亞雄　318

記曹仲華（三）　汪震　319

忙中觀《病中捉賊》　承志　320

第一七三號　一九二五年六月八日（星期一）

上海慘劇特刊（一）

引言　伏園　321

本刊的緣起及使命　王造時　321

一個對於外捕槍殺華人的切實辦法　莊澤宣　321

駁蠻不講理的第一次"使團覆牒"　王造時　322

怎樣援助滬案　陶葆楷　323

國民應有之覺悟　慘　324

同胞快醒　沛東孟　325

洋官（獨幕寫實劇）　賀自昭　326

我親眼所見之上海英捕慘殺華人　胡家枚　328

上海英日人八次慘殺我國同胞始末　蔭麟　328

第一七四號　一九二五年六月九日（星期二）

上海慘劇特刊（二）

再駁蠻不講理的第二次"使團覆文"　王造時　329

告全國智識階級　張蔭麟　330

上海租界史略　史國綱　331

上海華界不應罷市　王士倬　333

排英日與排外　耕三　333

收回領事裁判權　冕　334

什麼是不平等條約？　仕俊　335

第一七五號　一九二五年六月十日（星期三）

上海慘劇特刊（三）

新國家主義——救國良藥（一）　王造時　337

慘劇之最近要聞（刊在中縫）　338

智識階級應當怎樣救國？　張蔭麟　339

此次慘劇的根本禍原（一）　石佐　339

不合作運動　羅懋德　340

如何打倒英日經濟侵略政策　何義均　342

商人應如何去做愛國運動　林毓德　343

忠告中國軍人——軍人對於滬案的責任　柳　344

第一七六號　一九二五年六月十一日（星期四）

上海慘劇特刊（四）

新國家主義——救國良藥（二）　王造時　345

我們抵抗英日的熱度如何方能持久？　張敷榮　347

救濟罷工同胞緊急籌欵辦法之建議　魏建功　348

認清題目！　陳銓　348

如何能使中國人不爲英日人服務？　朱馭歐　349

再論收回領事裁判權　羅懋德　350

上海慘劇第一、二、三三日死傷簡明統計表　寔　351

第一七七號　一九二五年六月十二日（星期五）

上海慘劇特刊（五）

上海的亂子是怎麼鬧起來的　顧頡剛　353

傷心歌　顧頡剛　354

馬君武先生對於滬案的意見　馬君武　354

新國家主義——救國良藥（三）　王造時　355

同胞快起來組織“罷業救濟會”　文運　356

告國人　痛　357

什麼是帝國主義？　羅懋德　358

罷課期內學生應做的一件事　懿吾　359

難道不管麼？　吳鉞　359

一個上海大學學生親嘗此次慘劇的報告　德馨　360

第一七八號　一九二五年六月十三日（星期六）

上海慘劇特刊（六）

援助滬案反抗英日的根本條件（上）　王造時　361

上海慘劇（第一幕）　何一公　362

組織募捐團　崔龍光　365

罷工持久的方法　作　366

新國家主義——救國良藥（四） 王造時 366

救國談片 伏園 367

第一七九號　一九二五年六月十四日（星期日）

上海慘劇特刊（七）

中英日之經濟的關係 馬寅初 369

暑假期中學生如何進行反抗英日運動？ 平山 372

新國家主義——救國良藥（五） 王造時 373

英日侵略我國的過去 羅懋德 374

上海慘劇（第二幕） 何一公 375

第一八〇號　一九二五年六月十五日（星期一）

上海慘劇特刊（八）

民眾運動的四要素 羅懋德 377

上海慘劇（第三幕） 何一公 378

心聲社的宣言與建議 黎錦暉 381

北大教授為上海慘劇宣言英文稿 王世杰 383

第一八一號　一九二五年六月十六日（星期二）

上海慘劇特刊（九）

滬案的根本解決 普文 385

新國家主義——救國良藥（六） 王造時 386

募捐救濟失業工人的根本辦法 董亨 387

不供給英日原料 石佐 388

對於上海慘事之實際辦法 李蔚潭 390

中華老人 桂生 390

遊行之後 陳銓 391

一個大廈大學學生被難後的報告 杏村 392

第一八二號　一九二五年六月十七日（星期三）

上海慘劇特刊（十）

援助滬案反抗英日的根本條件（下）　王造時　393

新國家主義——救國良藥（七）　王造時　394

對使團六代表之希望　忍　395

我們現在應取的步驟　張銳　396

愛國運動亟宜注意的幾點　重威　397

政府應即派兵入英日租界保護中國國民——同英日派兵來華一樣的理由　直民　398

國際侵略者的危機　羅懋德　399

論三罷　微塵　399

北大教授致羅馬教皇原電　400

第一八三號　一九二五年六月十八日（星期四）

滬漢後援會專刊（一）

西太平洋國際形勢與滬漢各案外交之將來　張榮福　401

敬告教育當局及全國青年　原孝友　404

請政府向英使提出最後通牒　楊劼弦　405

國外宣傳之重要　胡勤業　406

傷心慘目的實在情形——上海學生代表沈育貧君所親見的狀況　文偉　407

滬案感言　李振時　407

第一八四號　一九二五年六月十九日（星期五）

上海慘劇特刊（十一）

怎樣對英日兩國實行經濟絕交　董承顯　409

群眾運動裏面缺少的兩種人　東阜　410

從滬案運動裏表現出來的中國國民性及今後應取之態度　陳銓　411

願全國人民作更進一步的救國運動　蔭　412

我們能做的一點　群　413

抵制仇貨的實施　彭一賓　414

對付英日最當注意的　張敷榮　416

第一八五號　一九二五年六月二十日（星期六）

滬漢後援會專刊（二）

對於上海事件之感言　凱明　417

政府宜即日設立中英交涉委員會　楊劼弦　417

怪哉梁啟超　張榮福　419

一息尚存一息不懈　平伯　421

北京大學校警校役上海罷工同胞後援會宣言　423

北大教授上段執政書（英譯）　林玉堂譯　424

第一八六號　一九二五年六月二十一日（星期日）

救國特刊（一）

發刊詞　425

救國團成立宣言　425

救國團緊要宣言　426

吾人救國之旨趣　周倫超　426

梁啟超先生的大論　李璞　427

救國碎談（一）　樂水　428

本團團務紀要（刊在中縫）　428

上海的租界　無悔　429

英日貨品的商標（一）　振武　431

第一八七號　一九二五年六月二十二日（星期一）

清末思想界狀況的再現　伏園　433

第三文化之建設———段舊感重發　申府　434

西湖畫信（六　自然之謎）　孫福熙　435

咱們自己站起　平伯　440

"收回租界！" 伏園　440

第一八八號　一九二五年六月二十三日（星期二）

滬漢後援會專刊（三）

領事裁判權撤廢運動的經過和我們今後應取的步驟　葛揚煥　441

反對帝國主義與排外　黃文弼　444

國際工人後援會爲滬案向中國國民的宣言　尚素譯　445

雜感四則　顯運　447

文明與野蠻　義經　448

愛國文學的提倡　張陳卿　448

第一八九號　一九二五年六月二十四日（星期三）

上海慘劇特刊（十二）

從滬漢慘案所得的教訓　作章　449

這次救國運動中可樂觀的幾點　敷榮　450

解決宣戰與否之參考　普文　450

今後我們遊行示威應當注意的幾件事　董承顯　451

談作戰的步驟　陳銓　451

我們應當派人到內地去宣傳　椿齡　453

經濟絕交的治本辦法　羅德輝　453

望同胞堅持到底勿存五分鐘的熱度　劉作衡　454

英日貨品的商標（二）　振武　455

第一九〇號　一九二五年六月二十五日（星期四）

滬漢後援會專刊（四）

關於滬案的幾條意見　孫景章　457

喚醒民衆惟一的方法——宣傳　王嗣順　458

抵制仇貨（獨幕劇）（一）　俠客、漱林　459

甘願亡國滅種之梁啟超、顧維鈞等的宣言　戴電原　461

講演傳習所　乞明　463

說幾件小事　舒新城　463

第一九一號　一九二五年六月二十七日（星期六）

暑假中的學生生活——本刊之大徵文　伏園　465

知識階級之將來　華德講　簡又文譯述　466

跋西安新發見天主正道解略解　陳垣　470

感染腸傷寒之經過　余幼塵　470

一點小玩意兒　虛枝　472

收回租界的成績報告　伏園　472

第一九二號　一九二五年六月二十八日（星期日）

救國特刊（二）

救國的根本方法　王施眞　473

我們須認清敵人　競之　474

忠告回籍的學生　陳質　475

救國碎談（二）　樂水　476

帝國主義與中國　尚素　477

鴉片戰爭　無悔　478

紀事（刊在中縫）　478

第一九三號　一九二五年六月二十九日（星期一）

反抗英日强權專刊（一）

宣言　羅素好　481

主張與英絕交　呂其光　481

思痛　蕭會極　484

五四運動之功過　益噤　485

滬案聲中之我見　趙奇　486

英日貨品的商標（三）　振武　487

第一九四號　一九二五年六月三十日（星期二）

滬漢後援專刊（五）

滬案談判之程序及其應提之條件的商榷　張榮福　489

中英關係之一瞥　林天樞　491

讀平伯致伏園的通信後　段思召　494

一個小學生的愛國熱忱　滕國華　494

英日貨品的商標（四）　振武　495

《京報副刊》（一九二五年七月）總目錄　499

第一九五號　一九二五年七月一日（星期三）

滬漢事變之交涉方法　戴修駿　503

PRATAP 重來中國　伏園　504

美國著名女詩人羅艾爾逝世　聞一多　506

革命的基督教（一）　華德教授講演　簡又文譯述　507

所思（十至十二）　申府　508

西湖畫信（七　群鳥止唱聽晨鐘）　孫福熙　509

"愚問"之一　乙徑　510

第一九六號　一九二五年七月二日（星期四）

滬漢後援專刊（六）

中英關係與經濟絕交　葛揚煥　511

第二步戰略　陳忠範　515

一個用力少而收效大的國外宣傳方法　孫景章　516

未來派戲劇——請願　孫景章　516

英日貨品的商標（五）　振武　517

第一九七號　一九二五年七月三日（星期五）

胡適論書後　節日　519

中國人與日本人之革命思想　李劍華　519

中國虛字變遷考　劉澤民　520

也許（爲一個苦命的夭折的少女而作）　聞一多　522

投函（附《畿輔之河流與實業》及《提倡國貨歌》）　李裕增　522

第一九八號　一九二五年七月五日（星期日）

救國特刊（三）

救國團對於廣州事件之宣言　527

我們還不應該對英宣戰麼？　陳質　527

國民還不起來嚴重督責政府辦外交嗎？　王施眞　528

阿富汗怎樣爭得獨立　普拉他潑講　潘家洵口譯　529

不平等條約之一——江甯條約　無悔　531

救國團團務紀要（刊在中縫）　532

第一九九號　一九二五年七月六日（星期一）

談道爾頓制（一）　舒新城　535

中國人之政治思想　李劍華　537

俄印兩國思潮對於東亞將來的發展之影響之比較的研究（二）　華德教授講
　演　簡又文譯述　538

西湖畫信（八　升天）　孫福熙　540

日人之支那覺醒論　B. U.　541

沙漠的北京　歷陽　542

第二〇〇號　一九二五年七月七日（星期二）

滬漢後援專刊（七）

我國對滬漢各案所應採之手段　胡寶淥　543

不該打湯先生底門　趙雄　543

對付英國之我見　許炳漢　544

國民黨自己覺悟！　裴文中　545

抵制仇貨（獨幕劇）（二） 俠客、漱林　546

英日貨品的商標（六） 振武　549

第二〇一號　一九二五年七月八日（星期三）

談道爾頓制（二） 舒新城　551

司命運之王德多波許士 （法）法郎士著　金滿成譯　553

一幕的疑問 寒光　554

梁山伯與祝英台的傳說 符業祺述　557

讀《黃狗與青年作者》 米先生　558

第二〇二號　一九二五年七月九日（星期四）

俄印兩國思潮對於東亞將來的發展之影響之比較的研究（三） 華德教授講

　演　簡又文譯述　559

資本家的家屬 （希伯萊）泰夷琪著　魯彥譯　561

閃光（二七至四二） 長虹　563

西湖畫信（九　荷塘） 孫福熙　564

朱元璋少年時代的故事 許黛心　564

要這樣救國！ 天怡　565

第二〇三號　一九二五年七月十日（星期五）

一九二四年丹麥之文學 畢樹棠　567

從歷史上研究哲學是什麼（一） 歷陽　569

西湖畫信（十　夜之沈思） 孫福熙　570

赤俄印象記（一） 增田正雄著　如囚譯　572

雪女王（一）（丹麥）安徒生著　林蘭女士譯　573

烟霞伴侶（十三） 學昭　573

第二〇四號　一九二五年七月十一日（星期六）

勿拉馬以容死了——法國大天文家享年八十三歲 孫福熙　575

從歷史上研究哲學是什麼（二）　歷陽　576

雪女王（二）（丹麥）安徒生著　林蘭女士譯　577

赤俄印象記（二）　增田正雄著　如囚譯　578

清明之夜　龔家珍　579

閃光（四三至五二）　長虹　581

兄弟十個扛金鐘　俞念遠　582

熱血歌（附歌譜）　黎錦暉　582

第二○五號　一九二五年七月十二日（星期日）

從歷史上研究哲學是什麼（三）　歷陽　583

西湖畫信（十一　小別）　孫福熙　586

訂婚後　藕丹女士　587

閃光（五三至五八）　長虹　588

"立鼻兜"和阿Q的戀愛　天廬　588

答愚問之一　孫寶墀　590

第二○六號　一九二五年七月十三日（星期一）

救國特刊（四）

救國團為連江縣案緊急宣言　591

勞意喬治的言論　溫長發　591

我們應當繼續接濟失業的工人　無悔　592

如何用宣傳工夫　周倫超　593

此時猶作歸家之想乎！　林華鈞　594

救國碎談（三）　樂水　594

救國團團務紀要（刊在中縫）　594

中國和印度聯合起來做這神聖的事業（附原文）（印度）Singh 講　尚素譯　596

第二○七號　一九二五年七月十四日（星期二）

恭祝法蘭西的國慶　孫福熙　599

第二一一號　一九二五年七月十八日（星期六）

革命的基督教（二）　華德教授講演　簡又文譯述　631

大戰爭給與藝術上的影響　魯少飛　632

閃光（五九至六六）　長虹　634

有憶　朱湘　635

赤俄印象記（六、七）　增田正雄著　如囚譯　635

抵家之前（爲"五卅"死者作）　程建磐　637

第二一二號　一九二五年七月十九日（星期日）

救國特刊（五）

救國團爲滬、漢、潯、粵、連江、重慶各案緊要總宣言　639

論打倒帝國主義　周倫超　639

根本抵制之客談　無悔　641

一個外交的策略　陳均　642

日本二十一條要求——不平等條約之一　尚素　643

救國團團務紀要（刊在中縫）　644

本刊第四期十獅子先生演講英文原稿勘誤表　646

第二一三號　一九二五年七月二十日（星期一）

論自由思想　彭基相　647

革命的基督教（三）　華德教授講演　簡又文譯述　648

辭薦　小酩　649

閃光（六七至七二）　長虹　652

雪女王（五）（丹麥）安徒生著　林蘭女士譯　652

嚼蠟（一）　兩疑　654

一致對外聲中　伯山　654

第二一四號　一九二五年七月二十一日（星期二）

革命的基督教（四）　華德教授講演　簡又文譯述　655

雨聲　胡然　656

閃光（七三至八六）　長虹　658

雪女王（六）（丹麥）安徒生著　林蘭女士譯　659

畸人語（四、五）　金滿成　660

天花寺的傳說　王鑄　661

"檢驗身體"　君魯　662

第二一五號　一九二五年七月二十二日（星期三）
北大學生軍號（一）
北大學生軍（一）　張榮福　663

第二一六號　一九二五年七月二十三日（星期四）
救亡要全國尊重理科！（一）　李裕增　671

江南好　稺望　672

彈三弦的瞎子　朱湘　675

閃光（八七至一〇〇）　長虹　676

雪女王（七）（丹麥）安徒生著　林蘭女士譯　676

嚼蠟（二）　兩疑　678

第二一七號　一九二五年七月二十四日（星期五）
革命的基督教（五）　華德教授講演　簡又文譯述　679

救亡要全國尊重理科！（二）　李裕增　680

雪女王（八）（丹麥）安徒生著　林蘭女士譯　682

烟霞伴侶（十五）　學昭　683

梁山伯與祝英台（附祝英台小傳）　劉大杰　684

孫寶墀不識愛羅先珂　伏園　686

第二一八號　一九二五年七月二十五日（星期六）
救亡要全國尊重理科！（三）　李裕增　687

瑣碎的記載清故宮（十四）　建功　688

畸人語（六、七）　金滿成　690

雪女王（九）（丹麥）安徒生著　林蘭女士譯　693

烟霞伴侶（十六）　學昭　693

關於"仲伙"　吳承仕　694

第二一九號　一九二五年七月二十六日（星期日）

救國特刊（八）

怎麼還不對英宣戰！？　胡廷玉　695

忠告政府當局　周倫超　698

焚燒劣貨和抵制劣貨　吳克禮　699

在中國的外國人與其勢力　無悔　699

治外法權與領事裁判權　尚素　700

救國團團務紀要（刊在中縫）　700

不平等條約之二──天津條約（一）　無悔　701

第二二○號　一九二五年七月二十七日（星期一）

救亡要全國尊重理科！（四）　李裕增　703

迷信與研究　毛坤　704

瑣碎的記載清故宮（十五、十六）　魏建功　705

雪女王（十）（丹麥）安徒生著　林蘭女士譯　706

畸人語（八）　金滿成　707

塞夜濤聲（一）　王森然　708

過去的人　學昭　708

趙匡胤的故事　俞琴　709

爭報面（一）　有麟　710

第二二一號　一九二五年七月二十八日（星期二）

救亡要全國尊重理科！（五）　李裕增　711

瑣碎的記載清故宮（十七、十八）　魏建功　712

姊妹　俾萊芝著　魯彥譯　714

雪女王（十一）（丹麥）安徒生著　林蘭女士譯　715

烟霞伴侶（十七）　學昭　716

爭報面（二）　有麟　718

第二二二號　一九二五年七月二十九日（星期三）
北大學生軍號（二）

北大學生軍（二）　張榮福　719

第二二三號　一九二五年七月三十日（星期四）

救亡要全國尊重理科！（六）　李裕增　727

瑣碎的記載清故宮（十九、二十）　魏建功　728

雪女王（十二）（丹麥）安徒生著　林蘭女士譯　729

最後的詩　（英）濟慈著　朱湘譯　730

塞夜濤聲（二）　王森然　730

烟霞伴侶（十八）　學昭　730

雨　CCW　731

羅隱的故事　許黛心　732

新詩與國家主義　江　734

第二二四號　一九二五年七月三十一日（星期五）

做詩之序次　汪靜之　735

雪女王（十三）（丹麥）安徒生著　林蘭女士譯　739

塞夜濤聲（三）　王森然　740

弱者的呼聲　亞岩　741

晚秋將暮　天心　741

畸人語（九、十）　金滿成　741

連類及之　萬子常　742

第四册

《京報副刊》（一九二五年八月）總目錄　3

第二二五號　一九二五年八月一日（星期六）

人種的衝突是不可避免的嗎?　（英）韋爾斯作　戴景雲譯　7

一個傍晚　大澄　9

產婦（一）（法）白立阿原著　蕭伯納夫人英譯　薛琪瑛女士中譯　11

深夜的我　王蓮友　14

梁山伯和祝英台　吳聯棟　14

第二二六號　一九二五年八月二日（星期日）

救國特刊（七）

救國團爲邢士廉查封四團體緊要宣言　15

努力救國運動者應盡的責任　周倫超　15

我們爲什麼不能戰鬥!　無悔　16

隨感錄　心柏　19

租界的起源及其弊害　夏葵如　20

救國團團務紀要（刊在中縫）　20

海關上的西人　LM　21

不平等條約之二──天津條約（二）　無悔　22

第二二七號　一九二五年八月三日（星期一）

女師大大改革論　儀京　23

歡迎柏克赫斯特女士　劉炳藜　23

留學制度有改善之必要　楊雲竹　24

產婦（二）（法）白立阿原著　蕭伯納夫人英譯　薛琪瑛女士中譯　27

春雲　慧因　29

暑天閒談（一） 陸鼎蕃　30

第二二八號　一九二五年八月四日（星期二）

自由思想和官方的宣傳（一）（英）羅素著　余文偉譯　31

產婦（三）（法）白立阿原著　蕭伯納夫人英譯　薛琪瑛女士中譯　32

暫霽　朱湘　35

野草（一）（丹麥）愛華耳特著　李小峰譯　35

畸人語（十一、十二）金滿成　36

黃巢的故事　李劍腸　38

第二二九號　一九二五年八月五日（星期三）

道爾頓制的實際工作（一）柏克赫斯特女士講　競存筆記　39

續女師大大改革論　衣錦　40

自由思想和官方的宣傳（二）（英）羅素著　余文偉譯　41

野草（二）（丹麥）愛華耳特著　李小峰譯　42

苦雨　朱湘　43

烟霞伴侶（湖上）（一、二）學昭　44

驅逐楊蔭榆　玉樹　45

第二三〇號　一九二五年八月六日（星期四）

道爾頓制的實際工作（二）柏克赫斯特女士講　競存筆記　47

道爾頓制之心理的根據（一）柏克赫斯特女士講　歷陽筆記　49

自由思想和官方的宣傳（三）（英）羅素著　余文偉譯　50

絞首架　俾萊芝著　魯彥譯　51

暑天閒談（二）陸鼎蕃　52

暑假見聞瑣記　冉廣文　53

零碎話　逋客　54

第二三一號　一九二五年八月七日（星期五）

道爾頓制之心理的根據（二）　柏克赫斯特女士講　歷陽筆記　55

道爾頓制的原理（一）　柏克赫斯特女士講　柏楮筆記　56

產婦（四）（法）白立阿原著　蕭伯納夫人英譯　薛琪瑛女士中譯　57

烟霞伴侶（湖上）（三、四）　學昭　58

老虎報質疑　疑今　59

關於清室事件　承仕　60

不贊成儀京先生的態度　申撫　61

女師大風潮　愚露　62

第二三二號　一九二五年八月八日（星期六）

道爾頓制的原理（二）　柏克赫斯特女士講　柏楮筆記　63

自由思想和官方的宣傳（四）（英）羅素著　余文偉譯　64

產婦（五）（法）白立阿原著　蕭伯納夫人英譯　薛琪瑛女士中譯　66

"竟辜負了這一套洋服"！　仙舟　67

暑天閒談（三）　陸鼎蕃　68

原來這就叫作"革命領袖"！——嚼蠟之三　兩疑　68

瞻望故鄉——接到了"人世地獄"的消息以後　張光人　69

第二三三號　一九二五年八月九日（星期日）

救國特刊（八）

再論打倒帝國主義　周倫超　71

我們怎樣爭得"做人的資格與其程度"　蘇德煌　73

收回上海會審公廨　尚素　74

我們怎樣抵抗列强的侵略政策　林德懿　75

救國團團務紀要（刊在中縫）　76

中國人的中國　金滿成　77

科學救國大鼓書　北觀別墅原稿　78

第二三四號　一九二五年八月十日（星期一）

女校長的男女的夢　魯迅　79

道爾頓制的原理（三）　柏克赫斯特女士講　柏楮筆記　79

自由思想和官方的宣傳（五）（英）羅素著　余文偉譯　81

零落（一）　袁嘉華　82

所以做皇帝的趙匡胤　姜華　85

暗箭傷人之章孤桐——嚼蠟之四　良醫　86

兩千元的魔力　效癡　86

第二三五號　一九二五年八月十一日（星期二）

自由思想和官方的宣傳（六）（英）羅素著　余文偉譯　87

零落（二）　袁嘉華　89

塞夜濤聲（四、五）　王森然　91

烟霞伴侶（湖上）（五）　學昭　92

一切都是灰色的（通信）　劉炳藜、舒新城　93

第二三六號　一九二五年八月十二日（星期三）

與友人論章楊書　周作人　95

孤島上的于哥住屋　孫福熙　97

零落（三）　袁嘉華　98

肚餓與老二　桑蒂　101

第二三七號　一九二五年八月十三日（星期四）

希臘的國家觀（一）　狄更生著　彭基相譯　103

零落（四）　袁嘉華　104

江湖兩博士合論——嚼蠟之五　良醫　107

農人的歌訣（山東利津縣）　崔漁汀　108

第二三八號　一九二五年八月十四日（星期五）

希臘的國家觀（二）　狄更生著　彭基相譯　111

佛典之構成　仲儒　112

零落（五）　袁嘉華　114

烟霞伴侶（湖上）（六）　學昭　117

暑假生活中的感想　韓介軒　118

第二三九號　一九二五年八月十五日（星期六）

希臘的國家觀（三）　狄更生著　彭基相譯　119

零落（六）　袁嘉華　120

誘惑　聞國新　122

飄流在北京城中　逋客　122

運河之蛙　谷鳳田　125

北京乎！　孫福熙　126

第二四〇號　一九二五年八月十六日（星期日）

救國特刊（九）

救國團爲南京英人慘殺華工宣言　127

救國團反對重行調查滬案宣言　127

英使館罷工的意義與價值及其善後問題　周倫超　127

"英使館工人眞不該罷工"！　樂水　129

救國必須打倒賣國奴！　政均　131

打倒英國强盜　李璞　131

在外國的中國人與其勢力　無悔　132

救國團團務紀要（刊在中縫）　132

科學救國大鼓書（續）　北觀　133

第二四一號　一九二五年八月十七日（星期一）

希臘的國家觀（四）　狄更生著　彭基相譯　135

中國的女修道院（一）——畸人語之十三　金滿成　136

零落（七）　袁嘉華　138

教育部家長會議親聞記　新銘　139

妙想天開的兩位總長——嚼蠟之六　良醫　141

介紹一個實驗學校——藝文中學校　憶愚　142

第二四二號　一九二五年八月十八日（星期二）

忠厚的胡博士　星命　143

希臘的國家觀（五）　狄更生著　彭基相譯　143

歸航（一）　春臺　144

零落（八）　袁嘉華　145

中國的女修道院（二）——畸人語之十三　金滿成　147

孤桐先生之權威　大枬　150

民衆的對頭　谷鳳田　150

第二四三號　一九二五年八月十九日（星期三）

報凱明先生　張崧年　151

歸航（二）　春臺　156

中國的女修道院（三）——畸人語之十三　金滿成　157

第二四四號　一九二五年八月二十日（星期四）

佛典之流傳　仲儒　159

歸航（三）　春臺　160

零落（九）　袁嘉華　161

螢　秉雄　163

心理的協和——畸人語之十四　金滿成　164

關於清室事件　章炳麟　164

四川的社會　康橋　165

第二四五號　一九二五年八月二十一日（星期五）

答張崧年先生書　周作人　167

言論界之分野　辛民　168

零落（十）　袁嘉華　169

樹林和野草　（丹麥）愛耳華特著　李小峰譯　170

烟霞伴侶（湖上）（七）　學昭　173

魯迅先生的免職　汪震　174

第二四六號　一九二五年八月二十二日（星期六）

希臘的國家觀（六）　狄更生著　彭基相譯　175

復辟　黎錦明　176

產婦（六）（法）白立阿原著　蕭伯納夫人英譯　薛琪瑛女士中譯　178

烟霞伴侶（湖上）（八）　學昭　180

諸葛亮的故事　姜華　181

悶　金仲芸　182

第二四七號　一九二五年八月二十三日（星期日）

救國特刊（十）

救國團致蘇聯駐京大使加拉罕函　183

國民外交芻言　周倫超　183

救國之前　夏葵如　184

國家主義與三民主義　素石　186

救國的我見　恨吾　187

救國團團務紀要（刊在中縫）　188

“又開會哪？！”　冰川　189

不平等條約之二——天津條約（三）　無悔　190

第二四八號　一九二五年八月二十四日（星期一）

章士釗與王九齡　太愚　191

溥儀與章士釗與劉百昭　光榮　191

眞正英國留學生　伯山　192

所思（十三）　申府　192

一切都過去了　莫泊桑著　尚鉞譯　192

產婦（七）　法國白立阿原著　蕭伯納夫人英譯　薛琪瑛女士中譯　196

我們怎樣對付老虎總長?——嚼蠟之七　兩疑　198

打官司是否打得了?　S J　198

第二四九號　一九二五年八月二十五日（星期二）

國家主義觀（一）　曾曉淵　199

捉蟈蟈　湘貞　200

朝霧　滄波　202

訪問雜記　學昭　203

在中國作人眞難　有麟　205

忠厚的星命先生　空言　205

執政府的衛兵　穉園　206

第二五〇號　一九二五年八月二十六日（星期三）

國家主義觀（二）　曾曉淵　207

再報周作人先生　張崧年　208

再答張崧年先生　周作人　209

金生　冉廣文　210

烟霞伴侶（湖上）（九、十）　學昭　211

又查各處女生麼?　東禪　212

亂道　C L　213

答曳脛伏園兩先生　孫寶墀　214

第二五一號　一九二五年八月二十七日（星期四）

妙峰山進香專號（六）

北大風俗調查會妙峰山進香專號書後　江紹原　215

遊妙峰山雜記　顧頡剛　217

妙峰山娘娘廟殿宇略圖　顧頡剛　221

天津的妙峰山進香情形　王文光　221

妙峰山的傳說　俞琴　222

"虔誠"與"前程"　伏園　222

第二五二號　一九二五年八月二十八日（星期五）

訊章　累　223

陀斯妥以夫斯基遺著發現　孫福熙　224

烟霞伴侶（湖上）（十一）　學昭　225

歸航（四）　春臺　226

暑天閒談（四、五）　陸鼎蕃　226

烟臺的印象　龍冠海　227

替老虎報下注解　康橋　228

虎之自縛　汪震　229

熱河籌賑北海遊藝大會的會目　顧頡剛　230

第二五三號　一九二五年八月二十九日（星期六）

國家主義觀（三）　曾曉淵　231

歸航（五）　春臺　232

搬運夫　（希伯萊）賓斯奇作　魯彥譯　233

烟霞伴侶（湖上）（十二）　學昭　234

暑天閒談（六、七）　陸鼎蕃　235

青年與復辟黨　有麟　237

北大非反章風潮平議　呼圖　238

關於進香口號　白滌洲　238

第二五四號　一九二五年八月三十日（星期日）

救國特刊（十一）

我們的目標　無悔　239

爲大通君一言——帝國主義與國家主義　周倫超　240

救國團團務紀要（刊在中縫）　240

政府應有之最後準備　輝訓　242

救國碎談（四）　樂水　242

不平等條約之二——天津條約（四）　無悔　244

第二五五號　一九二五年八月三十一日（星期一）

與周作人先生論事實　張崧年　247

章士釗是什麼　信明　249

八月二十日的京報和晨報　有麟　249

歸航（六）　春臺　251

恢復美專的事件　王湖塵　251

記開會　金仲芸　252

西北遊記（一）——北京至張家口道中　野濤　253

《京報副刊》（一九二五年九月）總目錄　255

第二五六號　一九二五年九月一日（星期二）

中學教育　吳稚暉講　朱湘記意　259

巴爾穆先生死難的眞像　錢星海　260

所思（十四）　申府　261

歸航（七）　春臺　261

深刻的印象（一）　健希　263

北大脫離教部與反章　小膽　265

趙恆惕曬日頭　鄧中　266

第二五七號　一九二五年九月二日（星期三）

人文主義與自然主義在教育上之貢獻（上）　劉炳藜　267

歸航（八）　春臺　268

深刻的印象（二）　健希　269

雙斧下的孤樹　杜若　271

個人的幽默　毛從周　271

關於妙峰山研究的通信三封　顧頡剛　273

第二五八號　一九二五年九月三日（星期四）

科舉議　健攻　275

歸航（九）　春臺　277

深刻的印象（三）　健希　278

夜半的祈禱　杜若　280

喝白水　黎錦明　280

第二五九號　一九五二年九月四日（星期五）

情愛與美趣的社會（一）——《美的社會組織法》導言　張競生　283

人文主義與自然主義在教育上之貢獻（下）　劉炳藜　285

歸航（十）　春臺　286

嚴寒中的春意　羅漢　287

小貓　杜若　289

怪哉所謂非共產份子的國民黨　光照　290

第二六〇號　一九二五年九月五日（星期六）

社會的團體（一）——在教育心理學中之研究　James Drever 作　劉炳藜譯　291

情愛與美趣的社會（二）　張競生　291

歸航（十一）　春臺　293

刧難（一）　壽昌　294

烟霞伴侶（湖上）（十三、十四）　學昭　296

野山查　杜若　298

復古和復辟　潘瀛江　298

第二六一號　一九二五年九月六日（星期日）

救國特刊（十二）

黑暗勢力之衝破　華魂　299

日俄侵略滿蒙設施的點滴　政均　300

說軍隊宣傳　憂時　303

救國碎談（五）　樂水　304

不平等條約之二——天津條約（五）　無悔　304

救國團團務紀要（刊在中縫）　304

第二六二號　一九二五年九月七日（星期一）

廣說轀——仿"後甲寅"調　稚暉　307

情愛與美趣的社會（三）　張競生　308

圓明園中殘存石刻（插圖）　無悔　309

社會的團體（二）　James Drever 作　劉炳藜譯　311

歸航（十二）　春臺　312

郊原秋晚　王蓮友　313

所記　尚鉞　313

女子無才便是德　汪質　314

第二六三號　一九二五年九月八日（星期二）

祝世界和平會　有麟　315

情愛與美趣的社會（四）　張競生　317

歸航（十三）　春臺　319

社會的團體（三）　James Drever 作　劉炳藜譯　319

烟霞伴侶（湖上）（十五、十六）　學昭　320

胡敦復與女師大　東禪　322

關於妙峰研究的通信二則　邢墨卿　322

第二六四號　一九二五年九月九日（星期三）

實行救國之意見（上）　王維周　323

情愛與美趣的社會（五）　張競生　325

叟話　丁一　327

刼難（二）　壽昌　328

榻畔　杜若　330

第二六五號　一九二五年九月十日（星期四）

青年與國故　汪震　331

數學的哲學（上）　張崧年　331

情愛與美趣的社會（六）　張競生　335

歸航（十四）　春臺　336

刼難（三）　壽昌　337

實行救國之意見（中）　王維周　337

第二六六號　一九二五年九月十一日（星期五）

情愛與美趣的社會（七）　張競生　339

實行救國之意見（下）　王維周　340

歸航（十五）（上）　春臺　342

刼難（四）　壽昌　343

西北遊記（二）　野濤　344

敬告光照先生　金魯章　346

第二六七號　一九二五年九月十二日（星期六）

數學的哲學（下）　張崧年　347

歸航（十五）（下）　春臺　350

刼難（五）　壽昌　351

誓　杜若　352

邏輯家的比喻　天廬　353

“在邏輯未見精當” 汪震 354

第二六八號 一九二五年九月十三日（星期日）

救國特刊（十三）

救國團爲九月七日英兵在上海鎗殺華工事致外交總長函 355

永久的救國事業的真實基礎 無悔 355

救國與求學 伯群 357

告今日中國之青年 華魂 359

止水的下層 西諦 360

救國團團務紀要（刊在中縫） 360

不平等條約之三——中法條約（一） 362

第二六九號 一九二五年九月十四日（星期一）

愛與美的信仰和崇拜（一）——《美的社會組織法》第二章 張競生 363

歸航（十六）（上） 春臺 366

刧難（六） 壽昌 367

適存中學校歌 朱湘 369

藝術與人生 錢鑄九 369

《數學的哲學》篇的校正 張崧年 370

洪水復活宣言 370

第二七〇號 一九二五年九月十五日（星期二）

愛與美的信仰和崇拜（二） 張競生 371

希臘的國家觀（七） 狄更生著 彭基相譯 373

歸航（十六）（下） 春臺 375

烟霞伴侶（湖上）（十七） 學昭 376

白玫瑰花 杜若 377

西北遊記（三） 野濤 378

第二七一號　一九二五年九月十六日（星期三）

愛與美的信仰和崇拜（三）　張競生　379

希臘的國家觀（八）　狄更生著　彭基相譯　380

歸航（十七）　春臺　382

烟霞伴侶（湖上）（十八）　學昭　382

哈爾濱記遊　黄耀五　383

在野地裏　王蓮友　384

武裝了的列強　有麟　385

浙江的復古偉業　文元　386

第二七二號　一九二五年九月十七日（星期四）

愛與美的信仰和崇拜（四）　張競生　387

希臘的國家觀（九）　狄更生著　彭基相譯　388

歸航（十八）　春臺　390

壽材　杜若　391

滅灰　招勉之　393

劉海粟全抄板橋序　朱壽潛　394

第二七三號　一九二五年九月十八日（星期五）

化學與人生（一）　羅登義　395

希臘的國家觀（十）　狄更生著　彭基相譯　396

歸航（十九）　春臺　398

烟霞伴侶（湖上）（十九、二十）　學昭　399

愛之的來信　溪坡　400

楊小樓與醫生　風光　402

上帝不要胡說　有麟　402

第二七四號　一九二五年九月十九日（星期六）

化學與人生（二）　羅登義　403

希臘的國家觀（十一）　狄更生著　彭基相譯　404

二狂人　桑蒂　406

歸航（二十）（上）　春臺　407

秋深憶盛夏（上）　寶韓　408

農人的歌訣（直隸博野縣）　蔣鴻年　409

一片樹葉和我　王蓮友　410

第二七五號　一九二五年九月二十日（星期日）

救國特刊（十四）

上海商務印書館《五卅增刊》事件　無悔　411

愛國運動和考試　範蘇　413

救國運動中的故鄉奇聞　倫超　414

飯後的感想　恨吾　414

救國碎談（六）　樂水　416

祖國　文剛　417

不平等條約之三——中法條約（二）　418

第二七六號　一九二五年九月二十一日（星期一）

化學與人生（三）　羅登義　419

希臘的國家觀（十二）　狄更生著　彭基相譯　420

中國財政之紊亂——在上海職工教育館講　馬寅初　422

歸航（二十）（下）　春臺　424

母親帳中的行獵　杜若　426

"不通曰通"解　風光　426

第二七七號　一九二五年九月二十二日（星期二）

希臘的國家觀（十三）　狄更生著　彭基相譯　427

化學與人生（四）　羅登義　428

歸航（二十一）　春臺　429

秋深憶盛夏（下）　寶韓　430

秋風吹來的黃昏　姜華　431

即小見大　松子　434

第二七八號　一九二五年九月二十三日（星期三）

希臘的國家觀（十四）　狄更生著　彭基相譯　435

化學與人生（五）　羅登義　436

社會的團體（四）　James Drever 作　劉炳藜譯　438

歸航（二十二）（上）　春臺　439

一場試驗　黎錦明　440

暮　杜若　442

"琵琶"與"枇杷"　雲岫　442

第二七九號　一九二五年九月二十四日（星期四）

中學生的眼光——在適存中學講演　伏園　443

化學與人生（六）　羅登義　444

社會的團體（五）　James Drever 作　劉炳藜譯　445

希臘的國家觀（十五）　狄更生著　彭基相譯　447

歸航（二十二）（中）　春臺　448

補考問題　伯山　449

評美的人生觀　伏園　450

第二八〇號　一九二五年九月二十五日（星期五）

化學與人生（七）　羅登義　451

歸航（二十二）（下）　春臺　452

烟霞伴侶（海邊）（一至三）　學昭　453

神經錯亂　尚鉞　456

《吳稚暉先生文存》　滕沁華　457

讀風光先生的《楊小樓與醫生》書後　鄧以蟄　458

第二八一號　一九二五年九月二十六日（星期六）

美治政策（一）——《美的社會組織法》第三章　張競生　459

歸航（二十三）　春臺　460

煙霧慘淡之中（上）　健希　461

詩　王蓮友　464

章士釗與沈潤身　錦明　465

保定青年學生的苦衷　志剛　466

第二八二號　一九二五年九月二十七日（星期日）

救國特刊（十五）

努力救國運動者今後應有的實際工作　周倫超　467

救國與工作　無悔　469

救國團團務紀要（刊在中縫）　472

愛國與便利　知止　473

現在應該怎樣　鄓　474

救國團啟事　474

第二八三號　一九二五年九月二十八日（星期一）

美治政策（二）　張競生　475

歸航（二十四）　春臺　478

烟霞伴侶（海邊）（四、五）　學昭　478

昨夜獨步——讀《志摩的詩》以後　尚鉞　480

煙霧慘淡之中（中）　健希　481

對於編纂中國行爲論史之意見（一）　王捷三　482

第二八四號　一九二五年九月二十九日（星期二）

美治政策（三）　張競生　483

對於編纂中國行爲論史之意見（二）　王捷三　484

歸航（二十五）　春臺　485

煙霧慘淡之中（下）　健希　486

廣義的打虎　招勉之　489

第二八五號　一九二五年九月三十日（星期三）

美治政策（四）　張競生　491

對於編纂中國行爲論史之意見（三）　王捷三　493

歸航（二十六）　春臺　496

烟霞伴侶（海邊）（六至八）　學昭　496

感到痛苦而說的幾句公開話　黎錦明　498

《京報副刊》（一九二五年十月）總目録　499

第二八六號　一九二五年十月一日（星期四）

價值哲學（一）　王捷三　503

女性美（一）（法）Mme le Dr. H. Garboriau 原著　季志仁譯　504

旅蜀日記（一）　羅文漢　506

小詩兩首　申無量作　劉復記　507

中國的前途（一）　有麟　508

第二八七號　一九二五年十月二日（星期五）

今夜月　孫福熙　511

搗藥（插圖）　511

吃粽子——呈疑古玄同先生　伏園　512

嫦娥（插圖）　513

白雲庵　學昭　513

想像中的北海今夜月（插圖）　515

旅蜀日記（二）　羅文漢　516

今晚漪瀾堂的花盒　春臺　518

看圖有感　孔炤　518

第二八八號　一九二五年十月四日（星期日）

價值哲學（二）　王捷三　519

馬譯物種原始正誤並質馬君武先生（一）　張文亮　520

女性美（二）（法）Mme le Dr. H. Garboriau 原著　季志仁譯　521

烟霞伴侶（海邊）（九）　學昭　522

旅蜀日記（三）　羅文漢　523

烈火集序　黎錦明　525

光社的展覽會　壽明齋　526

第二八九號　一九二五年十月五日（星期一）

救國特刊（十六）

止刊詞　無悔　527

罪言　無悔　527

我們應該灰心嗎？　樂水　529

再論救國與工作　無悔　530

吶喊後的悲哀　譚慕愚　533

士大夫與奴性　郢　534

無悔啟事　534

第二九○號　一九二五年十月六日（星期二）

價值哲學（三）　王捷三　535

馬譯物種原始正誤並質馬君武先生（二）　張文亮　537

旅蜀日記（四）　羅文漢　538

故鄉——　胡其清　540

愛人（一）　尚鉞　541

談談線裝的新詩　胡侯楚　542

第二九一號　一九二五年十月七日（星期三）

價值哲學（四　上）　王捷三　543

馬譯物種原始正誤並質馬君武先生（三）　張文亮　545

愛人（二）　尚鉞　546

旅蜀日記（五）　羅文漢　548

勸黎君　浮生　550

第二九二號　一九二五年十月八日（星期四）

美治政策（五）　張競生　551

中國的前途（二）　有麟　553

馬譯物種原始正誤並質馬君武先生（四）　張文亮　555

愛人（三）　尚鉞　556

似曾相識的晨報副刊篇首圖案　重餘　558

第二九三號　一九二五年十月九日（星期五）

美治政策（六）　張競生　559

馬譯物種原始正誤並質馬君武先生（五）　張文亮　562

萬萬年（今晚在清華學校排演）　何一公　563

旅蜀日記（六）　羅文漢　564

兔兒爺的革新　丁一　566

來信　徐志摩　566

第二九四號　一九二五年十月十日（星期六）
國慶特號

賦得國慶（一）　疑古玄同　568

十四年前的印象　頡剛　570

泣告名流　林玉堂　572

生活——時間——思想的爭鬥力　王統照　573

美的國慶節　張競生　575

雙十與教育家之宗教　汪震　576

國慶日的吉祥話　毋忘　578

國慶日的娛樂　余上沅　579

對於今年國慶之感想　彭基相　581

談國慶　學昭　582

日本與中國　周作人　583

羅素近刊文　張崧年　584

憶亡兒　雪村　591

一個節日　春臺　592

大畫家 Puvis de Chavannes　維嘉　599

遊絲　張定璜　602

國坑裏的國慶　健攻　602

中華民國是個大笑話　陳石孚　604

慶的什麼　宋介　605

說什麼！　舒新城　606

賦得國慶（二）　康龍　606

第二九五號　一九二五年十月十二日（星期一）

蘇俄眞是中國的敵人嗎？（質張奚若先生）　張榮福　607

馬譯物種原始正誤並質馬君武先生（六）　張文亮　610

旅蜀日記（七）　羅文漢　611

傷逝（附圖）（古羅馬）卡圖路斯著　丙丁譯　612

佳節　學昭　613

故宮博物院　孫福熙　613

第二九六號　一九二五年十月十三日（星期二）

中國的前途（三）　有麟　615

我“狠贊成”“甚至狠愛”雙十節這個名詞　疑古　617

美治政策（七）　張競生　618

喝酒罷！　野火　619

不認識的人　尚鉞　620

讀曆本　丙丁　622

第二九七號　一九二五年十月十四日（星期三）

美治政策（八）　張競生　623

中國的前途（四）　有麟　625

旅蜀日記（八）　羅文漢　626

歸航（二十七）　春臺　629

教育？　黎錦明　630

第二九八號　一九二五年十月十五日（星期四）

美治政策（九）　張競生　631

女性美（三）（法）Mme le Dr. H. Garboriau 原著　季志仁譯　632

評欽定教育憲法專章草案　西徵　634

旅蜀日記（九）　羅文漢　635

歸航（二十八）　春臺　637

北京的音樂　學昭　638

第二九九號　一九二五年十月十六日（星期五）

學術應有的對象　徐炳昶講　文偉記　639

難道沒有別的救濟方法了嗎？　李繼宣　640

美治政策（十）　張競生　643

歸航（二十九）　春臺　644

旅蜀日記（十）　羅文漢　644

第三〇〇號　一九二五年十月十七日（星期六）

美治政策（十一）　張競生　647

學父親的兒子！（攝影並序）　舒新城　648

歸航（三十）　春臺　649

懊喪　滄波　650

旅蜀日記（十一）　羅文漢　652

組織小家庭無暇參政　樊伯山　653

十月十日再造共和？　張覺民　654

到鄉間去　于鎮西　654

第三〇一號　一九二五年十月十八日（星期日）

價值哲學（四　下）　王捷三　655

馬譯物種原始正誤並質馬君武先生（七）　張文亮　657

反應（一）　長虹　658

歸航（三十一）　春臺　659

蘇俄仇友問題　蔣曉海　660

讀婦女與職業問題　學昭　661

第三〇二號　一九二五年十月十九日（星期一）

蘇俄的現狀　陳啟修講　馬志振筆記　663

馬譯物種原始正誤並質馬君武先生（八）　張文亮　667

歸航（三十二）　春臺　667

介紹趙爾德　王希曾　668

來信　黎錦明　670

十月　李宗武　670

第三〇三號　一九二五年十月二十日（星期二）

價值哲學（五）　王捷三　671

反應（二）　長虹　672

歸航（三十三）　春臺　673

駁張奚若并告青年朋友　陳黃生　674

歡迎了廣東外交代表團以後該怎樣？　章淵若　677

不通的話　胡曾三　678

第三〇四號　一九二五年十月二十一日（星期三）

論"我國欲修內政以圖强必須先與帝國主義者妥協"說之矛盾　張榮福　679

戲劇的意義及起源——在適存中學講演　余上沅　682

馬譯物種原始正誤並質馬君武先生（九）　張文亮　683

反應（三）　長虹　684

歸航（三十四）　春臺　685

介紹晨光學校　孫幾伊　686

第三〇五號　一九二五年十月二十二日（星期四）

價值哲學（六、七）　王捷三　687

馬譯物種原始正誤並質馬君武先生（十）　張文亮　689

歸航（三十五）　春臺　690

旅蜀日記（十二）　羅文漢　691

學者態度　蔣傳官　694

問心處　天幕　694

東扯西拉——凡三則　侯楚　694

第三〇六號　一九二五年十月二十三日（星期五）

美治政策（十二）　張競生　695

馬譯物種原始正誤並質馬君武先生（十一）　張文亮　696

憶——君　培良　697

旅蜀日記（十三）　羅文漢　698

魯迅先生　尚鉞　702

第三〇七號　一九二五年十月二十四日（星期六）

美治政策（十三）　張競生　703

婦女之健康——醫學上幾個重要問題　李破曼　705

馬譯物種原始正誤並質馬君武先生（十二）　張文亮　705

反應（四）　長虹　707

學者與教科書　培良　709

四川叙府人的哀音　陳彰衡　710

第三〇八號　一九二五年十月二十五日（星期日）

美治政策（十四）　張競生　711

我想　陳醴泉　712

爲蘇俄仇友問題告雙方　陳鍾琴　714

旅蜀日記（十四）　羅文漢　716

信　杜若　717

北海浴日　學昭　717

第三〇九號　一九二五年十月二十六日（星期一）

今日　伏園　719

出遊　春臺　721

歸思　緑藻　723

登高　墨卿　725

心的去向　北斗　726

第三一〇號　一九二五年十月二十七日（星期二）

中國的前途（五）　有麟　727

美治政策（十五）　張競生　729

盧騷的教育思想（一）　劉炳藜　730

不平鳴（新大鼓）　曹霄青　731

悽寂之夜　王森然　733

"關稅自主"和"軍閥"　吳承宣　733

學者與通史　彤符　734

第三一一號　一九二五年十月二十八日（星期三）

太平洋戰爭與中國　張榮福　735

盧騷的教育思想（二）　劉炳藜　737

上吳稚暉先生書　李繼宣　739

閒話　霍邱目寒　740

國立編譯館投考記　伯山　740

無窮小的問題　徐克家　741

第三一二號　一九二五年十月二十九日（星期四）

文化的基礎　尚鉞　743

美治政策（十六）　張競生　744

馬譯物種原始正誤並質馬君武先生（十三）　張文亮　745

盧騷的教育思想（三）　劉炳藜　746

旅蜀日記（十五）　羅文漢　747

一封書　滄波　748

常談（一）　黃生　749

第三一三號　一九二五年十月三十日（星期五）

美治政策（十七）　張競生　751

近代教育思想序　余家菊　752

馬譯物種原始正誤並質馬君武先生（十四）　張文亮　753

常談（二）　黃生　754

旅蜀日記（十六）　羅文漢　755

自是與盲從——讀申府先生論生計而作　汪柱中　757

贈答　竹影、學昭　757

小小盒兒小小蓋　春臺　758

第三一四號　一九二五年十月三十一日（星期六）

美治政策（十八）　張競生　759

馬譯物種原始正誤並質馬君武先生（十五）　張文亮　760

歸航（三十六）　春臺　761

旅蜀日記（十七） 羅文漢 763

重九憶徐州 魏鶴軒 766

第五册

《京報副刊》（一九二五年十一月）總目錄 3

第三一五號 一九二五年十一月一日（星期日）

中國科學之過去與將來 張式銘 7

科學救國大鼓書序 顧頡剛 8

爲什麼要反對戰爭 培良 10

聽了王正廷博士講演關稅自主以後 ㄌㄧㄉㄛㄅㄧㄣ 11

等着的夢 尚鉞 12

論無窮小的問題 汪奠基 13

零零碎碎 天水 14

第三一六號 一九二五年十一月二日（星期一）

中國的前途（六） 有麟 15

反應（五） 長虹 16

我錯了（獨幕短劇）（一） 尚鉞 17

故鄉的印象（上） 胡自桂 19

小小的梵亞林 昕初 20

懷袁永年 墨卿 20

坍我自己的臺（一、二） 孫福熙 22

第三一七號 一九二五年十一月三日（星期二）

到自然去 彭基相 23

故鄉的印象（下） 胡自桂 24

反應（六） 長虹 25

醫大風潮與將來的校長　劉運焱　26

我錯了（獨幕短劇）（二）　尚鉞　27

五卅事件的痕跡──《五卅血星》序　張清淇　29

遙望處　王蓮友　30

群衆最應注意的　朱子　30

第三一八號　一九二五年十一月四日（星期三）

全國國民應集中在國民革命旗幟之下　彭澈清　31

女性美（四）（法）Mme le Dr. H. Garboriau 原著　季志仁譯　33

旅蜀日記（十八）　羅文漢　34

坍我自己的臺（三）　孫福熙　36

慘無顏色的人生　王森然　36

徐州人的主張　王銘巖　37

關稅自主與中國存亡　牛森泉　38

第三一九號　一九二五年十一月五日（星期四）

紀念驅逐溥儀出宮週年專號

一年來故宮經過與工作之我觀　石曾　39

插圖一：清室善後委員會全體在乾清宮前攝影　40

十一月五日是咱們第二個光榮的節日　疑古玄同　40

插圖二：故宮博物院正門　41

插圖三：永壽宮後庫前院點還清室庫銀時之鹿鍾麟總司令　41

十一月五日的感想　徐旭生　42

插圖四：溥儀妻植蓮女士　43

插圖五：溥儀妾愛蓮女士　43

插圖六：溥儀在御花園頑戲　43

插圖七：溥儀作品一（見蒙古人記）　44

驅逐溥儀的理由的證明　李玄伯　45

插圖八：溥儀作品二（諭張勛）　45

卑微的話應伏園的策問　健攻　46

第三二〇號　一九二五年十一月六日（星期五）

關稅自主與中國民族解放運動　陳啟修先生講演　馬志振筆記　47

讀了趙奉生的《駁陳黃生的謬論并告愛國青年》之後　安赤生　50

交易（上）　墨卿　53

坍我自己的臺（四）　孫福熙　54

第三二一號　一九二五年十一月七日（星期六）

蘇俄的革命紀念　天廬　55

批判易卜生的娜拉　張文亮　56

交易（下）　墨卿　58

夜鶯之美睡　昕初　60

向空中說話（一）　培良　60

聽荻花　學昭　61

讀《醫大風潮與將來的校長》以後　夏士驚　62

第三二二號　一九二五年十一月八日（星期日）

自由貿易說與保護貿易說之比較觀（上）　周倫超　63

女性美（五）（法）Mme le Dr. H. Garboriau 原著　季志仁譯　64

中國的前途（七）　有麟　65

我錯了（獨幕短劇）（三）　尚鉞　67

遊明陵歸後　墨卿　69

讀《新副刊》　辰夫　70

第三二三號　一九二五年十一月九日（星期一）

自由貿易說與保護貿易說之比較觀（下）　周倫超　71

女性美（六）（法）Mme le Dr. H. Garboriau 原著　季志仁譯　73

我錯了（獨幕短劇）（四）　尚鉞　75

常談（三）　黃生　77

我也是徐州人　超然　78

第三二四號　一九二五年十一月十日（星期二）

蘇聯革命紀念中的列寧　賀凱　79

坍我自己的臺（五至七）　孫福熙　80

我錯了（獨幕短劇）（五）　尚鉞　80

娟妹的來信　元度　82

我的家鄉，我的祖國！　田間山　83

常談（四、五）　黃生　83

爲醫大校長問題答覆夏士驚君　劉運焱　85

青年與鴉片　天幕　86

第三二五號　一九二五年十一月十一日（星期三）

法國現代的批評家（輯譯）　季志仁　87

向空中說話（二）　培良　89

旅蜀日記（十九）　羅文漢　90

我錯了（獨幕短劇）（六）　尚鉞　91

"雪夜"　北朋　92

公理戰勝了麼?　伏園　94

質張式銘先生　王名山　94

第三二六號　一九二五年十一月十二日（星期四）

給青年文學家的商量話　波特萊爾著　伏寐譯　95

與疑古玄同先生談"人"　有麟　98

向空中說話（三）　培良　100

坍我自己的臺（八、九）　孫福熙　101

談兩極端　余文偉　102

第三二七號　一九二五年十一月十三日（星期五）

科學的心理學是不是專講刺激和反應——評 Thurstone 的《Stimulus–Response
　　Fallacy in Psychology》　余文偉　103

國民對於關稅會議應注意之要點　馬寅初講　馬志振記　104

歸家　滄波　107

女名美　畢樹棠　109

"壯遊團"啟事　張競生　110

第三二八號　一九二五年十一月十四日（星期六）

世界上最老的女詩人（附像）——捷克之 Eliska Krasnohorska　季志仁　111

中學校的幾個問題（在適存中學講演）　李小峰　113

最後的一夜（紀念我的父親）　培良　114

旅蜀日記（二十）　羅文漢　116

致趙景深君論徐文長故事　鍾敬文　117

來信　張式銘　118

零零碎碎三則　水等　118

第三二九號　一九二五年十一月十五日（星期日）

外在關係論　余文偉　119

女性美（七）（法）Mme le Dr. H. Garboriau 原著　季志仁譯　121

雪中　張文蔚　122

失敗的創作（一、二）　金仲芸　123

旅蜀日記（二十一）　羅文漢　124

"讀經問題"（科學的教育家哪裏去了）　劉炳藜　126

禁止女生出外遊逛的解釋　伏園　126

第三三〇號　一九二五年十一月十六日（星期一）

"自作聰明"的咬嚼——爲評《沙樂美》事答田壽昌先生　宗璠　127

女性美（八）（法）Mme le Dr. H. Garboriau 原著　季志仁譯　129

旅蜀日記（二十二） 羅文漢 131

坍我自己的臺（十） 孫福熙 133

向空中說話（四） 培良 133

第三三一號 一九二五年十一月十七日（星期二）

女性美（九）（法）Mme le Dr. H. Garboriau 原著 季志仁譯 135

中國的前途（九） 有麟 137

可憐兒（一） 王衡 138

失敗的創作（三） 金仲芸 139

旅蜀日記（二十三） 羅文漢 139

考古與吊陰 龍雲、伏園 141

第三三二號 一九二五年十一月十八日（星期三）

所謂先進國文明國尚無初步的自由的又一實例 余文偉 143

求眞理（一） F. J. Gould 著 李繼宣譯 144

一群小天使（圖並跋） 彭基相 145

可憐兒（二） 王衡 146

坍我自己的臺（十一、十二） 孫福熙 147

旅蜀日記（二十四） 羅文漢 148

西山通信 彭基相 149

聲明 錦明 150

讀《熱風》 伏園 150

第三三三號 一九二五年十一月十九日（星期四）

"神道設教"嗎 辰夫 151

仇俄與反共產者的面面觀（一）（上） 劉侃元 151

可憐兒（三） 王衡 155

旅蜀日記（二十五） 羅文漢 156

中國的前途（八） 有麟 157

第三三四號　一九二五年十一月二十日（星期五）

仇俄與反共產者的面面觀（一）（下）　劉侃元　159

求眞理（二）　F. J. Gould 著　李繼宣譯　162

可憐兒（四）　王衡　163

旅蜀日記（二十六）　羅文漢　164

學風之負責者　張友仁　165

第三三五號　一九二五年十一月二十一日（星期六）

與黃建中先生論西洋最近哲學趨勢　余文偉　167

吸煙及吸煙之類的故事　培良　169

可憐兒（五）　王衡　172

接二連三的不幸事　張宏經　173

學制再改革的感想　汪震　174

第三三六號　一九二五年十一月二十二日（星期日）

近世勞動運動之意義及趨勢（一）　賀凱　175

求眞理（三）　F. J. Gould 著　李繼宣譯　176

石壕吏（獨幕歷史悲劇）（一）　俞宗杰　179

旅蜀日記（二十七）　羅文漢　181

地文主義　畢樹棠　182

日本新村的消息　SST　182

第三三七號　一九二五年十一月二十三日（星期一）

近世勞動運動之意義及趨勢（二）　賀凱　183

給黎錦明先生的信　疑古玄同　184

石壕吏（獨幕歷史悲劇）（二）　俞宗杰　186

旅蜀日記（二十八）　羅文漢　187

談所謂大學教授　野青　190

第三三八號　一九二五年十一月二十四日（星期二）

仇俄與反共產者的面面觀（二）　劉侃元　191

近世勞動運動之意義及趨勢（三）　賀凱　196

打起來不痛苦　劉炳藜　198

法國學院的新會員　孫福熙　198

第三三九號　一九二五年十一月二十五日（星期三）

中國的前途（十）　有麟　199

一段小翻譯　君珍　200

他鄉之感　胡清泉　201

旅蜀日記（二十九）　羅文漢　202

銀樣蠟鎗頭！　李繼宣　205

十六歲的李振東　然否　206

第三四〇號　一九二五年十一月二十六日（星期四）

今日歐洲教育的概觀與趨勢（一）　I. L. Kandel 著　劉炳藜譯　207

石壕吏（獨幕歷史悲劇）（三）　俞宗杰　208

誘引　培良　210

第二天　武者　212

"讀經問題"支單　劉炳藜　212

蘇俄問題還要討論嗎？　有麟　213

我們成立兒童學研究會的旨趣　蘇耀祖　214

第三四一號　一九二五年十一月二十七日（星期五）

今日歐洲教育的概觀與趨勢（二）　I. L. Kandel 著　劉炳藜譯　215

虛僞的頸圈　（丹麥）安徒生著　陳永森譯　216

石壕吏（獨幕歷史悲劇）（四）　俞宗杰　218

釣魚台　學昭　219

答疑古玄同先生　黎錦明　220

赴女子兩級中學週年同樂會記　蹇先艾　221

第三四二號　一九二五年十一月二十八日（星期六）

今日歐洲教育的概觀與趨勢（三）　I. L. Kandel 著　劉炳藜譯　223

今後——遙寄PP弟弟　空了　224

苦難　（法）鬪比爾作　伏睡譯　226

石壕吏（獨幕歷史悲劇）（五）　俞宗杰　227

論社會問題劇並質余上沅先生　培良　229

第三四三號　一九二五年十一月二十九日（星期日）

工業化學家論（上）（美）摩耳著　俞宗杰譯　231

和尚　青雨　233

失敗的創作（四）　金仲芸　236

"慈善"？　有麟　238

第三四四號　一九二五年十一月三十日（星期一）

工業化學家論（下）（美）摩耳著　俞宗杰譯　239

賑災　青雨　241

譯詩　慧茵　244

間行　學昭　244

黃昏　章淵若　245

中國沒有時辰鐘！　吳承宣　246

放下刀槍　張文蔚　246

《京報副刊》（一九二五年十二月）總目錄　249

第三四五號　一九二五年十二月一日（星期二）

官歟——共產黨歟——吳稚暉歟　稚暉　253

錐心飲血（上）　徐丹歌　255

旅大一瞥記（一）　王化周　258

中央觀象臺記遊　孫福熙　259

第三四六號　一九二五年十二月二日（星期三）

在西北的一星期　董時進　261

錐心飲血（下）　徐丹歌　262

旅大一瞥記（二）　王化周　265

在夕陽裏　王蓮友　266

讀《夜哭》後我所要說的（上）　姜公偉　266

第三四七號　一九二五年十二月三日（星期四）

和平園欽成記　稚暉　269

和平門再提議　伏園　269

先生！革命的路往那兒走？　牛森泉　270

從石家莊到北京　培良　271

旅大一瞥記（三）　王化周　273

殺頭與章士釗　順風　274

讀《夜哭》後我所要說的（下）　姜公偉　275

第三四八號　一九二五年十二月四日（星期五）

二閘與公主墳專號

引言　焦菊隱　277

二閘與公主墳　于成澤　277

記遊　步虛　279

公主墳的幸運　姜公偉　281

公主墳畔　于廣虞　282

在墓前　劉廷蔚　283

我躑躅在公主墳傍　許超遠　284

第三四九號　一九二五年十二月五日（星期六）

賦得幾分之幾　疑古玄同　285

扶醋瓶　孫福熙　287

軍閥與原生動物　昨非　288

京副一週年　伏園　289

本刊編輯室（木刻）　290

一年來之本刊（攝影）　291

本刊編輯室參考報架一角（攝影）　292

第三五○號　一九二五年十二月七日（星期一）

華僑在美國之悲哀　龍冠海　293

無窮小與丁西林　張崧年　294

中國的前途（十一）　有麟　295

揶揄　羅學濂　296

會見　焦菊隱　297

又是一幕　有麟　299

奧使館之繪畫展　孫福熙　300

第三五一號　一九二五年十二月八日（星期二）

白鴿（劇本）（一）　余上沅　301

黃藥（一）　錦明　304

被害鳥　趙泉澄　305

旅大一瞥記（四）　王化周　306

目下國人心理上的西醫　劉予生　308

第三五二號　一九二五年十二月九日（星期三）

遊圓明園（附西洋樓攝影四幅）　毛坤　309

白鴿（劇本）（二）　余上沅　311

旅大一瞥記（五）　王化周　315

答鍾敬文先生　趙景深　315

第三五三號　一九二五年十二月十日（星期四）

快救東省　張競生、伏園　317

白鴿（劇本）（三）　余上沅　318

旅大一瞥記（六）　王化周　321

失敗的創作（五）　金仲芸　322

"慶賀榮典"！　有麟　323

救救我們　無可、伏園　323

第三五四號　一九二五年十二月十一日（星期五）

我的理想國　梁佩袞　325

文學的生活和科學的生活　鄭書年　326

中國的前途（十二）　有麟　327

黃藥（二）　錦明　329

聽我告訴你"陀螺"！（一）　空了　331

一個極誠懇的要求　徐繼森　332

第三五五號　一九二五年十二月十二日（星期六）

一個"非自由論"的著作家　梁佩袞　333

聽我告訴你"陀螺"！（二）　空了　335

華北大學之宣戰　周作人　337

中國的前途（十三）　有麟　339

第三五六號　一九二五年十二月十三日（星期日）

贈死（上）　徐丹歌　341

改革國民性與救國　有麟　343

聽我告訴你"陀螺"！（三）　空了　344

蘇俄工業的進步　養和　346

教育名流的語法和邏輯　璧菲　346

詩　王森然　347

加濃戲劇空氣　宗杰　347

第三五七號　一九二五年十二月十四日（星期一）

贈死（下）　徐丹歌　349

"華北大學之宣戰"　董秋芳　351

"快救東省"呼聲中的東省旅京人們該怎樣？　文德　352

失敗的創作（六）　金仲芸　353

從牙齒念到胡鬚　馮文炳　354

一個新的方向？——評余上沅的《白鴿》　培良　354

第三五八號　一九二五年十二月十五日（星期二）

吾東三省　孤憤　357

答張崧年先生　西林　358

五月后（丁尼孫長詩之一）　丁尼孫作　璠瑄譯　359

一個疑問的人（一）　翠生　360

郊外碎片　田運渠　362

舊痕　徐愛波　363

忙裏寫幾句　馮文炳　364

異曲同工　有麟　364

第三五九號　一九二五年十二月十六日（星期三）

扶助農民合作和反抗惡勢力的壓迫爲我們的重大使命——爲農大學生會成立紀念
　作　田倬之　365

給中華教育改進社一封公開的信　彭基相　366

談談《白鴿》　孔憲成　367

梅花壩上（一）　黎錦明　369

一個疑問的人（二）　翠生　370

給讀者　波特萊爾作　伏睡譯　372

第三六〇號　一九二五年十二月十七日（星期四）

柴門霍甫與中國　有麟　373

家庭的驕子（獨幕劇）（英）吉卜生著　汪寶瑄譯　375

一個疑問的人（三）　翠生　377

梅花壩上（二）　黎錦明　379

第三六一號　一九二五年十二月十八日（星期五）

中國的前途（十四）　有麟　381

梅花壩上（三）　黎錦明　383

缺陷的心　張炳鈞　384

半日遊記　無不　386

救人呀　由之　386

"加濃戲劇空氣"　焦菊隱　387

零零碎碎三則　養和　388

第三六二號　一九二五年十二月十九日（星期六）

到過臺灣以後　周容　389

"無謂的廢話"？　張崧年　391

中國的女子　董秋芳　394

招牌換了　晶清　395

詩兩首　黎錦明　395

第三六三號　一九二五年十二月二十日（星期日）

大蟲不死　豈明　397

系統心理學的牢固的問題——一個哲學的遺傳（一）　Raymond Holder Wheeler
　著　劉炳藜譯　397

鄉遊瑣記（一、二）　于成澤　398

110

寒山　學昭　400

格林童話選：白雪與紅玫瑰　宗璠　402

漫談　秋芳　404

第三六四號　一九二五年十二月二十一日（星期一）

異哉，關稅法權會議美國全權代表司注恩氏之演辭　卿汝楫　405

無窮小問題及其他　文生　406

關於《摯友》　辰夫　408

生活的混淆　趙瑞生　408

鄉遊瑣記（三）　于成澤　409

人類與同情　晶清　411

"晚報！"　彥白　412

給荊有麟先生的一封信　張子嘉　412

答覆彭基相先生　中華教育改進社　412

第三六五號　一九二五年十二月二十二日（星期二）

土耳其的革命　陳翰笙講　王寅生記　413

"輿論是怎樣的一種東西"？　宋振榘　414

鄉遊瑣記（四）　于成澤　416

n 的程度究竟怎樣？　徐克家　417

"加濃戲劇空氣"？　靜芳　418

鬧一個玩意兒瞧瞧　敬仔　419

時勢　丁一　420

第三六六號　一九二五年十二月二十三日（星期三）

禮拜六雜記　T. T.　421

"無窮小"問題請從此結束　南台　425

國民黨的不澈底　假紳　426

鄉遊瑣記（五）　于成澤　426

世界語與瓦浪司基　有麟　454

老太太的造化　慧劍　456

倫理學概論自敘　江問漁　457

“偏見”　馮文炳　460

新女性的檄文　章錫琛　460

第三七一號　一九二五年十二月二十九日（星期二）

思想革命　董秋芳　461

系統心理學的牢固的問題——一個哲學的遺傳（二）　Raymond Holder Wheeler

　著　劉炳藜譯　462

尾聲　丁尼孫作　璠瑄　465

不速之客　錦明　466

第三七二號　一九二五年十二月三十日（星期三）

清華園之菊　春臺　469

插圖一：小鵝（木刻圖案）　469

插圖二：花叢（攝影）　470

插圖三：春水綠波（銅版）　471

插圖四：曉霞捧日（鋅版）　472

插圖五：紫虬龍（銅版）　473

插圖六：牡丹（銅版）　474

插圖七：趵突噴玉（木刻）　475

插圖八：棕櫚拂塵（銅版）　476

插圖九：銀蓮（銅版）　476

第三七三號　一九二五年十二月三十一日

除夕　丁尼孫作　宗璠譯　477

呵一年了！　孫福熙　478

系統心理學的牢固的問題——一個哲學的遺傳（三）　Raymond Holder Wheeler

著　劉炳藜譯　479

半席話甲　何曾亮　482

作戰　馮文炳　483

失敗的創作（七至九）　金仲芸　483

"公理"　馮文炳　484

喘氣兒　趙瑞生　484

《京報副刊》（一九二六年一月）總目錄　487

第三七四號　一九二六年一月四日（星期一）

一九二六新年本刊徵求新中國之柱石十人　伏園　491

十九世紀的法蘭西文學（一）　全飛　492

白眼與笑容　曲廣均　494

"六百年來最有勢力的小學校教科書"書後　田瑞璐　496

除夕的國民大會　有麟　497

韓德先生的講演　伏園　498

第三七五號　一九二六年一月五日（星期二）

介紹一個大問題——男女關係　張競生　499

十九世紀的法蘭西文學（二）　全飛　500

再說幾句"沒有仔細研究"的話　余文偉　502

半席話乙　何曾亮　504

新年（譯雪萊的詩）　曼聲　505

我被你們征服了！　王伯强　505

觀《不忠實的愛情》以後　一飛　506

第三七六號　一九二六年一月六日（星期三）

十九世紀的法蘭西文學（三）　全飛　507

天才（譯武者小路實篤的小品　一）（日）武者小路實篤著　湯鶴逸譯　509

記夢（紀念適存中學的新年遊藝會） 空了　510

聖的喜劇（一） 蘋影著　513

承你　衣萍　514

第三七七號　一九二六年一月七日（星期四）

通俗小說（譯武者小路實篤的小品　二）（日）武者小路實篤著　湯鶴逸
　　譯　515

十九世紀的法蘭西文學（四） 全飛　516

愛情與物性（上） 俞宗杰　519

王斧覆友人書（上） 王斧　521

第三七八號　一九二六年一月八日（星期五）

中國的前途（十五） 有麟　523

聖的喜劇（二） 蘋影　525

愛情與物性（下） 俞宗杰　526

牧羊人社　雷助翔、王宗璠　528

王斧覆友人書（下） 王斧　528

第三七九號　一九二六年一月九日（星期六）

理性的分析（上） 梁佩袞　531

半席話丙　何曾亮　533

花會（上） 墨卿　534

詩兩首　阿囊　536

一夜　綠藻　537

《第二夢》 孫福熙　538

第三八〇號　一九二六年一月十日（星期日）

理性的分析（下） 梁佩袞　539

半席話丁　何曾亮　541

花會（下）　墨卿　542

看燕大週刊社演劇後　宗杰　544

三三制與四二制（答汪懋祖先生）　彭基相　545

孔德學校　孫福熙　546

第三八一號　一九二六年一月十一日（星期一）

武者小路實篤的小品（三至十）（日）武者小路實篤著　湯鶴逸譯　547

武者小路實篤氏肖像　547

呻吟（遙寄 PP 弟弟之三）　空了　548

聖的喜劇（三）　蘋影　550

磨麵少年的離別（德國民歌之一）　何競譯　553

一個半演員的戲劇　培良　553

招　朱湘　554

第三八二號　一九二六年一月十二日（星期二）

劉百昭的駢文　豈明　555

江紹原先生的禮部文件解題　伏園　556

禮部文件之九：髮、鬚、爪（一）　江紹原　558

聖的喜劇（四）　蘋影　559

鄉旅夜話（一）　黎錦明　559

無窮小在數學上不同的概念　汪奠基　561

投書　王斧　562

第三八三號　一九二六年一月十三日（星期三）

中國的前途（十六）　有麟　563

降福　（法）波特萊耳作　伏睡譯　565

聖的喜劇（五）　蘋影　566

鄉旅夜話（二）　黎錦明　568

代代——看燕大男生演《第二夢》後　丙種　570

第三八四號　一九二六年一月十四日（星期四）

中日文化事業委員會爲甚還不解散？　豈明　571

馬爾丁《群衆的行爲》一書的介紹與批評（一）　容肇祖　572

秋歌　（法）Verlaine 作　唐努譯　573

鄉旅夜話（三）　黎錦明　574

聖的喜劇（六）　蘋影　576

《第二夢》我的批評　楊行翁　578

第三八五號　一九二六年一月十五日（星期五）

裝死　非非　579

馬爾丁《群衆的行爲》一書的介紹與批評（二）　容肇祖　580

聖的喜劇（七）　蘋影　581

國魂的性的問題　夏葵如　584

"罵曹"——《現代評論》上許君遠先生的《今昔》及其他　光君　584

第三八六號　一九二六年一月十六日（星期六）

禮部文件之九：髮、鬚、爪（二）　江紹原　587

一個藝術家自殺了　壽明齋　589

行政委員制與中國　高一涵講　馬志振記　589

夢的方法（上）　曲廣均　591

反響之反響和我們應有的覺悟　田倬之　594

第三八七號　一九二六年一月十七日（星期日）

馬爾丁《群衆的行爲》一書的介紹與批評（三）　容肇祖　595

夢的方法（下）　曲廣均　596

寒夜　陶世璿　598

關於駢文的通信　豈明　599

老教徒自嘆　谷萬川　600

觀平大的兩劇　Ｋ Ｙ　601

第三八八號 一九二六年一月十八日（星期一）

武者小路實篤的小品（一一至一四）（日） 武者小路實篤著 湯鶴逸譯 603

一年來國內定期出版界略述補（一） 伏園 604

一篇日記 艾孺鄰 608

造謠的又失敗了！ 玉照 610

第三八九號 一九二六年一月十九日（星期二）

危險思想 宇文丙 611

用畫筆以代刀劍 壽明齋 612

考古學家的長逝 李宗武 613

一年來國內定期出版界略述補（二） 伏園 613

武者小路實篤的小品（一五至二〇）（日）武者小路實篤著 湯鶴逸譯 615

農村生活寫實——"到民間去"的一段回憶 茹素 616

九校索薪 宇文丙 618

第三九〇號 一九二六年一月二十日（星期三）

禮部文件之九: 髮、鬚、爪（三） 江紹原 619

哈曼·亨特評傳（一） Mary E. Coleridge 著 李朴園譯 620

華真與本能 慕陽 622

上衙門（一） 錦明 625

零零碎碎 花等 626

統計不精確（來信） 駿 626

第三九一號 一九二六年一月二十一日（星期四）

列寧遺像 627

紀念列寧 曲秋 627

哈曼·亨特評傳（二） Mary E. Coleridge 著 李朴園譯 628

上衙門（二） 錦明 629

一堆閒話（一） 趙瑞生 630

鋼琴之變　宇文丙　633

人權保障宣言　丁曉先等　633

第三九二號　一九二六年一月二十二日（星期五）

禮部文件之九：髮、鬚、爪（四）　江紹原　635

一年來國內定期出版界略述補（三）　伏園　637

反帝國主義與反基督教　蔣曉海　638

高舉　波特萊耳著　伏睡譯　642

失戀　梁佩袞　642

第三九三號　一九二六年一月二十三日（星期六）

章士釗──陳獨秀──梁啟超　稚暉　643

魯迅先生打叭兒狗圖（漫畫）　林語堂　649

吐露一點消息　伏園　649

第三九四號　一九二六年一月二十四日（星期日）

國語文學談　周作人　651

對於新藥的我見　徐益甫　653

雞毛帚　春臺　654

一堆閒話（二）　趙瑞生　655

合併女大呈文　宇文丙　657

我把“寬恕”用錯了　沄沁　657

向讀者討個教　趙天則　658

禮部文件更正　紹原　658

第三九五號　一九二六年一月二十五日（星期一）

考古與迷信　馬叔平　659

開發西北與化學工業（上）　俞宗杰　661

上衙門（三）　錦明　665

第三九六號　一九二六年一月二十六日（星期二）

表情的工具和方法　余上沅　667

對話　于成澤　672

消息再吐露　伏園　673

一年來國內定期出版界略述補（四）　伏園　674

第三九七號　一九二六年一月二十七日（星期三）

開發西北與化學工業（下）　俞宗杰　675

介紹韓敖君　孫福熙　678

光榮之路：羅丹的《美術》代序　韓敖　679

哈曼·亨特評傳（三）　Mary E. Coleridge 著　李朴園譯　681

一年來國內定期出版界略述補（五）　伏園　681

第三九八號　一九二六年一月二十八日（星期四）

消毒　徐潛庵　683

羅丹的生平——苦戰（一）　韓敖　685

他終於流着淚走了！　于成澤　686

教育與教育家　汪震　689

我們要不要學盛京時報？　楊果眞、伏園　690

第三九九號　一九二六年一月二十九日（星期五）

北京東嶽廟和蘇州東嶽廟的司官的比較　顧頡剛　691

羅丹的生平——苦戰（二）　韓敖　695

抬起頭來，我愛！　林娜　696

農業與工業——闞重民君的《工業與農業之比較觀》　向雲龍　697

第四〇〇號　一九二六年一月三十日（星期六）

前留學生——迎接李亮恭、夏亢農二同學回國　孫福熙　699

禮部文件之九：髮、鬚、爪（五）　江紹原　702

爲現在負有民衆運動指導之責者進一言——發表主義與運動方針　劉毅甫　703

大帥的恩典　李穀詒　704

一年來國內定期出版界略述補（六）　伏園　706

第四〇一號　一九二六年一月三十一日（星期日）

羅丹的生平——苦戰（三）　韓敖　707

鄉遊瑣記（六）　于成澤　708

《憶》　學昭　710

跋現代文學史冤獄圖表　蕭度　711

記李石曾校長演說辭——一月廿五於農大學生歡迎會中　田倬之　712

一年來國內定期出版界略述補（七）　伏園　713

截止日聲明不截止　伏園　713

第六册

《京報副刊》（一九二六年二月）總目錄　3

第四〇二號　一九二六年二月一日（星期一）

佛瑟爾大老爺　孫福熙　7

勞動的藝術化與藝術的勞動化（上）　彭學沛　9

邏輯與近代哲學的趨向　汪奠基　12

嬰孩同情心的發見（一）　張雪門　13

瞧瞧人家選的什麼？（一）　記者　14

第四〇三號　一九二六年二月二日（星期二）

勞動的藝術化與藝術的勞動化（下）　彭學沛　15

給陳通伯先生的一封信　馮文炳　17

問陳源　楊丹初　19

一個寒假的最好消遣法——代"優種社"同人啟事　張競生　20

西班牙的軍閥到底好些！　彭學沛　21

瞧瞧他們怎麼個選法（二）　記者　22

第四〇四號　一九二六年二月三日（星期三）

恐不"赤"，染血成之歟？　稚暉　23

曾樸與季通　伏園　25

老克里蒙梭的近況　彭學沛　27

回憶　黃仁昌　28

女師大復校紀念遊藝　學昭　29

恐怕不能得到眞眞的柱石　張玉蘭　30

瞧瞧他們爲什麼選這班人（三）　記者　30

第四〇五號　一九二六年二月四日（星期四）

五十年來日本侵略中國之七階段（代歡迎留日歸國學生）　李宗武　31

我們的安慰　彭基相　33

當校長的不許結婚？　天香　34

答徐志摩先生　陳毅　35

瞧瞧他們爲什麼這樣選（四）　記者　37

第四〇六號　一九二六年二月五日（星期五）

一九二五年國語界"防禦戰"紀略　黎錦熙　39

羅丹的生平——苦戰（四）　韓敖　43

群化中學的成績展覽會　劉炳蔾　44

如小兄與下流　東苦　45

穿西服　顧千里　45

他們爲什麼這樣選（五）　記者　46

第四〇七號　一九二六年二月六日（星期六）

中國的天安門和外國的天安門　彭學沛　47

代郵——寄徐志摩先生　豈明　49

蕉雨（一）　朋其　50

少奶奶的扇子　焦菊隱　51

關於“鬆袴帶”的話　黎錦明　53

發表投票的疑問　高佩琅　54

看他爲什麼選他們（六）　記者　54

第四〇八號　一九二六年二月七日（星期日）

我還不能“帶住”　魯迅　55

二七慘殺之由來及其價值　孟蘭　56

紀念二七革命的死者　棄予　58

二七與中國革命運動　從周　59

二七慘劇（第一幕）　失名　60

看他們爲什麼被選（七）　記者　62

第四〇九號　一九二六年二月八日（星期一）

論初中國文教學法（上）　彭基相　63

文學會底性質（上）　麥修斯著　采眞譯　65

蕉雨（二）　朋其　67

嬰孩同情心的發見（二）　張雪門　67

對於《一個寒假的最好消遣法》的疑點與妄度　江波　69

江波先生！　張競生　70

看看他們被選的緣故（八）　記者　70

第四一〇號　一九二六年二月九日（星期二）

文學會底性質（下）　麥修斯著　采眞譯　71

論初中國文教學法（中）　彭基相　73

消息　學昭　74

改進平民中學的計畫——二月一日在平民中學講演（上）　張雲濤　76

教授罵街的旁聽　敬仔　77

新中國的柱石七個半　李振翩　78

第四一一號　一九二六年二月十日（星期三）

畫餅充飢的新年多吉慶　孫福熙　79

論初中國文教學法（下）　彭基相　83

終於投一票　張申府　84

第四一二號　一九二六年二月十一日（星期四）

大家都放起風箏來呵　春臺　87

馳念──寄我親愛的弟妹們　墨卿　88

改進平民中學的計畫（下）　張雲濤　90

陳源與蕭士比亞　冬芬　91

致魯迅　胡曾三　93

本着良心觀察的結果　岑克明　94

第四一三號　一九二六年二月十二日（星期五）

中國之夜　孫福熙　95

無題　學昭　97

臘鼓聲中的客思──我鄉新昌臘月中的風俗　俞宗杰　101

戀冬　晉之梅　102

第四一四號　一九二六年二月十八日（星期四）

春雪　春臺　103

春神　王蓮友　104

雜拌的信　胡光有　104

新年的聚會　李蔭春　105

美化的新年點綴──回憶兒童時的新年生活　俞宗杰　107

逛廠甸　焦菊隱　110

第四一五號　一九二六年二月十九日（星期五）

歡迎歸國留日同學諸兄　彭學沛　111

《憶》的裝訂　豈明　113

感想斷片　彭學沛　113

"彼處"　學昭　114

嬰孩同情心的發見（三）　張雪門　116

合併女師大女大改組國立北京女子大學議案　宇文丙　116

這都是羊牽出來的　桂枝　116

跑一趟野馬　余文偉　117

第四一六號　一九二六年二月二十日（星期六）

倦　欽文　119

雪地裏　學昭　122

嬰孩同情心的發見（四）　張雪門　123

我們的言論自由　柏生　124

"盟詛"　江紹原　124

中國的個半男性的男子　高佩琅　125

第四一七號　一九二六年二月二十一日（星期日）

摩耳對於詹姆士實驗主義的批評（上）　彭基相　127

羅丹的生平——苦戰（五）　韓敍　130

嬰孩同情心的發見（五）　張雪門　131

民間生活掙扎的片段　敬仔　132

他爲什麼選他們（十四）　記者　134

第四一八號　一九二六年二月二十二日（星期一）

與鄰邦之友　陸鼎蕃譯　135

摩耳對於詹姆士實驗主義的批評（下）　彭基相　136

羅丹的生平——苦戰（六）　韓敍　140

在遼河岸上（一）　王蓮友　140

徵求性史的討論　行者、金滿成、張競生　141

第四一九號　一九二六年二月二十三日（星期二）

再論思想革命　董秋芳　143

從產業專制主義到產業立憲主義　彭學沛　145

嬰孩同情心的發見（六）　張雪門　145

蕉雨（三）　朋其　147

失去的伴侶　葉潤皋　149

第四二〇號　一九二六年二月二十四日（星期三）

柱石外之問題　稚暉　151

蕉雨（四）　朋其　155

死債　昕初　155

也算是劇評　李治璞　156

請教高先生　閻劍民　158

第四二一號　一九二六年二月二十五日（星期四）

感想斷片──德國經濟學界近況　彭學沛　159

《出版法》廢除后聯想到中國的言論自由　瞿世莊　161

大刀燈　墨卿　163

嬰孩同情心的發見（七）　張雪門　164

悲曲　王蓮友　165

清華學生的腦袋　良德馨　165

第四二二號　一九二六年二月二十六日（星期五）

李完用與朴烈　豈明　167

羅丹的生平──苦戰（七）　韓敖　168

蕉雨（五）　朋其　170

嬰孩同情心的發見（八）　張雪門　172

在遼河岸上（二）　王蓮友　172

日本、張作霖與東三省　王墨林　173

半擇迦　胡光有　174

第四二三號　一九二六年二月二十七日（星期六）

投標主義、無抗主義、絕對主義──對軍閥的三種態度　彭學沛　175

羅丹的生平──苦戰（八）　韓敖　177

海燕和崖石　健君　179

"飛向江南去"　王蓮友　179

嬰孩同情心的發見（九）　張雪門　180

一個極小的問題　劉鄧安　181

兩件較大的答案　張競生　181

第四二四號　一九二六年二月二十八日（星期日）

青年道中的幾句話　孫福熙　183

羅丹的生平──苦戰（九）　韓敖　185

農業與工業　彭重民　186

憶道村之夏夜　學昭　189

《京報副刊》（一九二六年三月）總目錄　193

《京報副刊》介紹林風眠先生繪畫增刊　197

第四二五號　一九二六年三月一日（星期一）

古音學上的大辯論──《歌戈魚虞模古讀考》引起的問題（一）　魏建功　201

游離（一）　長虹　203

讀《包弗瑞夫人》（一）　張天廬　205

一是一，二是二，敬答閻先生　高佩琅　206

裝訂書籍的美醜問題　琴　208

第四二六號　一九二六年三月二日（星期二）

林風眠先生　孫福熙　209

古音學上的大辯論──《歌戈魚虞模古讀考》引起的問題（二）　魏建功　211

羅曼羅蘭評魯迅　柏生　212

元夜　學昭　213

游離（二）　長虹　214

"閒話"的價值　古淵、何衡　216

第四二七號　一九二六年三月三日（星期三）

是眞呆還是假癡　豈明　217

李完用病死　翠生　218

古音學上的大辯論──《歌戈魚虞模古讀考》引起的問題（三）　魏建功　220

游離（三）　長虹　221

讀《包弗瑞夫人》（二）　張天廬　223

美的裝訂法的新發現　孟士達　224

上海的青年商人和公子哥兒們的頭腦　建南　224

第四二八號　一九二六年三月四日（星期四）

上海的乞丐　嵩山　225

鄉下人的道德　琴　226

游離（四）　長虹　228

讀《包弗瑞夫人》（三）　張天廬　230

留着　劉惠　231

見廣州市不得不喝采　方乘　231

也儘有"一而二二而一"的"冒充"　閣劍民　232

第四二九號 一九二六年三月五日（星期五）

瘋人的詩 劉復 233

蔡孑民先生在滬之講演 蔡元培講 憲章記 235

游離（五） 長虹 236

鄉遊瑣記（七） 于成澤 237

七年前的林風眠先生 溫克威 239

讀《包弗瑞夫人》（四） 張天廬 240

第四三〇號 一九二六年三月六日（星期六）

在中國的洋商 馬寅初講 董秋芳譯 241

馬寅初先生致北京日報及北京導報記者的信 馬寅初作 董秋芳譯 244

讀過《莽原》 冬芬 246

藝術院 佟晶心 248

第四三一號 一九二六年三月七日（星期日）

大逆之裁判 豈明 249

談同善社 喻元慶 250

游離（六） 長虹 252

觀畫小記 張鳴琦 253

對於徵求性史的憂慮 白蘋 255

答白蘋先生！ 張競生 256

第四三二號 一九二六年三月八日（星期一）

國際婦女節論中國婦女 學昭 257

古音學上的大辯論——《歌戈魚虞模古讀考》引起的問題（四） 魏建功 258

游離（七） 長虹 260

人間的幸福 黎錦明 261

感想斷片——詩人歌德的軼談，中國的螺旋進化 彭學沛 263

第四三三號　一九二六年三月九日（星期二）

羅丹的作品——殘碎（一）　韓敖　265

讀馬寅初博士和佛萊瑟君辯論　彭學沛　267

游離（八）　長虹　268

心頭的哀怨　劉惠　270

互惠條約也是日人的把戲　田連渠　270

馬君武整頓號房　少東　271

新中國柱石只有三人　金滿成　271

第四三四號　一九二六年三月十日（星期三）

論兼容並收歡迎蔡子民先生回國　孫福熙　273

羅丹的作品——殘碎（二）　韓敖　275

鄉遊瑣記（八）　于成澤　276

詩人的生活　李蔭春　277

游離（九）　長虹　278

和平公園還欠和平　銀十七　279

兩張封尾票　長弓、劉勃　280

第四三五號　一九二六年三月十一日（星期四）

畫家方君璧女士　春臺　281

游離（十）　長虹　282

蔣介石先生　伏園　285

空谷蘭與洪深先生　伏園　287

新中國柱石十人（兩個月徵求的結果）　記者　288

第四三六號　一九二六年三月十二日（星期五）

孫中山先生遺像（照片）　289

中山主義與現在的中國　伏園　289

橙色的中山主義　俞宗杰　291

民六任大元帥時之孫中山先生（照片）　292

孫中山先生週年紀念歌　292

中山主義永遠存在　西西　294

第四三七號　一九二六年三月十三日（星期六）

博士（獨幕喜劇）　徐丹歌　297

林風眠藝術成功的三時期　王代之　300

"不懂"　姚宗賢　301

歡迎歐陽予倩、洪深兩先生　余上沅　302

春　學昭　303

孫公週年紀念會場　淑等　303

第四三八號　一九二六年三月十四日（星期日）

東三省的前途　李宗武　305

"學風"之別解　董秋芳　306

張之江與整頓學風　徐瓊英　307

中山先生週年祭日感想　彭基相　309

自白　張崧年　310

我的幾句話　劉清揚　312

第四三九號　一九二六年三月十五日（星期一）

赤化的分析　懷西　313

看過林風眠氏的展覽會以後（上）　黎錦明　315

羅丹的作品——殘碎（三）　韓敦　316

試驗期戲劇底分化　鬱陶　317

有情眷屬的說明　秋花　319

柱石外的柱石　記者　320

第四四〇號　一九二六年三月十六日（星期二）

排日——日本是中國的仇敵　豈明　321

"牛羊何擇焉"　張中正　321

孫中山先生追悼會演說詞　蔡元培　323

羅丹的作品——殘碎（四）　韓敖　324

哀音　思英　325

詩人的架子　李蔭春　325

哥哥（一）　曲廣均　326

看過林風眠氏的展覽會以後（下）　黎錦明　327

送歐陽予倩、洪深　楊聲初　328

"張之江電報問題"　哲生　328

第四四一號　一九二六年三月十七日（星期三）

在安琪小姐的客廳裏（獨幕喜劇）　李開先　329

林風眠先生的畫　俞宗杰　333

哥哥（二）　曲廣均　334

"潑皮"話　黃育熙　336

第四四二號　一九二六年三月十八日（星期四）

一致反日　董秋芳　337

春夢　學昭　337

水晶眼鏡　溫克威　338

濟南的生活程度驟然增高　柏生　340

哥哥（三）　曲廣均　340

談談國立藝專的戲劇系　李治璞　342

從徐錫麟夫人講到沈步洲　王松年　343

西山狼患感言　柏生　344

第四四三號　一九二六年三月十九日（星期五）

告辛丑條約關係各國　李宗武　345

羅丹的作品——殘碎（五）　韓敖　346

哥哥（四）　曲廣均　347

一本規模不很小的學報　立也　349

昨日國民大會宣佈無效之辛丑條約全文（一）　351

第四四四號　一九二六年三月二十日（星期六）

對於大殘殺的感想　豈明　353

根本取消辛丑條約　伏園　353

大屠殺以後　秋芳　354

血染執政府見聞錄　空了　355

誓不請願!　柏生　356

大沽問題與外人報紙　彭基相　357

下令通緝亂黨　柏生　357

革命戰線上的落伍者　江頤　358

北京國民大會宣佈無效之辛丑條約全文（二）　359

第四四五號　一九二六年三月二十一日（星期日）

爲三月十八日國務院殘殺事件忠告國民軍　豈明　361

爲三月十八日首都大流血敬告青年愛國同胞　陳朽木　361

悼三月十八死難的同胞　吳鏡塵　362

可憐的青年　疑生　363

"想是先生弄錯了"　佩心　365

青年均應執贄爲段執政門下　柏生　365

見聞錄　學昭　366

狗記者　馮文炳　367

關於徐伯蓀先生的兄弟們　王耘莊　367

第四四六號　一九二六年三月二十二日（星期一）

血屍　評梅　369

別再去幹那沒出息的勾當！　懷奇　370

青年之嚴正的生活從此開始　柏生　371

可哀與可怕　豈明　372

犧牲者　墨卿　373

今後怎樣辦呢　楊善南　373

大屠殺後的種種呼聲（一）　柏等　375

第四四七號　一九二六年三月二十三日（星期二）

警告荒謬絕倫的報紙　明星　377

悼范君士榮　天廬　379

哭我的同學和珍　雲章　379

防川　彭基相　380

身入屠場記　冠海　380

製罐頭的理由還充足些兒　瘋子　381

喘定囈言　劉祖沛　382

慘變後之所見　李餘生　384

章士釗欲何爲？　不死　384

第四四八號　一九二六年三月二十四日（星期三）

十八日慘劇引出來一篇重要的文字（上）　榮公　385

群衆領袖的問題　洪櫯　388

大屠殺後　董秋芳　389

林學衡先生可以自殺矣　宮天憫　390

北大索薪代表之權限　豈明　391

俄欵與國立九校　馮文炳　391

再關於徐伯蓀先生的兄弟們　樸士　391

大屠殺後的種種呼聲（二）　馮文炳等　392

第四四九號　一九二六年三月二十五日（星期四）

從事實條約歷史觀察大沽事件　陳震異　393

別有肺肝　非心　400

今後民衆應抱什麼態度？　章進　400

第四五〇號　一九二六年三月二十六日（星期五）

CHINOISERIE　彭浩徐　401

"往何處去？"　學昭　402

上西湖去——送春臺、學昭二先生　墨卿　403

羅丹的作品——殘碎（六）　韓敖　404

哥哥（五）　曲廣均　405

弔劉楊二女烈士記　董秋芳　406

到底誰死了？　王西徵　408

第四五一號　一九二六年三月二十七日（星期六）

新加坡英當局封閉華僑學校事件感想（上）　天南　409

悼張夢庚　陳志遠　413

一封書　王竹樵　414

哥哥（六）　曲廣均　415

大屠殺後的種種呼聲　基等　416

第四五二號　一九二六年三月二十八日（星期日）

可慘與可笑　魯迅　417

三月十八　在宥　418

新加坡英當局封閉華僑學校事件感想（下）　天南　419

哭死難諸女烈士　松雪　424

老虎放狗屁　不平　424

執旗者與剪髮者　誌照　424

第四五三號 一九二六年三月二十九日（星期一）

大屠殺的前夜——並向明星君解釋誤會 陳國華 425

痛心話 林樹松 427

公憤與私仇 秦齋 428

痛哭和珍！ 評梅 428

哭亡友魏士毅女士 于天慧 430

烏煙瘴氣的輿論界 天香 431

第四五四號 一九二六年三月三十日（星期二）

詩人廉南湖主張將執政府改爲烈士祠 平明 433

最近的廣東 葉坤講 章淵若記 434

陳源口中的楊德群女士 豈明 436

"不下於開槍殺人者"的"閒話" 孟菊安 437

可怕與可殺 秋芳 437

桃花與雪 天廬 439

被盜 有麟 440

靈寶 柏生 440

第四五五號 一九二六年三月三十一日（星期三）

歡迎一位園藝學家來北京——對於農事試驗場的批評 春苔 441

十八日慘劇引出來一篇重要的文字（下） 榮公 444

朴烈被宣告死刑 平明 445

鄉遊瑣記（九） 于成澤 446

三一八慘案與收回法權 淑和 447

運命 人仇 447

輓聯——可惜不能全錄 廊蕭 448

第四五六號 一九二六年四月一日（星期四）

法國與中國 孫福熙 449

馬文論哲學的性質（一）　余文偉　451

群眾運動與領袖責任　李宗武　452

四月魚　春苔　453

白話老虎報裏的謠言　瞿仲英　454

不贊成起訴　天廬　455

到底是梁啟超聰明些　金秉和　455

給豈明先生的信　馮文炳　456

第四五七號　一九二六年四月二日（星期五）

恕府衛　豈明　457

馬文論哲學的性質（二）　余文偉　458

結識情人實在難及其他　健攻　459

芸窗風雨（一）　王達文　461

廉南湖屈文六書函往復　英連　462

闢謠　李慧等　463

新滇社的宣言（一）　464

第四五八號　一九二六年四月三日（星期六）

馬文論哲學的性質（三）　余文偉　465

由家鄉說到國中　精鋼　466

鄉遊瑣記（十）　于成澤　467

芸窗風雨（二）　王達文　468

談談中國文學的趨勢——並談及梁實秋先生的大文　金滿成　469

新滇社的宣言（二）　471

第四五九號　一九二六年四月四日（星期日）

世界及中國之軍備問題　周亞衛　473

請國人先除文妖再打軍閥　林語堂　474

韋杰三死的過程　陳雲豹　476

給西瀅先生的一封信——爲楊德羣女士辯誣　雷瑜等　479

草書紀年　長虹　480

"天實爲之"　ＭＭ　480

第四六〇號　一九二六年四月五日（星期一）

北京應有的遊春佳節　孫福熙　481

清明時節　緑藻　482

出門都是上墳人　墨卿　483

踏青　漱岩　485

春宵　學昭　485

植樹有益　伏園　487

第四六一號　一九二六年四月七日（星期三）

辛丑條約國援助反馮軍成績與飛機亂擲炸彈問題　陳震異　489

洋鐵水壺與通緝令　豈明　491

韋杰三烈士遺著之一　陳雲豹注　492

讀法國黎朋著《革命心理》　立達　494

賄選與大屠殺　德馨　495

李老頭（上）　子約　495

飛機……炸彈　祖仁　496

第四六二號　一九二六年四月八日（星期四）

羅素論二十世紀的哲學（一）　彭基相　497

最後的著作（上）　長虹　500

三一八慘案之政治問題與法律問題　韋青雲　502

李老頭（下）　子約　503

春裝的中央公園　春苔　504

第四六三號　一九二六年四月十日（星期六）

如此"討赤"　魯迅　505

羅素論二十世紀的哲學（二）　彭基相　505

論並非文人相輕　豈明　507

醫院　素蕙　508

最後的著作（下）　長虹　509

芸窗風雨（三）　王達文　511

草書紀年　長虹　512

"什麼話"　明紀　512

第四六四號　一九二六年四月十一日（星期日）

值得紀念的四月十日　柏生　513

蘸在汾酒中　長虹　515

民國以來日本挑撥我國內亂之手段　李宗武　515

羅素論二十世紀的哲學（三）　彭基相　516

清明的悲哀　蘋子　518

吳稚暉頭上的一點　明紀　520

偽通緝令與陳任中　季谷　520

離題萬里　柏生　520

第四六五號　一九二六年四月十二日（星期一）

這一回　盧公義　521

政局的變化　彭學沛　523

恕陳源　豈明　524

春山　學昭　524

湖水的哀訴　宏斯民　525

哭德群　枕戈　526

改變我們的戰略，先打文妖　張效良　527

可惜春裝的中央公園　董威　528

第四六六號　一九二六年四月十三日（星期二）

英國工黨工聯和華僑工團攜手　童冠賢　529

羅素論二十世紀的哲學（四）　彭基相　532

死的影子　松烟　533

寂寞的春　學昭　533

兵荒馬亂中的一幅圖畫　于天慧　534

補"離題萬里"　叔衡　535

孫文主義學會（一）　周一志、王崑崙　536

第四六七號　一九二六年四月十四日（星期三）

改良公園中所用的肥料　李駒　537

羅素論二十世紀的哲學（五）　彭基相　537

午夜聞砲　吳鏡塵　540

送春臺南回有感　漱岩　541

清晨——夜晚　吳熙成　542

南開大學與上海大學　焦有功　542

孫文主義學會（二）　周一志、王崑崙　544

第四六八號　一九二六年四月十五日（星期四）

一百五十歲的帝國主義國家和十五歲的次殖民地國家今昔與將來之衝突　王季高　545

未到北京以前（一）　有麟　549

讀了《新中國的女子》以後　松雪　550

弱國的青年——爲《高麗青年》作　伏園　552

第四六九號　一九二六年四月十六日（星期五）

飛機和炸彈的常識談　毛士賢　553

大衍發微　魯迅　554

未到北京以前（二）　有麟　556

西車站　松烟　556

響應打狗　董秋芳　557

"恕陳源"應該真個恕他　紀小鸞　559

零零碎碎　英蓮　560

第四七〇號　一九二六年四月十七日（星期六）

歡迎邁朗氏　彭浩徐　561

意外的函件（一）　春芝　562

昨天　松烟　564

未到北京以前（三）　有麟　565

讀了《南開大學與上海大學》　慕白　567

螞蟻的同情　溫蔓菁　568

第四七一號　一九二六年四月十八日（星期日）

禮部文件之九：髮、鬚、爪（六）　江紹原　569

意外的函件（二）　春芝　573

未到北京以前（四）　有麟　575

春　天心　576

"玄背社"的"玄背"　玄背　576

第四七二號　一九二六年四月十九日（星期一）

新舊思想雜談　董秋芳　577

意外的函件（三）　春芝　579

一封通信　侯兆麟　582

釋疑　林玉堂　583

希望　小亭　584

第四七三號　一九二六年四月二十日（星期二）

介紹邁朗　陳寶鍔　585

希臘的個人觀（一） 狄更生著　彭基相譯　587

自然夫人（劇本）（一）　俞宗杰　589

可憐的大學——博覽會中的幾張像片　白云生　591

第四七四號　一九二六年四月二十一日（星期三）

希臘的個人觀（二）　狄更生著　彭基相譯　593

"發微"與"告密"　林語堂　594

自然夫人（二）　俞宗杰　595

焦有功君所說的南開中學在那裏　陳彬龢　597

論南開並質慕白君　反動　599

香山慈幼院近事　歐湘蘭　599

介紹"烈火"　萍若　600

第四七五號　一九二六年四月二十二日（星期四）

風影與夢囈（一）　唐勞　601

自然夫人（三）　俞宗杰　603

京漢道上　孫福熙　605

寄到何處？——寫給和珍的信　晶清　607

安慰　劉惠　608

第四七六號　一九二六年四月二十三日（星期五）

強者的宣言　朴烈　609

風影與夢囈（二）　唐勞　610

希臘的個人觀（三）　狄更生著　彭基相譯　610

關於思想革命的一封信　彭珍　613

答彭珍先生　董秋芳　615

第四七七號　一九二六年四月二十四日（星期六）

文化運動——藝術運動——科學運動　李鴻明　617

《京報副刊》篇名索引

編製說明：本索引收録《京報副刊》刊載過的所有文章（含能獨立標引的插圖），共計 3061 篇，按篇名的漢語拼音順序排列，著録格式爲：

文章順序號　篇名　作者　發表日期　影印書冊號　所在頁碼

0001　CHINOISERIE　彭浩徐　1926 年 3 月 26 日　6 册　401 頁

0002　n 的程度究竟怎樣？　徐克家　1925 年 12 月 22 日　5 册　417 頁

0003　PRATAP 重來中國　伏園　1925 年 7 月 1 日　3 册　504 頁

A

0004　阿富汗怎樣爭得獨立　普拉他澂講　潘家洵口譯　1925 年 7 月 5 日　3 册　529 頁

0005　阿剌伯數字的起源　陳仲益　1925 年 5 月 20 日　3 册　162 頁

0006　哀音　思英　1926 年 3 月 16 日　6 册　325 頁

0007　愛多亞兒童　法朗士著　金滿成譯　1925 年 4 月 12 日　2 册　367 頁

0008　愛爾蘭與戲劇　畢樹棠　1925 年 2 月 8 日　1 册　448 頁

0009　愛國文學的提倡　張陳卿　1925 年 6 月 23 日　3 册　448 頁

0010　愛國與便利　知止　1925 年 9 月 27 日　4 册　473 頁

0011　愛國運動和考試　範蘇　1925 年 9 月 20 日　4 册　413 頁

0012　愛國運動亟宜注意的幾點　重威　1925 年 6 月 17 日　3 册　397 頁

0013　愛情與物性（上）　俞宗杰　1926 年 1 月 7 日　5 册　519 頁

0014　愛情與物性（下）　俞宗杰　1926 年 1 月 8 日　5 册　526 頁

0015　愛人（一）　尚鉞　1925 年 10 月 6 日　4 册　541 頁

0016　愛人（二）　尚鉞　1925 年 10 月 7 日　4 册　546 頁

0017　愛人（三）　尚鉞　1925 年 10 月 8 日　4 册　556 頁

0018　愛與美的信仰和崇拜（一）　張競生　1925 年 9 月 14 日　4 册　363 頁

0019　愛與美的信仰和崇拜（二）　張競生　1925 年 9 月 15 日　4 册　371 頁

0020　愛與美的信仰和崇拜（三）　張競生　1925 年 9 月 16 日　4 册　379 頁

0021　愛與美的信仰和崇拜（四）　張競生　1925 年 9 月 17 日　4 册　387 頁

0022　愛之的來信　溪坡　1925 年 9 月 18 日　4 册　400 頁

0023　安慰　劉惠　1926 年 4 月 22 日　6 册　608 頁

0024　暗箭傷人之章孤桐——嚼蠟之四　良醫　1925 年 8 月 10 日　4 册　86 頁

0025　奧使館之繪畫展　孫福熙　1925 年 12 月 7 日　5 册　300 頁

0026　懊喪　滄波　1925 年 10 月 17 日　4 册　650 頁

B

0027　八月二十日的京報和晨報　有麟　1925 年 8 月 31 日　4 册　249 頁

0028　巴爾穆先生死難的眞像　錢星海　1925 年 9 月 1 日　4 册　260 頁

0029　跋西安新發見天主正道解略解　陳垣　1925 年 6 月 27 日　3 册　470 頁

0030　跋現代文學史冤獄圖表　蕭度　1926 年 1 月 31 日　5 册　711 頁

0031　罷工持久的方法　作　1925 年 6 月 13 日　3 册　366 頁

0032　罷課期內學生應做的一件事　懿吾　1925 年 6 月 12 日　3 册　359 頁

0033　白鴿（劇本）（一）　余上沅　1925 年 12 月 8 日　5 册　301 頁

0034　白鴿（劇本）（二）　余上沅　1925 年 12 月 9 日　5 册　311 頁

0035　白鴿（劇本）（三）　余上沅　1925 年 12 月 10 日　5 册　318 頁

0036　白話老虎報裏的謠言　瞿仲英　1926 年 4 月 1 日　6 册　454 頁

0037　白話與文言的用法　燕生　1925 年 3 月 15 日　2 册　122 頁

0038　白朗寧的《異域鄉思》與英詩　朱湘　1925 年 3 月 11 日　2 册　90 頁

0039　白玫瑰花　杜若　1925 年 9 月 15 日　4 册　377 頁

0040　白眼與笑容　曲廣均　1926 年 1 月 4 日　5 册　494 頁

0041　白雲庵　學昭　1925 年 10 月 2 日　4 册　513 頁

0042　柏克赫士特女士　衣萍　1925 年 4 月 22 日　2 册　445 頁

0043　柏克赫司特女士　衣萍　1925 年 4 月 21 日　2 册　437 頁

0044　拜腳商兌　異襟　1925 年 4 月 4 日　2 冊　313 頁

0045　搬運夫　（希伯萊）賓斯奇作　魯彥譯　1925 年 8 月 29 日　4 冊　233 頁

0046　"半臂春寒晚更添"　孫景章　1925 年 4 月 15 日　2 冊　396 頁

0047　"半臂春寒晚更添"　述之　1925 年 5 月 24 日　3 冊　198 頁

0048　半日遊記　無不　1925 年 12 月 18 日　5 冊　386 頁

0049　半席話甲　何曾亮　1925 年 12 月 31 日　5 冊　482 頁

0050　半席話乙　何曾亮　1926 年 1 月 5 日　5 冊　504 頁

0051　半席話丙　何曾亮　1926 年 1 月 9 日　5 冊　533 頁

0052　半席話丁　何曾亮　1926 年 1 月 10 日　5 冊　541 頁

0053　半擇迦　胡光有　1926 年 2 月 26 日　6 冊　174 頁

0054　保定青年學生的苦衷　志剛　1925 年 9 月 26 日　4 冊　466 頁

0055　趵突噴玉（木刻）　1925 年 12 月 30 日　5 冊　475 頁

0056　報凱明先生　張崧年　1925 年 8 月 19 日　4 冊　151 頁

0057　報"奇哉所謂……"　魯迅　1925 年 3 月 8 日　2 冊　68 頁

0058　卑微的話應伏園的策問　健攷　1925 年 11 月 5 日　5 冊　46 頁

0059　悲哀之果及其他　A. A.　1925 年 3 月 5 日　2 冊　45 頁

0060　悲憤　王蓮友　1924 年 12 月 12 日　1 冊　64 頁

0061　悲曲　王蓮友　1926 年 2 月 25 日　6 冊　165 頁

0062　北大非反章風潮平議　呼圖　1925 年 8 月 29 日　4 冊　238 頁

0063　北大風俗調查會妙峰山進香專號書後　江紹原　1925 年 8 月 27 日　4
　　　冊　215 頁

0064　北大教授上段執政書（英譯）　林玉堂譯　1925 年 6 月 20 日　3 冊　424 頁

0065　北大教授爲上海慘劇宣言英文稿　王世杰　1925 年 6 月 15 日　3 冊　383 頁

0066　北大教授致羅馬教皇原電　1925 年 6 月 17 日　3 冊　400 頁

0067　北大索薪代表之權限　豈明　1926 年 3 月 24 日　6 冊　391 頁

0068　北大脫離教部與反章　小膽　1925 年 9 月 1 日　4 冊　265 頁

0069　北大學生軍（一）　張榮福　1925 年 7 月 22 日　3 冊　663 頁

0070　北大學生軍（二）　張榮福　1925 年 7 月 29 日　3 冊　719 頁

0071　北大研究所國學門紀事——北大風俗調查會徵集各地關於舊曆新年風俗物

品之說明　1925 年 1 月 16 日　1 冊　312 頁

0072　北大研究所國學門紀事——研究所國學門風俗調查表　張競生　1925 年 3 月 7 日　2 冊　60 頁

0073　北海浴日　學昭　1925 年 10 月 25 日　4 冊　717 頁

0074　北京大學校警校役上海罷工同胞後援會宣言　1925 年 6 月 20 日　3 冊　423 頁

0075　北京的音樂　學昭　1925 年 10 月 15 日　4 冊　638 頁

0076　北京東嶽廟和蘇州東嶽廟的司官的比較　顧頡剛　1926 年 1 月 29 日　5 冊　691 頁

0077　北京乎！　孫福熙　1925 年 8 月 15 日　4 冊　126 頁

0078　北京市民家奴氣確是十足　周十力　1925 年 1 月 17 日　1 冊　319 頁

0079　北京應有的遊春佳節　孫福熙　1926 年 4 月 5 日　6 冊　481 頁

0080　被盜　有麟　1926 年 3 月 30 日　6 冊　440 頁

0081　被害鳥　趙泉澄　1925 年 12 月 8 日　5 冊　305 頁

0082　本刊編輯室（木刻）　1925 年 12 月 5 日　5 冊　290 頁

0083　本刊編輯室參考報架一角（攝影）　1925 年 12 月 5 日　5 冊　292 頁

0084　本刊的緣起及使命　王造時　1925 年 6 月 8 日　3 冊　321 頁

0085　本團團務紀要（刊在中縫）　1925 年 6 月 21 日　3 冊　428 頁

0086　本團執行委員會對全國知識階級宣言　1925 年 7 月 15 日　3 冊　614 頁

0087　本月份副刊目録　1924 年 12 月 31 日　1 冊　201 頁

0088　本着良心觀察的結果　岑克明　1926 年 2 月 11 日　6 冊　94 頁

0089　"彼處"　學昭　1926 年 2 月 19 日　6 冊　114 頁

0090　必讀書的疑問　李霽初　1925 年 2 月 18 日　1 冊　525 頁

0091　碧霞元君廟考　容庚　1925 年 5 月 23 日　3 冊　188 頁

0092　觿箅一週年　朱虛白　1925 年 5 月 27 日　3 冊　220 頁

0093　編餘閒話　記者　1925 年 2 月 27 日　1 冊　598 頁

0094　編纂國史講話的計畫（一）　顧頡剛　1925 年 5 月 30 日　3 冊　241 頁

0095　編纂國史講話的計畫（二）　顧頡剛　1925 年 5 月 31 日　3 冊　249 頁

0096　"變遷"　有麟　1925 年 1 月 14 日　1 冊　295 頁

0097 表情的工具和方法 余上沅 1926 年 1 月 26 日 5 册 667 頁

0098 別有肺肝 非心 1926 年 3 月 25 日 6 册 400 頁

0099 別再去幹那沒出息的勾當! 懷奇 1926 年 3 月 22 日 6 册 370 頁

0100 儐相之夜 曹智官 1925 年 1 月 10 日 1 册 262 頁

0101 兵荒馬亂中的一幅圖畫 于天慧 1926 年 4 月 13 日 6 册 534 頁

0102 並非《晨報》造謠 素昧 1925 年 5 月 5 日 3 册 46 頁

0103 並非閒談 魯迅 1925 年 6 月 1 日 3 册 269 頁

0104 病人 養正 1925 年 5 月 25 日 3 册 206 頁

0105 病中想到 胡侯楚 1925 年 5 月 14 日 3 册 118 頁

0106 病中捉賊 風光 1925 年 6 月 5 日 3 册 302 頁

0107 博士（獨幕喜劇） 徐丹歌 1926 年 3 月 13 日 6 册 297 頁

0108 駁蠻不講理的第一次"使團覆牒" 王造時 1925 年 6 月 8 日 3 册 322 頁

0109 駁張奚若并告青年朋友 陳黃生 1925 年 10 月 20 日 4 册 674 頁

0110 卜 王啟仁 1925 年 1 月 21 日 1 册 350 頁

0111 補"離題萬里" 叔衡 1926 年 4 月 13 日 6 册 535 頁

0112 補假 尚木 1925 年 4 月 7 日 2 册 331 頁

0113 補考問題 伯山 1925 年 9 月 24 日 4 册 449 頁

0114 "不懂" 姚宗賢 1926 年 3 月 13 日 6 册 301 頁

0115 不該打湯先生底門 趙雄 1925 年 7 月 7 日 3 册 543 頁

0116 不供給英日原料 石佐 1925 年 6 月 16 日 3 册 388 頁

0117 不合作運動 羅懋德 1925 年 6 月 10 日 3 册 340 頁

0118 不見得討厭吧? 幻林 1925 年 2 月 11 日 1 册 477 頁

0119 不眠 雷淑 1925 年 1 月 14 日 1 册 294 頁

0120 不平等條約之二——天津條約（一） 無悔 1925 年 7 月 26 日 3 册 701 頁

0121 不平等條約之二——天津條約（二） 無悔 1925 年 8 月 2 日 4 册 22 頁

0122 不平等條約之二——天津條約（三） 無悔 1925 年 8 月 23 日 4 册 190 頁

0123 不平等條約之二——天津條約（四） 無悔 1925 年 8 月 30 日 4 册 244 頁

0124 不平等條約之二——天津條約（五） 無悔 1925 年 9 月 6 日 4 册 304 頁

0125 不平等條約之三——中法條約（一） 1925 年 9 月 13 日 4 册 362 頁

0126　不平等條約之三——中法條約（二）　1925 年 9 月 20 日　4 冊　418 頁

0127　不平等條約之一——江甯條約　無悔　1925 年 7 月 5 日　3 冊　531 頁

0128　不平鳴（新大鼓）　曹霄青　1925 年 10 月 27 日　4 冊　731 頁

0129　不平則鳴　繼先　1925 年 1 月 19 日　1 冊　335 頁

0130　不期地遇着她　天心　1925 年 1 月 8 日　1 冊　246 頁

0131　不期而遇　漱嚴　1925 年 3 月 23 日　2 冊　186 頁

0132　不認識的人　尚鉞　1925 年 10 月 13 日　4 冊　620 頁

0133　不是省籍問題　伏園　1925 年 6 月 1 日　3 冊　272 頁

0134　不是我的錯——答幻林先生　琴心　1925 年 2 月 14 日　1 冊　492 頁

0135　不速之客　錦明　1925 年 12 月 29 日　5 冊　466 頁

0136　不通的話　胡曾三　1925 年 10 月 20 日　4 冊　678 頁

0137　“不通曰通”解　風光　1925 年 9 月 21 日　4 冊　426 頁

0138　不習見的好東西　喜旺木　1925 年 2 月 7 日　1 冊　446 頁

0139　“不下於開槍殺人者”的“閒話”　孟菊安　1926 年 3 月 30 日　6 冊　437 頁

0140　不幸　魯彥譯　1925 年 5 月 22 日　3 冊　179 頁

0141　不要說這場奮鬭無益　（英）克勞著　朱湘譯　1925 年 3 月 9 日　2 冊　78 頁

0142　不再是我的乖乖　徐志摩　1925 年 1 月 11 日　1 冊　270 頁

0143　不贊成起訴　天廬　1926 年 4 月 1 日　6 冊　455 頁

0144　不贊成儀京先生的態度　申撫　1925 年 8 月 7 日　4 冊　61 頁

0145　不忠實的愛情（三幕劇）（一）　向培良　1925 年 1 月 12 日　1 冊　276 頁

0146　不忠實的愛情（三幕劇）（二）　向培良　1925 年 1 月 13 日　1 冊　282 頁

0147　不忠實的愛情（三幕劇）（三）　向培良　1925 年 1 月 14 日　1 冊　292 頁

0148　不忠實的愛情（三幕劇）（四）　向培良　1925 年 1 月 15 日　1 冊　300 頁

0149　不忠實的愛情（三幕劇）（五）　向培良　1925 年 1 月 16 日　1 冊　309 頁

0150　不忠實的愛情（三幕劇）（六）　向培良　1925 年 1 月 17 日　1 冊　316 頁

0151　不忠實的愛情（三幕劇）（七）　向培良　1925 年 1 月 18 日　1 冊　323 頁

0152　不忠實的愛情（三幕劇）（八）　向培良　1925 年 1 月 19 日　1 冊　332 頁

0153　不忠實的愛情（三幕劇）（九）　向培良　1925 年 1 月 20 日　1 冊　340 頁

0154　不忠實的愛情（三幕劇）（十）　向培良　1925 年 1 月 21 日　1 冊　348 頁

0155 不忠實的愛情（三幕劇）（十一） 向培良 1925 年 1 月 22 日 1 册 355 頁

C

0156 菜花香 范愛湖 1925 年 4 月 28 日 2 册 500 頁

0157 蔡孑民先生在滬之講演 蔡元培講 憲章記 1926 年 3 月 5 日 6 册 235 頁

0158 參觀女師大游藝會以後 聞國新 1925 年 3 月 26 日 2 册 213 頁

0159 慘變後之所見 李餘生 1926 年 3 月 23 日 6 册 384 頁

0160 慘劇之最近要聞（刊在中縫） 1925 年 6 月 10 日 3 册 338 頁

0161 慘無顏色的人生 王森然 1925 年 11 月 4 日 5 册 36 頁

0162 蒼茫的雨夜（一） 崇軒 1925 年 3 月 5 日 2 册 42 頁

0163 蒼茫的雨夜（二） 崇軒 1925 年 3 月 6 日 2 册 52 頁

0164 蒼茫的雨夜（三） 崇軒 1925 年 3 月 7 日 2 册 56 頁

0165 草書紀年 長虹 1926 年 4 月 4 日 6 册 480 頁

0166 草書紀年 長虹 1926 年 4 月 10 日 6 册 512 頁

0167 曾樸與季通 伏園 1926 年 2 月 3 日 6 册 25 頁

0168 茶舘的内外 長虹 1925 年 5 月 10 日 3 册 85 頁

0169 刹那的心象 長虹 1925 年 5 月 8 日 3 册 69 頁

0170 柴門霍夫紀念日 孟體仁 1924 年 12 月 15 日 1 册 86 頁

0171 柴門霍甫的生平及思想 荆有麟 1924 年 12 月 15 日 1 册 84 頁

0172 柴門霍甫與中國 有麟 1925 年 12 月 17 日 5 册 373 頁

0173 產婦（一）（法）白立阿原著 蕭伯納夫人英譯 薛琪瑛女士中譯 1925 年 8 月 1 日 4 册 11 頁

0174 產婦（二）（法）白立阿原著 蕭伯納夫人英譯 薛琪瑛女士中譯 1925 年 8 月 3 日 4 册 27 頁

0175 產婦（三）（法）白立阿原著 蕭伯納夫人英譯 薛琪瑛女士中譯 1925 年 8 月 4 日 4 册 32 頁

0176 產婦（四）（法）白立阿原著 蕭伯納夫人英譯 薛琪瑛女士中譯 1925 年 8 月 7 日 4 册 57 頁

0177　產婦（五）（法）白立阿原著　蕭伯納夫人英譯　薛琪瑛女士中譯　1925年8月8日　4冊　66頁

0178　產婦（六）（法）白立阿原著　蕭伯納夫人英譯　薛琪瑛女士中譯　1925年8月22日　4冊　178頁

0179　產婦（七）（法）白立阿原著　蕭伯納夫人英譯　薛琪瑛女士中譯　1925年8月24日　4冊　196頁

0180　闡明主張鐵血救國的真義　王宗璠　1925年7月15日　3冊　608頁

0181　常談（一）　黃生　1925年10月29日　4冊　749頁

0182　常談（二）　黃生　1925年10月30日　4冊　754頁

0183　常談（三）　黃生　1925年11月9日　5冊　77頁

0184　常談（四、五）　黃生　1925年11月10日　5冊　83頁

0185　嫦娥（插圖）1925年10月2日　4冊　513頁

0186　抄襲的能手　陳永森　1925年4月10日　2冊　355頁

0187　抄襲的笑話——並告《晨報副刊》記者　金滿成　1925年1月30日　1冊　376頁

0188　朝山記瑣　伏園　1925年5月13日　3冊　107頁

0189　嘲笑皇帝末路的一首歌謠　陳仲益　1925年3月7日　2冊　59頁

0190　陳源口中的楊德群女士　豈明　1926年3月30日　6冊　436頁

0191　陳源與蕭士比亞　冬芬　1926年2月11日　6冊　91頁

0192　承你　衣萍　1926年1月6日　5冊　514頁

0193　城上　王蓮友　1925年1月22日　1冊　357頁

0194　橙色的中山主義　俞宗杰　1926年3月12日　6冊　291頁

0195　吃粽子——呈疑古玄同先生　伏園　1925年10月2日　4冊　512頁

0196　癡人說"夜"　亦荊　1925年6月3日　3冊　287頁

0197　馳念——寄我親愛的弟妹們　墨卿　1926年2月11日　6冊　88頁

0198　"赤帶是個病名"？　婆心　1925年3月3日　2冊　29頁

0199　赤俄印象記（一）　增田正雄著　如囚譯　1925年7月10日　3冊　572頁

0200　赤俄印象記（二）　增田正雄著　如囚譯　1925年7月11日　3冊　578頁

0201　赤俄印象記（三）　增田正雄著　如囚譯　1925年7月14日　3冊　603頁

0202　赤俄印象記（四至五）　增田正雄著　如囚譯　1925 年 7 月 16 日　3
　　　册　617 頁

0203　赤俄印象記（六至七）　增田正雄著　如囚譯　1925 年 7 月 18 日　3
　　　册　635 頁

0204　赤化的分析　懷西　1926 年 3 月 15 日　6 册　313 頁

0205　重九憶徐州　魏鶴軒　1925 年 10 月 31 日　4 册　766 頁

0206　崇拜真理與捧先生　冥行　1925 年 1 月 30 日　1 册　375 頁

0207　仇俄與反共產者的面面觀（一）（上）　劉侃元　1925 年 11 月 19 日　5
　　　册　151 頁

0208　仇俄與反共產者的面面觀（一）（下）　劉侃元　1925 年 11 月 20 日　5
　　　册　159 頁

0209　仇俄與反共產者的面面觀（二）　劉侃元　1925 年 11 月 24 日　5 册　191 頁

0210　惆悵　王蓮友　1925 年 2 月 1 日　1 册　396 頁

0211　《出版法》廢除后聯想到中國的言論自由　瞿世莊　1926 年 2 月 25 日　6
　　　册　161 頁

0212　出了象牙之塔（一）（日）廚川白村著　魯迅譯　1925 年 2 月 14 日　1
　　　册　487 頁

0213　出了象牙之塔（二）（日）廚川白村著　魯迅譯　1925 年 2 月 15 日　1
　　　册　495 頁

0214　出了象牙之塔（三）（日）廚川白村著　魯迅譯　1925 年 2 月 16 日　1
　　　册　503 頁

0215　出了象牙之塔（四）（日）廚川白村著　魯迅譯　1925 年 2 月 17 日　1
　　　册　511 頁

0216　出了象牙之塔（五）（日）廚川白村著　魯迅譯　1925 年 2 月 18 日　1
　　　册　519 頁

0217　出了象牙之塔（六）（日）廚川白村著　魯迅譯　1925 年 2 月 21 日　1
　　　册　543 頁

0218　出了象牙之塔（七）（日）廚川白村著　魯迅譯　1925 年 2 月 23 日　1
　　　册　561 頁

0219　出了象牙之塔（八）（日）廚川白村著　魯迅譯　1925 年 2 月 25 日　1
　　　冊　577 頁

0220　出了象牙之塔（九、十）（日）廚川白村著　魯迅譯　1925 年 2 月 28
　　　日　1 冊　600 頁

0221　出了象牙之塔（十一）（日）廚川白村著　魯迅譯　1925 年 3 月 2 日　2
　　　冊　16 頁

0222　出了象牙之塔（十二）（日）廚川白村著　魯迅譯　1925 年 3 月 3 日　2
　　　冊　23 頁

0223　出了象牙之塔（十三）（日）廚川白村著　魯迅譯　1925 年 3 月 4 日　2
　　　冊　31 頁

0224　出了象牙之塔（十四）（日）廚川白村著　魯迅譯　1925 年 3 月 5 日　2
　　　冊　40 頁

0225　出了象牙之塔（十五上）（日）廚川白村著　魯迅譯　1925 年 3 月 7
　　　日　2 冊　55 頁

0226　出了象牙之塔（十五下）（日）廚川白村著　魯迅譯　1925 年 3 月 9
　　　日　2 冊　71 頁

0227　出了象牙之塔（十六）（日）廚川白村著　魯迅譯　1925 年 3 月 11
　　　日　2 冊　87 頁

0228　出門都是上墳人　墨卿　1926 年 4 月 5 日　6 冊　483 頁

0229　出遊　春臺　1925 年 10 月 26 日　4 冊　721 頁

0230　除夕　丁尼孫作　宗瑤譯　1925 年 12 月 31 日　5 冊　477 頁

0231　除夕　益清　1925 年 2 月 5 日　1 冊　428 頁

0232　除夕的國民大會　有麟　1926 年 1 月 4 日　5 冊　497 頁

0233　穿西服　顧千里　1926 年 2 月 5 日　6 冊　45 頁

0234　傳說中的悲劇　長虹　1925 年 5 月 24 日　3 冊　193 頁

0235　喘定顫言　劉祖沛　1926 年 3 月 23 日　6 冊　382 頁

0236　喘氣兒　趙瑞生　1925 年 12 月 31 日　5 冊　484 頁

0237　創傷（一）　長虹　1925 年 2 月 23 日　1 冊　562 頁

0238　創傷（二）　長虹　1925 年 2 月 24 日　1 冊　574 頁

0239　創傷（三）　長虹　1925 年 3 月 1 日　2 冊　8 頁

0240　創傷（四）　長虹　1925 年 3 月 7 日　2 冊　56 頁

0241　創傷（五、六）　長虹　1925 年 3 月 16 日　2 冊　130 頁

0242　創傷（七）　長虹　1925 年 3 月 25 日　2 冊　202 頁

0243　創傷（八）　長虹　1925 年 3 月 31 日　2 冊　250 頁

0244　創傷（九、十）　長虹　1925 年 4 月 24 日　2 冊　466 頁

0245　創傷（十一）　長虹　1925 年 4 月 26 日　2 冊　481 頁

0246　創傷（十二）　長虹　1925 年 4 月 30 日　2 冊　515 頁

0247　春　天心　1926 年 4 月 18 日　6 冊　576 頁

0248　春　學昭　1926 年 3 月 13 日　6 冊　303 頁

0249　春風不要再吹罷　甘人　1925 年 3 月 28 日　2 冊　223 頁

0250　春夢　學昭　1926 年 3 月 18 日　6 冊　337 頁

0251　春山　學昭　1926 年 4 月 12 日　6 冊　524 頁

0252　春神　王蓮友　1926 年 2 月 18 日　6 冊　104 頁

0253　春水綠波（銅版）　1925 年 12 月 30 日　5 冊　471 頁

0254　春宵　學昭　1926 年 4 月 5 日　6 冊　485 頁

0255　春心的美伴（一）　廖仲潛　1925 年 2 月 4 日　1 冊　419 頁

0256　春心的美伴（二）　廖仲潛　1925 年 2 月 5 日　1 冊　426 頁

0257　春心的美伴（三）　廖仲潛　1925 年 2 月 6 日　1 冊　435 頁

0258　春心的美伴（四）　廖仲潛　1925 年 2 月 7 日　1 冊　442 頁

0259　春心的美伴（五）　廖仲潛　1925 年 2 月 8 日　1 冊　450 頁

0260　春心的美伴（六）　廖仲潛　1925 年 2 月 9 日　1 冊　459 頁

0261　春雪　春臺　1926 年 2 月 18 日　6 冊　103 頁

0262　春意　劉廷蔚　1925 年 4 月 25 日　2 冊　475 頁

0263　春意　易墨　1925 年 4 月 30 日　2 冊　516 頁

0264　春雲　慧因　1925 年 8 月 3 日　4 冊　29 頁

0265　春裝的中央公園　春苔　1926 年 4 月 8 日　6 冊　504 頁

0266　"慈善"？　有麟　1925 年 11 月 29 日　5 冊　238 頁

0267　辭薦　小酩　1925 年 7 月 20 日　3 冊　649 頁

0268　此次慘劇的根本禍原　石佐　1925 年 6 月 10 日　3 冊　339 頁

0269　此後的中國　伏園　1925 年 6 月 7 日　3 冊　313 頁

0270　此時猶作歸家之想乎！　林華鈞　1925 年 7 月 13 日　3 冊　594 頁

0271　從產業專制主義到產業立憲主義　彭學沛　1926 年 2 月 23 日　6 冊　145 頁

0272　從此（散文詩）　焦菊隱　1925 年 4 月 19 日　2 冊　426 頁

0273　從滬案運動裏表現出來的中國國民性及今後應取之態度　陳銓　1925 年 6 月 19 日　3 冊　411 頁

0274　從滬漢慘案所得的教訓　作章　1925 年 6 月 24 日　3 冊　449 頁

0275　從軍日記（一）　文翰　1924 年 12 月 12 日　1 冊　64 頁

0276　從軍日記（二）　文翰　1924 年 12 月 13 日　1 冊　73 頁

0277　從軍日記（三）　文翰　1924 年 12 月 14 日　1 冊　78 頁

0278　從軍日記（四）　文翰　1924 年 12 月 16 日　1 冊　97 頁

0279　從軍日記（五）　文翰　1924 年 12 月 17 日　1 冊　100 頁

0280　從軍日記（六）　文翰　1924 年 12 月 18 日　1 冊　113 頁

0281　從軍日記（七）　文翰　1924 年 12 月 19 日　1 冊　121 頁

0282　從軍日記（八）　文翰　1924 年 12 月 20 日　1 冊　130 頁

0283　從軍日記（九）　文翰　1924 年 12 月 21 日　1 冊　134 頁

0284　從軍日記（十）　文翰　1924 年 12 月 22 日　1 冊　142 頁

0285　從軍日記（十一）　文翰　1924 年 12 月 29 日　1 冊　185 頁

0286　從歷史上研究哲學是什麼（一）　歷陽　1925 年 7 月 10 日　3 冊　569 頁

0287　從歷史上研究哲學是什麼（二）　歷陽　1925 年 7 月 11 日　3 冊　576 頁

0288　從歷史上研究哲學是什麼（三）　歷陽　1925 年 7 月 12 日　3 冊　583 頁

0289　從靈向肉和從肉向靈（一）（日）廚川白村著　魯迅譯　1925 年 1 月 9 日　1 冊　249 頁

0290　從靈向肉和從肉向靈（二）（日）廚川白村著　魯迅譯　1925 年 1 月 10 日　1 冊　257 頁

0291　從靈向肉和從肉向靈（三）（日）廚川白村著　魯迅譯　1925 年 1 月 12 日　1 冊　273 頁

0292　從靈向肉和從肉向靈（四）（日）廚川白村著　魯迅譯　1925 年 1 月 13

日　1 册　281 頁

0293　從靈向肉和從肉向靈（五）（日）廚川白村著　魯迅譯　1925 年 1 月 14
日　1 册　289 頁

0294　從石家莊到北京　培良　1925 年 12 月 3 日　5 册　271 頁

0295　從事實條約歷史觀察大沽事件　陳震異　1926 年 3 月 25 日　6 册　393 頁

0296　從無窮小到無窮大——答徐克家先生　申府　1925 年 12 月 27 日　5
册　448 頁

0297　從徐錫麟夫人講到沈步洲　王松年　1926 年 3 月 18 日　6 册　343 頁

0298　從牙齒念到胡鬚　馮文炳　1925 年 12 月 14 日　5 册　354 頁

D

0299　答白蘋先生！　張競生　1926 年 3 月 7 日　6 册　256 頁

0300　答班延兆君　周淦　1925 年 1 月 16 日　1 册　311 頁

0301　答班延兆先生　開明　1925 年 1 月 4 日　1 册　216 頁

0302　答覆彭基相先生　中華教育改進社　1925 年 12 月 21 日　5 册　412 頁

0303　答開明先生　班延兆　1925 年 1 月 7 日　1 册　240 頁

0304　答彭珍先生　董秋芳　1926 年 4 月 23 日　6 册　615 頁

0305　答汪震先生　楊鴻烈　1925 年 2 月 6 日　1 册　437 頁

0306　答徐志摩先生　陳毅　1926 年 2 月 4 日　6 册　35 頁

0307　答延齡先生　俞平伯　1925 年 1 月 29 日　1 册　367 頁

0308　答曳脛伏園兩先生　孫寶墀　1925 年 8 月 26 日　4 册　214 頁

0309　答疑古玄同先生　黎錦明　1925 年 11 月 27 日　5 册　220 頁

0310　答愚問之一　孫寶墀　1925 年 7 月 12 日　3 册　590 頁

0311　答張崧年先生　西林　1925 年 12 月 15 日　5 册　358 頁

0312　答張崧年先生書　周作人　1925 年 8 月 21 日　4 册　167 頁

0313　答鍾敬文先生　趙景深　1925 年 12 月 9 日　5 册　315 頁

0314　打倒英國強盜　李璞　1925 年 8 月 16 日　4 册　131 頁

0315　打官司是否打得了？　ＳＪ　1925 年 8 月 24 日　4 册　198 頁

0316　打起來不痛苦　劉炳藜　1925 年 11 月 24 日　5 册　198 頁

0317 大蟲不死 豈明 1925 年 12 月 20 日 5 冊 397 頁

0318 大刀燈 墨卿 1926 年 2 月 25 日 6 冊 163 頁

0319 大沽問題與外人報紙 彭基相 1926 年 3 月 20 日 6 冊 357 頁

0320 大畫家 Puvis de Chavannes 維嘉 1925 年 10 月 10 日 4 冊 599 頁

0321 大家都放起風箏來呵 春臺 1926 年 2 月 11 日 6 冊 87 頁

0322 大家庭制度與人生 張潛華 1925 年 2 月 11 日 1 冊 472 頁

0323 大逆之裁判 豈明 1926 年 3 月 7 日 6 冊 249 頁

0324 大氣中的微塵與吾人之關係（一） 李繼宣 1925 年 5 月 6 日 3 冊 48 頁

0325 大氣中的微塵與吾人之關係（二） 李繼宣 1925 年 5 月 7 日 3 冊 55 頁

0326 大暑 聞一多 1925 年 4 月 1 日 2 冊 291 頁

0327 大帥的恩典 李穀詒 1926 年 1 月 30 日 5 冊 704 頁

0328 大屠殺的前夜——並向明星君解釋誤會 陳國華 1926 年 3 月 29 日 6 冊 425 頁

0329 大屠殺後 董秋芳 1926 年 3 月 24 日 6 冊 389 頁

0330 大屠殺後的種種呼聲 基等 1926 年 3 月 27 日 6 冊 416 頁

0331 大屠殺後的種種呼聲（一） 柏等 1926 年 3 月 22 日 6 冊 375 頁

0332 大屠殺後的種種呼聲（二） 馮文炳等 1926 年 3 月 24 日 6 冊 392 頁

0333 大屠殺以後 秋芳 1926 年 3 月 20 日 6 冊 354 頁

0334 大學生心目中的問題 張欽士 1925 年 6 月 1 日 3 冊 265 頁

0335 大學校長問題 龔漱滄 1925 年 5 月 11 日 3 冊 87 頁

0336 大衍發微 魯迅 1926 年 4 月 16 日 6 冊 554 頁

0337 大戰後的新社會（一） 皮爾孫著 楊廉、盧逮曾合譯 1925 年 1 月 6 日 1 冊 228 頁

0338 大戰後的新社會（二） 皮爾孫著 楊廉、盧逮曾合譯 1925 年 1 月 7 日 1 冊 234 頁

0339 大戰爭給與藝術上的影響 魯少飛 1925 年 7 月 18 日 3 冊 632 頁

0340 大戰中之一 童過西 1924 年 12 月 24 日 1 冊 152 頁

0341 代答《必讀書的疑問》 梅羹 1925 年 2 月 20 日 1 冊 541 頁

0342 代代——看燕大男生演《第二夢》後 丙種 1926 年 1 月 13 日 5

　　　　　　册　570 頁

0343　代郵——寄徐志摩先生　豈明　1926 年 2 月 6 日　6 册　49 頁

0344　當校長的不許結婚？　天香　1926 年 2 月 4 日　6 册　34 頁

0345　倒霉的煤　何蔚然　1924 年 12 月 10 日　1 册　47 頁

0346　搗藥（插圖）　1925 年 10 月 2 日　4 册　511 頁

0347　到底是梁啟超聰明些　金秉和　1926 年 4 月 1 日　6 册　455 頁

0348　到底誰死了？　王西徵　1926 年 3 月 26 日　6 册　408 頁

0349　到過臺灣以後　周容　1925 年 12 月 19 日　5 册　389 頁

0350　"到民間去"與"革命文學"　蔣鑑、希生　1925 年 4 月 13 日　2 册　379 頁

0351　到鄉間去　于鎮西　1925 年 10 月 17 日　4 册　654 頁

0352　到自然去　彭基相　1925 年 11 月 3 日　5 册　23 頁

0353　悼范君士榮　天廬　1926 年 3 月 23 日　6 册　379 頁

0354　悼三月十八死難的同胞　吳鏡塵　1926 年 3 月 21 日　6 册　362 頁

0355　悼張夢庚　陳志遠　1926 年 3 月 27 日　6 册　413 頁

0356　道德學中的體制（一）　羅素著　彭基相譯　1925 年 1 月 15 日　1
　　　　　　册　297 頁

0357　道德學中的體制（二）　羅素著　彭基相譯　1925 年 1 月 16 日　1
　　　　　　册　305 頁

0358　道爾頓制的實際工作（一）　柏克赫斯特女士講　競存筆記　1925 年 8 月
　　　　　　5 日　4 册　39 頁

0359　道爾頓制的實際工作（二）　柏克赫斯特女士講　競存筆記　1925 年 8 月
　　　　　　6 日　4 册　47 頁

0360　道爾頓制的原理（一）　柏克赫斯特女士講　柏楮筆記　1925 年 8 月 7
　　　　　　日　4 册　56 頁

0361　道爾頓制的原理（二）　柏克赫斯特女士講　柏楮筆記　1925 年 8 月 8
　　　　　　日　4 册　63 頁

0362　道爾頓制的原理（三）　柏克赫斯特女士講　柏楮筆記　1925 年 8 月 10
　　　　　　日　4 册　79 頁

0363　道爾頓制之心理的根據（一）　柏克赫斯特女士講　歷陽筆記　1925 年 8

月 6 日　4 册　49 頁

0364　道爾頓制之心理的根據（二）　柏克赫斯特女士講　歷陽筆記　1925 年 8 月 7 日　4 册　55 頁

0365　德國的戰事劇　畢樹棠　1925 年 4 月 5 日　2 册　317 頁

0366　登高　墨卿　1925 年 10 月 26 日　4 册　725 頁

0367　等着的夢　尚鉞　1925 年 11 月 1 日　5 册　12 頁

0368　抵家之前（爲"五卅"死者作）　程建磐　1925 年 7 月 18 日　3 册　637 頁

0369　抵制仇貨（獨幕劇）（一）　俠客、漱林　1925 年 6 月 25 日　3 册　459 頁

0370　抵制仇貨（獨幕劇）（二）　俠客、漱林　1925 年 7 月 7 日　3 册　546 頁

0371　抵制仇貨的實施　彭一賓　1925 年 6 月 19 日　3 册　414 頁

0372　地文主義　畢樹棠　1925 年 11 月 22 日　5 册　182 頁

0373　帝國主義與中國　尚素　1925 年 6 月 28 日　3 册　477 頁

0374　第二步戰略　陳忠範　1925 年 7 月 2 日　3 册　515 頁

0375　《第二夢》　孫福熙　1926 年 1 月 9 日　5 册　538 頁

0376　《第二夢》我的批評　楊行翁　1926 年 1 月 14 日　5 册　578 頁

0377　第三文化之建設———段舊感重發　申府　1925 年 6 月 22 日　3 册　434 頁

0378　第一次航空飛行的經歷　楊立賢　1925 年 7 月 16 日　3 册　622 頁

0379　弔雷峰塔　孫福熙　1924 年 12 月 31 日　1 册　200 頁

0380　弔劉楊二女烈士記　董秋芳　1926 年 3 月 26 日　6 册　406 頁

0381　釣魚台　學昭　1925 年 11 月 27 日　5 册　219 頁

0382　訂婚後　藕丹女士　1925 年 7 月 12 日　3 册　587 頁

0383　冬夜　王蓮友　1924 年 12 月 10 日　1 册　49 頁

0384　東扯西拉———凡三則　侯楚　1925 年 10 月 22 日　4 册　694 頁

0385　東三省的前途　李宗武　1926 年 3 月 14 日　6 册　305 頁

0386　動物內動力的研究（一）（美）F. A. Moss 著　林篤信譯　1925 年 4 月 16 日　2 册　397 頁

0387　動物內動力的研究（二）（美）F. A. Moss 著　林篤信譯　1925 年 4 月 17 日　2 册　405 頁

0388　動物內動力的研究（三）　F. A. Moss 著　林篤信譯　1925 年 4 月 18 日　2

册 413 頁

0389 動物內動力的研究（四）（美）F. A. Moss 著 林篤信譯 1925 年 4 月 19 日 2 冊 421 頁

0390 動物內動力的研究（五）（美）F. A. Moss 著 林篤信譯 1925 年 4 月 20 日 2 冊 429 頁

0391 讀《包弗瑞夫人》（一） 張天廬 1926 年 3 月 1 日 6 冊 205 頁

0392 讀《包弗瑞夫人》（二） 張天廬 1926 年 3 月 3 日 6 冊 223 頁

0393 讀《包弗瑞夫人》（三） 張天廬 1926 年 3 月 4 日 6 冊 230 頁

0394 讀《包弗瑞夫人》（四） 張天廬 1926 年 3 月 5 日 6 冊 240 頁

0395 讀《晨報六週增刊》中曹任遠先生的《原子與分子之構成》 泉心 1925 年 3 月 9 日 2 冊 74 頁

0396 讀《隔絕》與《旅行》 萍霞 1924 年 12 月 7 日 1 冊 26 頁

0397 讀《黃狗與青年作者》 米先生 1925 年 7 月 8 日 3 冊 558 頁

0398 讀《嗚呼中國青年》 梅羹 1925 年 3 月 13 日 2 冊 108 頁

0399 讀《蔦蘿集》 萍霞 1924 年 12 月 29 日 1 冊 185 頁

0400 讀《熱風》 伏園 1925 年 11 月 18 日 5 冊 150 頁

0401 讀《生活上的幾項煩惱》 懸瓠 1924 年 12 月 14 日 1 冊 80 頁

0402 讀《聽說商會要皇帝》後 班延兆 1924 年 12 月 30 日 1 冊 194 頁

0403 讀《嗚呼中國的青年》——答梅羹先生 周十力 1925 年 3 月 16 日 2 冊 131 頁

0404 讀《新副刊》 辰夫 1925 年 11 月 8 日 5 冊 70 頁

0405 讀《夜哭》後我所要說的（上） 姜公偉 1925 年 12 月 2 日 5 冊 266 頁

0406 讀《夜哭》後我所要說的（下） 姜公偉 1925 年 12 月 3 日 5 冊 275 頁

0407 讀《醫大風潮與將來的校長》以後 夏士驚 1925 年 11 月 7 日 5 冊 62 頁

0408 讀《玉君》後 培堯 1925 年 3 月 18 日 2 冊 149 頁

0409 讀《玉君》後 圍莊 1925 年 3 月 19 日 2 冊 157 頁

0410 讀《玉君》之後 尚鉞 1925 年 3 月 17 日 2 冊 141 頁

0411 讀法國黎朋著《革命心理》 立達 1926 年 4 月 7 日 6 冊 494 頁

0412 讀風光先生的《楊小樓與醫生》書後 鄧以蟄 1925 年 9 月 25 日 4 冊 458 頁

0413 讀婦女與職業問題 學昭 1925 年 10 月 18 日 4 冊 661 頁

0414 讀過《莽原》 冬芬 1926 年 3 月 6 日 6 冊 246 頁

0415 "讀經問題"（科學的教育家哪裏去了） 劉炳藜 1925 年 11 月 15 日 5 冊 126 頁

0416 "讀經問題" 支單 劉炳藜 1925 年 11 月 26 日 5 冊 212 頁

0417 讀經之將來 問星 1925 年 2 月 14 日 1 冊 493 頁

0418 讀了《白朗寧的〈異域鄉思〉與英詩》後（一） 王宗璠 1925 年 3 月 15 日 2 冊 125 頁

0419 讀了《白朗寧的〈異域鄉思〉與英詩》後（二） 王宗璠 1925 年 3 月 16 日 2 冊 133 頁

0420 讀了《白朗寧的〈異域鄉思〉與英詩》後（三） 王宗璠 1925 年 3 月 17 日 2 冊 138 頁

0421 讀了《南開大學與上海大學》 慕白 1926 年 4 月 17 日 6 冊 567 頁

0422 讀了《新中國的女子》以後 松雪 1926 年 4 月 15 日 6 冊 550 頁

0423 讀了趙奉生的《駁陳黃生的謬論并告愛國青年》之後 安赤生 1925 年 11 月 6 日 5 冊 50 頁

0424 讀曆本 丙丁 1925 年 10 月 13 日 4 冊 622 頁

0425 讀魯迅先生的《忽然想到》 周振禹 1925 年 1 月 21 日 1 冊 352 頁

0426 讀馬寅初博士和佛萊瑟君辯論 彭學沛 1926 年 3 月 9 日 6 冊 267 頁

0427 讀平伯致伏園的通信後 段思召 1925 年 6 月 30 日 3 冊 494 頁

0428 讀琴心女士《明知是……》之後 閭宗臨 1925 年 4 月 14 日 2 冊 388 頁

0429 讀書 胡適講 嘯塵記 1925 年 4 月 18 日 2 冊 414 頁

0430 讀書録 甘蟄仙 1924 年 12 月 5 日 1 冊 9 頁

0431 讀閑話有感 土肥 1925 年 12 月 27 日 5 冊 452 頁

0432 讀語絲《女褲心理的研究》 陳治安 1924 年 12 月 21 日 1 冊 137 頁

0433 賭徒（獨幕劇）（一） （俄）郭歌里著 李秉之譯 1925 年 2 月 7 日 1 冊 444 頁

0434　賭徒（獨幕劇）（二）（俄）郭歌里著　李秉之譯　1925年2月8日　1
　　　册　451頁

0435　賭徒（獨幕劇）（三）（俄）郭歌里著　李秉之譯　1925年2月10日　1
　　　册　465頁

0436　賭徒（獨幕劇）（四）（俄）郭歌里著　李秉之譯　1925年2月11日　1
　　　册　474頁

0437　賭徒（獨幕劇）（五）（俄）郭歌里著　李秉之譯　1925年2月12日　1
　　　册　482頁

0438　賭徒（獨幕劇）（六）（俄）郭歌里著　李秉之譯　1925年2月15日　1
　　　册　499頁

0439　賭徒（獨幕劇）（七）（俄）郭歌里著　李秉之譯　1925年2月17日　1
　　　册　514頁

0440　賭徒（獨幕劇）（八）（俄）郭歌里著　李秉之譯　1925年2月18日　1
　　　册　522頁

0441　賭徒（獨幕劇）（九）（俄）郭歌里著　李秉之譯　1925年2月19日　1
　　　册　532頁

0442　賭徒（獨幕劇）（十）（俄）郭歌里著　李秉之譯　1925年2月20日　1
　　　册　537頁

0443　賭徒（獨幕劇）（十一）（俄）郭歌里著　李秉之譯　1925年2月21
　　　日　1册　547頁

0444　肚餓與老二　桑蒂　1925年8月12日　4册　101頁

0445　《短篇小說三篇》序　欽文　1925年4月26日　2册　482頁

0446　斷簡　魏建功　1924年12月25日　1册　158頁

0447　斷片的回憶（一）　曙天女士　1925年1月4日　1册　213頁

0448　斷片的回憶（二）　曙天女士　1925年1月5日　1册　220頁

0449　斷片的回憶（三）　曙天女士　1925年1月7日　1册　236頁

0450　斷片的回憶（四）　曙天女士　1925年1月8日　1册　243頁

0451　斷片的回憶（五、六）　曙天女士　1925年1月9日　1册　253頁

0452　斷片的回憶（七）　曙天女士　1925年1月12日　1册　275頁

0453　斷片的回憶（八）　曙天女士　1925 年 3 月 30 日　2 册　245 頁

0454　斷片的回憶（九）　曙天女士　1925 年 3 月 31 日　2 册　250 頁

0455　斷片的回憶（十）　曙天女士　1925 年 4 月 7 日　2 册　330 頁

0456　斷片的回憶（十一）　曙天女士　1925 年 4 月 14 日　2 册　385 頁

0457　斷片的回憶（十二）　曙天女士　1925 年 4 月 16 日　2 册　401 頁

0458　斷片的回憶（十三）　曙天女士　1925 年 4 月 20 日　2 册　430 頁

0459　對付英國之我見　許炳漢　1925 年 7 月 7 日　3 册　544 頁

0460　對付英日最當注意的　張敷榮　1925 年 6 月 19 日　3 册　416 頁

0461　對話　于成澤　1926 年 1 月 26 日　5 册　672 頁

0462　對使團六代表之希望　忍　1925 年 6 月 17 日　3 册　395 頁

0463　對於編纂中國行爲論史之意見（一）　王捷三　1925 年 9 月 28 日　4 册　482 頁

0464　對於編纂中國行爲論史之意見（二）　王捷三　1925 年 9 月 29 日　4 册　484 頁

0465　對於編纂中國行爲論史之意見（三）　王捷三　1925 年 9 月 30 日　4 册　493 頁

0466　對於大殘殺的感想　豈明　1926 年 3 月 20 日　6 册　353 頁

0467　對於今年國慶之感想　彭基相　1925 年 10 月 10 日　4 册　581 頁

0468　對於林玉堂先生所選國學必讀書第七種的一點疑問　霽眺　1925 年 2 月 27 日　1 册　597 頁

0469　對於女師大風潮的觀察　無名　1925 年 6 月 5 日　3 册　301 頁

0470　對於日本國民之忠告　張一粟　1925 年 5 月 7 日　3 册　62 頁

0471　對於上海慘事之實際辦法　李蔚潭　1925 年 6 月 16 日　3 册　390 頁

0472　對於上海事件之感言　凱明　1925 年 6 月 20 日　3 册　417 頁

0473　對於新藥的我見　徐益甫　1926 年 1 月 24 日　5 册　653 頁

0474　對於《一個寒假的最好消遣法》的疑點與妄度　江波　1926 年 2 月 8 日　6 册　69 頁

0475　對於徵求性史的憂慮　白蘋　1926 年 3 月 7 日　6 册　255 頁

0476　多餘　海嘯　1925 年 5 月 30 日　3 册　246 頁

E

0477 俄欸與國立九校　馮文炳　1926 年 3 月 24 日　6 冊　391 頁

0478 俄印兩國思潮對於東亞將來的發展之影響之比較的研究（一）　華德教授
講演　簡又文譯述　1925 年 6 月 5 日　3 冊　297 頁

0479 俄印兩國思潮對於東亞將來的發展之影響之比較的研究（二）　華德教授
講演　簡又文譯述　1925 年 7 月 6 日　3 冊　538 頁

0480 俄印兩國思潮對於東亞將來的發展之影響之比較的研究（三）　華德教授
講演　簡又文譯述　1925 年 7 月 9 日　3 冊　559 頁

0481 二百年後的康德（一）　杜威（John Dewey）著　彭基相譯　1925 年 2 月
19 日　1 冊　527 頁

0482 二百年後的康德（二）　杜威（John Dawey）著　彭基相譯　1925 年 2 月
20 日　1 冊　535 頁

0483 二大徵求的疑問　汪震　1925 年 1 月 6 日　1 冊　231 頁

0484 二非佳兆論　疑今　1925 年 4 月 13 日　2 冊　378 頁

0485 二狂人　桑蒂　1925 年 9 月 19 日　4 冊　406 頁

0486 二七慘劇（第一幕）　失名　1926 年 2 月 7 日　6 冊　60 頁

0487 二七慘殺之由來及其價值　孟蘭　1926 年 2 月 7 日　6 冊　56 頁

0488 二七與中國革命運動　從周　1926 年 2 月 7 日　6 冊　59 頁

0489 二嫂　金滿成　1925 年 2 月 21 日　1 冊　549 頁

0490 二閘與公主墳　于成澤　1925 年 12 月 4 日　5 冊　277 頁

0491 二閘與公主墳專號引言　焦菊隱　1925 年 12 月 4 日　5 冊　277 頁

F

0492 發表投票的疑問　高佩琅　1926 年 2 月 6 日　6 冊　54 頁

0493 "發微"與"告密"　林語堂　1926 年 4 月 21 日　6 冊　594 頁

0494 伐木　汪震　1924 年 12 月 5 日　1 冊　10 頁

0495 法國現代的批評家（輯譯）　季志仁　1925 年 11 月 11 日　5 冊　87 頁

0496 法國學院的新會員　孫福熙　1925 年 11 月 24 日　5 冊　198 頁

0497　法國與中國　孫福熙　1926 年 4 月 1 日　6 冊　449 頁

0498　法國最近文壇　金滿成　1925 年 1 月 19 日　1 冊　330 頁

0499　法醫學　周振禹　1925 年 2 月 3 日　1 冊　412 頁

0500　翻譯真難？——略評中譯的《莎樂美》（上）　王宗璠　1925 年 6 月 2
　　　日　3 冊　279 頁

0501　翻譯真難？——略評中譯的《莎樂美》（下）　王宗璠　1925 年 6 月 3
　　　日　3 冊　286 頁

0502　翻譯之難易參半（上）　張乙雍　1925 年 3 月 23 日　2 冊　189 頁

0503　翻譯之難易參半（下）　張乙雍　1925 年 3 月 24 日　2 冊　193 頁

0504　反帝國主義以後　荆有麟　1925 年 6 月 7 日　3 冊　314 頁

0505　反帝國主義與反基督教　蔣曉海　1926 年 1 月 22 日　5 冊　638 頁

0506　反對帝國主義與排外　黃文弼　1925 年 6 月 23 日　3 冊　444 頁

0507　反響之反響和我們應有的覺悟　田倬之　1926 年 1 月 16 日　5 冊　594 頁

0508　反應（一）　長虹　1925 年 10 月 18 日　4 冊　658 頁

0509　反應（二）　長虹　1925 年 10 月 20 日　4 冊　672 頁

0510　反應（三）　長虹　1925 年 10 月 21 日　4 冊　684 頁

0511　反應（四）　長虹　1925 年 10 月 24 日　4 冊　707 頁

0512　反應（五）　長虹　1925 年 11 月 2 日　5 冊　16 頁

0513　反應（六）　長虹　1925 年 11 月 3 日　5 冊　25 頁

0514　飯後的感想　恨吾　1925 年 9 月 20 日　4 冊　414 頁

0515　芳春　湯鍾瑤　1925 年 2 月 3 日　1 冊　410 頁

0516　防川　彭基相　1926 年 3 月 23 日　6 冊　380 頁

0517　訪問雜記　學昭　1925 年 8 月 25 日　4 冊　203 頁

0518　放下刀槍　張文蔚　1925 年 11 月 30 日　5 冊　246 頁

0519　非邏輯　衣錦　1925 年 4 月 11 日　2 冊　360 頁

0520　非宗教運動　巳驚　1925 年 4 月 2 日　2 冊　297 頁

0521　飛機……炸彈　祖仁　1926 年 4 月 7 日　6 冊　496 頁

0522　飛機和炸彈的常識談　毛士賢　1926 年 4 月 16 日　6 冊　553 頁

0523　飛來峰——譯泰戈爾在杭州講演原稿　（印度）泰戈爾講　徐志摩

譯　1925 年 3 月 1 日　2 冊　7 頁

0524　"飛向江南去"　王蓮友　1926 年 2 月 27 日　6 冊　179 頁

0525　沸騰　長虹　1925 年 5 月 28 日　3 冊　226 頁

0526　焚燒劣貨和抵制劣貨　吳克禮　1925 年 7 月 26 日　3 冊　699 頁

0527　風達勒的遮光帽　法郎士著　金滿成譯　1925 年 5 月 3 日　3 冊　27 頁

0528　風紀之柔脆　一擒　1925 年 4 月 7 日　2 冊　330 頁

0529　風俗史的研究與古美術品的關係　（日）大村西崖　1925 年 2 月 1 日　1 冊　391 頁

0530　風影與夢囈（一）　唐勞　1926 年 4 月 22 日　6 冊　601 頁

0531　風影與夢囈（二）　唐勞　1926 年 4 月 23 日　6 冊　610 頁

0532　風雨中的遭遇　吳鏡堂　1924 年 12 月 11 日　1 冊　55 頁

0533　瘋人的詩　劉復　1926 年 3 月 5 日　6 冊　233 頁

0534　"奉呈失戀與被愛的人們"　寶賢　1925 年 12 月 24 日　5 冊　433 頁

0535　佛典之構成　仲儒　1925 年 8 月 14 日　4 冊　112 頁

0536　佛典之流傳　仲儒　1925 年 8 月 20 日　4 冊　159 頁

0537　佛瑟爾大老爺　孫福熙　1926 年 2 月 1 日　6 冊　7 頁

0538　扶醋瓶　孫福熙　1925 年 12 月 5 日　5 冊　287 頁

0539　扶助農民合作和反抗惡勢力的壓迫爲我們的重大使命——爲農大學生會成立紀念作　田倬之　1925 年 12 月 16 日　5 冊　365 頁

0540　《父親的歸來》與《父之回家》　許子　1925 年 1 月 21 日　1 冊　350 頁

0541　赴女子兩級中學週年同樂會記　蹇先艾　1925 年 11 月 27 日　5 冊　221 頁

0542　婦女與勞動　（南非）須萊納爾著　天廬譯述　1925 年 6 月 3 日　3 冊　281 頁

0543　婦女與新道德（上）　Beatrice M. Hinkle 著　余岱東譯　1925 年 4 月 15 日　2 冊　389 頁

0544　婦女與新道德（下）　Beatrice M. Hinkle 著　余岱東譯　1925 年 4 月 17 日　2 冊　407 頁

0545　婦女之健康——醫學上幾個重要問題　李破曼　1925 年 10 月 24 日　4 冊　705 頁

0546　復古和復辟　潘瀛江　1925 年 9 月 5 日　4 册　298 頁

0547　復辟　黎錦明　1925 年 8 月 22 日　4 册　176 頁

0548　賦得國慶（一）　疑古玄同　1925 年 10 月 10 日　4 册　568 頁

0549　賦得國慶（二）　康龍　1925 年 10 月 10 日　4 册　606 頁

0550　賦得幾分之幾　疑古玄同　1925 年 12 月 5 日　5 册　285 頁

0551　覆包珂的一封信　無偏　1925 年 5 月 22 日　3 册　182 頁

G

0552　改變我們的戰略，先打文妖　張效良　1926 年 4 月 12 日　6 册　527 頁

0553　改革國民性與救國　有麟　1925 年 12 月 13 日　5 册　343 頁

0554　改進平民中學的計畫——二月一日在平民中學講演（上）　張雲濤　1926
年 2 月 9 日　6 册　76 頁

0555　改進平民中學的計畫（下）　張雲濤　1926 年 2 月 11 日　6 册　90 頁

0556　改良公園中所用的肥料　李駒　1926 年 4 月 14 日　6 册　537 頁

0557　改名的通信　開明　1925 年 1 月 17 日　1 册　320 頁

0558　“改名的通信”　霽眺　1925 年 1 月 21 日　1 册　351 頁

0559　甘地　華德教授講　蕭下譯　1925 年 7 月 16 日　3 册　615 頁

0560　甘地　屠哲隱　1925 年 5 月 15 日　3 册　123 頁

0561　甘人先生的態度　章質夫　1925 年 5 月 20 日　3 册　165 頁

0562　甘願亡國滅種之梁啟超、顧維鈞等的宣言　戴電原　1925 年 6 月 25 日　3
册　461 頁

0563　感到痛苦而說的幾句公開話　黎錦明　1925 年 9 月 30 日　4 册　498 頁

0564　感染腸傷寒之經過　余幼塵　1925 年 6 月 27 日　3 册　470 頁

0565　感想斷片　彭學沛　1926 年 2 月 19 日　6 册　113 頁

0566　感想斷片——德國經濟學界近況　彭學沛　1926 年 2 月 25 日　6 册　159 頁

0567　感想斷片——詩人歌德的軼談，中國的螺旋進化　彭學沛　1926 年 3 月 8
日　6 册　263 頁

0568　鋼琴之變　宇文丙　1926 年 1 月 21 日　5 册　633 頁

0569　高舉　波特萊耳著　伏睡譯　1926 年 1 月 22 日　5 册　642 頁

0570 高尚生活 （荷）Multatuli 著　魯迅譯　1924 年 12 月 7 日　1 冊　23 頁

0571 告國人　痛　1925 年 6 月 12 日　3 冊　357 頁

0572 告今日中國之青年　華魂　1925 年 9 月 13 日　4 冊　359 頁

0573 告全國智識階級　張蔭麟　1925 年 6 月 9 日　3 冊　330 頁

0574 告辛丑條約關係各國　李宗武　1926 年 3 月 19 日　6 冊　345 頁

0575 哥哥（一）　曲廣均　1926 年 3 月 16 日　6 冊　326 頁

0576 哥哥（二）　曲廣均　1926 年 3 月 17 日　6 冊　334 頁

0577 哥哥（三）　曲廣均　1926 年 3 月 18 日　6 冊　340 頁

0578 哥哥（四）　曲廣均　1926 年 3 月 19 日　6 冊　347 頁

0579 哥哥（五）　曲廣均　1926 年 3 月 26 日　6 冊　405 頁

0580 哥哥（六）　曲廣均　1926 年 3 月 27 日　6 冊　415 頁

0581 革命的基督教（一）　華德教授講演　簡又文譯述　1925 年 7 月 1 日　3
冊　507 頁

0582 革命的基督教（二）　華德教授講演　簡又文譯述　1925 年 7 月 18 日　3
冊　631 頁

0583 革命的基督教（三）　華德教授講演　簡又文譯述　1925 年 7 月 20 日　3
冊　648 頁

0584 革命的基督教（四）　華德教授講演　簡又文譯述　1925 年 7 月 21 日　3
冊　655 頁

0585 革命的基督教（五）　華德教授講演　簡又文譯述　1925 年 7 月 24 日　3
冊　679 頁

0586 革命化的歌舞劇　畢樹棠　1925 年 3 月 2 日　2 冊　15 頁

0587 革命戰線上的落伍者　江頤　1926 年 3 月 20 日　6 冊　358 頁

0588 格林童話選：白雪與紅玫瑰　宗璠　1925 年 12 月 20 日　5 冊　402 頁

0589 隔絕　天心　1925 年 1 月 12 日　1 冊　278 頁

0590 個人的幽默　毛從周　1925 年 9 月 2 日　4 冊　271 頁

0591 給 LN 君　魯彥　1925 年 6 月 1 日　3 冊　267 頁

0592 給陳通伯先生的一封信　馮文炳　1926 年 2 月 2 日　6 冊　17 頁

0593 給創作家們底一個建議　隨衣　1925 年 4 月 11 日　2 冊　361 頁

0594 給讀者 波特萊爾作 伏睡譯 1925 年 12 月 16 日 5 冊 372 頁

0595 給教育總次長的信 張一麐 1925 年 3 月 11 日 2 冊 88 頁

0596 給荊有麟先生的一封信 張子嘉 1925 年 12 月 21 日 5 冊 412 頁

0597 給菊妹 羅學濂 1925 年 2 月 4 日 1 冊 420 頁

0598 給黎錦明先生的信 疑古玄同 1925 年 11 月 23 日 5 冊 184 頁

0599 給豈明先生的信 馮文炳 1926 年 4 月 1 日 6 冊 456 頁

0600 給青年文學家的商量話 波特萊爾著 伏寐譯 1925 年 11 月 12 日 5 冊 95 頁

0601 給同胞 柴門霍甫著 荊有麟譯 1924 年 12 月 15 日 1 冊 87 頁

0602 給西瀅先生的一封信——爲楊德群女士辯誣 雷瑜等 1926 年 4 月 4 日 6 冊 479 頁

0603 給俞平伯先生的一封信 延齡 1925 年 1 月 22 日 1 冊 358 頁

0604 給中華教育改進社一封公開的信 彭基相 1925 年 12 月 16 日 5 冊 366 頁

0605 給周十力先生的信 梅羹 1925 年 3 月 24 日 2 冊 198 頁

0606 根本抵制之客談 無悔 1925 年 7 月 19 日 3 冊 641 頁

0607 根本取消辛丑條約 伏園 1926 年 3 月 20 日 6 冊 353 頁

0608 工業化學家論（上）（美）摩耳著 俞宗杰譯 1925 年 11 月 29 日 5 冊 231 頁

0609 工業化學家論（下）（美）摩耳著 俞宗杰譯 1925 年 11 月 30 日 5 冊 239 頁

0610 工業主義的倫理（第一講）——從工業主義發生的問題（一） 華德講 簡又文譯述 1925 年 3 月 6 日 2 冊 47 頁

0611 工業主義的倫理（第一講）——從工業主義發生的問題（二） 華德講 簡又文譯述 1925 年 3 月 8 日 2 冊 63 頁

0612 工業主義的倫理（第二講）——資本主義能否給一個解決的方法（一） 華德講 簡又文譯述 1925 年 3 月 10 日 2 冊 79 頁

0613 工業主義的倫理（第二講）——資本主義能否給一個解決的方法（二） 華德講 簡又文譯述 1925 年 3 月 12 日 2 冊 95 頁

0614　工業主義的倫理（第二講）——資本主義能否給一個解決的方法（三）　華德講　簡又文譯述　1925 年 3 月 14 日　2 冊　111 頁

0615　工業主義的倫理（第三講）——從社會主義可以期望得些甚麼（一）　華德講　簡又文譯述　1925 年 3 月 15 日　2 冊　119 頁

0616　工業主義的倫理（第三講）——從社會主義可以期望得些甚麼（二）　華德講　簡又文譯述　1925 年 3 月 16 日　2 冊　127 頁

0617　工業主義的倫理（第三講）——從社會主義可以期望得些甚麼（三）　華德講　簡又文譯述　1925 年 3 月 17 日　2 冊　135 頁

0618　工業主義的倫理（第四講）——科學有甚麼貢獻？（一）　華德講　簡又文譯述　1925 年 3 月 18 日　2 冊　143 頁

0619　工業主義的倫理（第四講）——科學有甚麼貢獻？（二）　華德講　簡又文譯述　1925 年 3 月 19 日　2 冊　151 頁

0620　工業主義的倫理（第四講）——科學有甚麼貢獻？（三）　華德講　簡又文譯述　1925 年 3 月 20 日　2 冊　159 頁

0621　工業主義的倫理（第四講）——科學有甚麼貢獻？（四）　華德講　簡又文譯述　1925 年 3 月 21 日　2 冊　167 頁

0622　工業主義的倫理（第五講）——經濟的定命論抑或道德的制治（一）　華德講　簡又文譯述　1925 年 3 月 27 日　2 冊　215 頁

0623　工業主義的倫理（第五講）——經濟的定命論抑或道德的制治（二）　華德講　簡又文譯述　1925 年 3 月 29 日　2 冊　231 頁

0624　工業主義的倫理（第五講）——經濟的定命論抑或道德的制治（三）　華德講　簡又文譯述　1925 年 3 月 30 日　2 冊　239 頁

0625　工業主義的倫理（第六講）——倫理的工業主義之條件（一）　華德講　簡又文譯述 1925 年 4 月 2 日　2 冊　293 頁

0626　工業主義的倫理（第六講）——倫理的工業主義之條件（二）　華德講　簡又文譯述　1925 年 4 月 3 日　2 冊　301 頁

0627　工業主義的倫理（第六講）——倫理的工業主義之條件（三）　華德講　簡又文譯述　1925 年 4 月 4 日　2 冊　309 頁

0628　公憤與私仇　秦齋　1926 年 3 月 29 日　6 冊　428 頁

0629 公府裏面只有一個曹錕的嗎？ 柏生 1924 年 12 月 10 日 1 冊 49 頁

0630 "公理" 馮文炳 1925 年 12 月 31 日 5 冊 484 頁

0631 公理戰勝了麼？ 伏園 1925 年 11 月 11 日 5 冊 94 頁

0632 公主墳的幸運 姜公偉 1925 年 12 月 4 日 5 冊 281 頁

0633 公主墳畔 于賡虞 1925 年 12 月 4 日 5 冊 282 頁

0634 恭祝法蘭西的國慶 孫福熙 1925 年 7 月 14 日 3 冊 599 頁

0635 狗記者 馮文炳 1926 年 3 月 21 日 6 冊 367 頁

0636 孤島上的于哥住屋 孫福熙 1925 年 8 月 12 日 4 冊 97 頁

0637 孤桐先生之權威 大枋 1925 年 8 月 18 日 4 冊 150 頁

0638 古廟雜談（一） 衣萍 1925 年 3 月 10 日 2 冊 81 頁

0639 古廟雜談（二） 衣萍 1925 年 3 月 13 日 2 冊 107 頁

0640 古廟雜談（三） 衣萍 1925 年 3 月 22 日 2 冊 181 頁

0641 古廟雜談（四） 衣萍 1925 年 3 月 26 日 2 冊 209 頁

0642 古廟雜談（五） 衣萍 1925 年 3 月 31 日 2 冊 251 頁

0643 古書可讀否的問題 易金 1925 年 4 月 5 日 2 冊 320 頁

0644 古音學上的大辯論——《歌戈魚虞模古讀考》引起的問題（一） 魏建
功 1926 年 3 月 1 日 6 冊 201 頁

0645 古音學上的大辯論——《歌戈魚虞模古讀考》引起的問題（二） 魏建
功 1926 年 3 月 2 日 6 冊 211 頁

0646 古音學上的大辯論——《歌戈魚虞模古讀考》引起的問題（三） 魏建
功 1926 年 3 月 3 日 6 冊 220 頁

0647 古音學上的大辯論——《歌戈魚虞模古讀考》引起的問題（四） 魏建
功 1926 年 3 月 8 日 6 冊 258 頁

0648 故宮博物院 孫福熙 1925 年 10 月 12 日 4 冊 613 頁

0649 故宮博物院正門（插圖） 1925 年 11 月 5 日 5 冊 41 頁

0650 故宮雜記（一） 莊尚嚴 1925 年 3 月 5 日 2 冊 41 頁

0651 故宮雜記（二） 莊尚嚴 1925 年 3 月 12 日 2 冊 98 頁

0652 故宮雜記（三） 莊嚴 1925 年 4 月 17 日 2 冊 411 頁

0653 故宮雜記（四） 莊嚴 1925 年 4 月 24 日 2 冊 463 頁

0654　故宮雜記（五）　莊嚴　1925 年 4 月 28 日　2 冊　495 頁

0655　故宮雜記（六）　莊嚴　1925 年 4 月 29 日　2 冊　501 頁

0656　故宮雜記（七）　莊嚴　1925 年 4 月 30 日　2 冊　509 頁

0657　故鄉——　胡其清　1925 年 10 月 6 日　4 冊　540 頁

0658　故鄉的印象（上）　胡自桂　1925 年 11 月 2 日　5 冊　19 頁

0659　故鄉的印象（下）　胡自桂　1925 年 11 月 3 日　5 冊　24 頁

0660　顧頡剛啟事　1925 年 7 月 17 日　3 冊　630 頁

0661　掛號信的運命　培良　1924 年 12 月 19 日　1 冊　120 頁

0662　怪哉梁啟超　張榮福　1925 年 6 月 20 日　3 冊　419 頁

0663　怪哉所謂非共產份子的國民黨　光照　1925 年 9 月 4 日　4 冊　290 頁

0664　“怪字”　喬迺　1925 年 4 月 10 日　2 冊　356 頁

0665　官歟——共產黨歟——吳稚暉歟　稚暉　1925 年 12 月 1 日　5 冊　253 頁

0666　關稅自主”和“軍閥”　吳承宣　1925 年 10 月 27 日　4 冊　733 頁

0667　關稅自主與中國存亡　牛淼泉　1925 年 11 月 4 日　5 冊　38 頁

0668　關稅自主與中國民族解放運動　陳啟修先生講演　馬志振筆記　1925 年
11 月 6 日　5 冊　47 頁

0669　關於“半臂”的答覆　陳成　1925 年 5 月 17 日　3 冊　142 頁

0670　關於“鬆袴帶”的話　黎錦明　1926 年 2 月 6 日　6 冊　53 頁

0671　關於“咬文嚼字”　仲潛　1925 年 1 月 18 日　1 冊　326 頁

0672　關於“仲伙”　吳承仕　1925 年 7 月 25 日　3 冊　694 頁

0673　關於《父親的歸來》　歐陽蘭　1925 年 1 月 22 日　1 冊　359 頁

0674　關於《父親的歸來》——答許子先生　甘人　1925 年 1 月 31 日　1
冊　383 頁

0675　關於《紅樓夢》——答王南嶽君　俞平伯　1925 年 1 月 20 日　1 冊　339 頁

0676　關於《京副》的幾句話　吳聯棟　1924 年 12 月 21 日　1 冊　138 頁

0677　關於《苦悶的象徵》　王鑄、魯迅　1925 年 1 月 13 日　1 冊　287 頁

0678　關於《希臘的藝術觀》的更正　基相　1925 年 5 月 21 日　3 冊　174 頁

0679　關於《現代評論》被扣的話　王鑄　1925 年 5 月 2 日　3 冊　22 頁

0680　關於《摯友》　辰夫　1925 年 12 月 21 日　5 冊　408 頁

0681 關於道爾頓制創始者柏克赫司特女士來華的幾封信　舒新城、柏克赫司特　1925 年 3 月 25 日　2 冊　199 頁

0682 關於二大徵求的來信　尚惜凡　1925 年 1 月 8 日　1 冊　248 頁

0683 關於二大徵求的一小請求　朱大枏　1925 年 2 月 20 日　1 冊　540 頁

0684 關於滬案的幾條意見　孫景章　1925 年 6 月 25 日　3 冊　457 頁

0685 關於進香口號　白滌洲　1925 年 8 月 29 日　4 冊　238 頁

0686 關於妙峰山研究的通信三封　顧頡剛　1925 年 9 月 2 日　4 冊　273 頁

0687 關於妙峰研究的通信二則　邢墨卿　1925 年 9 月 8 日　4 冊　322 頁

0688 關於駢文的通信　豈明　1926 年 1 月 17 日　5 冊　599 頁

0689 關於清室事件　承仕　1925 年 8 月 7 日　4 冊　60 頁

0690 關於清室事件　章炳麟　1925 年 8 月 20 日　4 冊　164 頁

0691 關於思想革命的一封信　彭珍　1926 年 4 月 23 日　6 冊　613 頁

0692 關於徐伯蓀先生的兄弟們　王耘莊　1926 年 3 月 21 日　6 冊　367 頁

0693 關羽與財神　長虹　1925 年 4 月 21 日　2 冊　444 頁

0694 觀《不忠實的愛情》以後　一飛　1926 年 1 月 5 日　5 冊　506 頁

0695 觀《酒後》與《一隻馬蜂》　蕭然　1925 年 3 月 25 日　2 冊　204 頁

0696 觀畫小記　張鳴琦　1926 年 3 月 7 日　6 冊　253 頁

0697 觀平大的兩劇　ＫＹ　1926 年 1 月 17 日　5 冊　601 頁

0698 觀照享樂的生活（一）（日）廚川白村著　魯迅譯　1924 年 12 月 9 日　1 冊　35 頁

0699 觀照享樂的生活（二）（日）廚川白村著　魯迅譯　1924 年 12 月 10 日　1 冊　44 頁

0700 觀照享樂的生活（三）（日）廚川白村著　魯迅譯　1924 年 12 月 11 日　1 冊　51 頁

0701 觀照享樂的生活（四）（日）廚川白村著　魯迅譯　1924 年 12 月 12 日　1 冊　60 頁

0702 觀照享樂的生活（五）（日）廚川白村著　魯迅譯　1924 年 12 月 13 日　1 冊　69 頁

0703 光榮之路：羅丹的《美術》代序　韓敖　1926 年 1 月 27 日　5 冊　679 頁

0704 光社的展覽會 壽明齋 1925 年 10 月 4 日 4 冊 526 頁

0705 廣說轉——仿"後甲寅"調 稚暉 1925 年 9 月 7 日 4 冊 307 頁

0706 廣義的打虎 招勉之 1925 年 9 月 29 日 4 冊 489 頁

0707 逛廠甸 焦菊隱 1926 年 2 月 18 日 6 冊 110 頁

0708 龜蛇盤旋的頭腦 龔珏 1925 年 2 月 16 日 1 冊 507 頁

0709 歸航（一） 春臺 1925 年 8 月 18 日 4 冊 144 頁

0710 歸航（二） 春臺 1925 年 8 月 19 日 4 冊 156 頁

0711 歸航（三） 春臺 1925 年 8 月 20 日 4 冊 160 頁

0712 歸航（四） 春臺 1925 年 8 月 28 日 4 冊 226 頁

0713 歸航（五） 春臺 1925 年 8 月 29 日 4 冊 232 頁

0714 歸航（六） 春臺 1925 年 8 月 31 日 4 冊 251 頁

0715 歸航（七） 春臺 1925 年 9 月 1 日 4 冊 261 頁

0716 歸航（八） 春臺 1925 年 9 月 2 日 4 冊 268 頁

0717 歸航（九） 春臺 1925 年 9 月 3 日 4 冊 277 頁

0718 歸航（十） 春臺 1925 年 9 月 4 日 4 冊 286 頁

0719 歸航（十一） 春臺 1925 年 9 月 5 日 4 冊 293 頁

0720 歸航（十二） 春臺 1925 年 9 月 7 日 4 冊 312 頁

0721 歸航（十三） 春臺 1925 年 9 月 8 日 4 冊 319 頁

0722 歸航（十四） 春臺 1925 年 9 月 10 日 4 冊 336 頁

0723 歸航（十五）（上） 春臺 1925 年 9 月 11 日 4 冊 342 頁

0724 歸航（十五）（下） 春臺 1925 年 9 月 12 日 4 冊 350 頁

0725 歸航（十六）（上） 春臺 1925 年 9 月 14 日 4 冊 366 頁

0726 歸航（十六）（下） 春臺 1925 年 9 月 15 日 4 冊 375 頁

0727 歸航（十七） 春臺 1925 年 9 月 16 日 4 冊 382 頁

0728 歸航（十八） 春臺 1925 年 9 月 17 日 4 冊 390 頁

0729 歸航（十九） 春臺 1925 年 9 月 18 日 4 冊 398 頁

0730 歸航（二十）（上） 春臺 1925 年 9 月 19 日 4 冊 407 頁

0731 歸航（二十）（下） 春臺 1925 年 9 月 21 日 4 冊 424 頁

0732 歸航（二十一） 春臺 1925 年 9 月 22 日 4 冊 429 頁

0733 歸航（二十二）（上） 春臺 1925 年 9 月 23 日 4 册 439 頁

0734 歸航（二十二）（中） 春臺 1925 年 9 月 24 日 4 册 448 頁

0735 歸航（二十二）（下） 春臺 1925 年 9 月 25 日 4 册 452 頁

0736 歸航（二十三） 春臺 1925 年 9 月 26 日 4 册 460 頁

0737 歸航（二十四） 春臺 1925 年 9 月 28 日 4 册 478 頁

0738 歸航（二十五） 春臺 1925 年 9 月 29 日 4 册 485 頁

0739 歸航（二十六） 春臺 1925 年 9 月 30 日 4 册 496 頁

0740 歸航（二十七） 春臺 1925 年 10 月 14 日 4 册 629 頁

0741 歸航（二十八） 春臺 1925 年 10 月 15 日 4 册 637 頁

0742 歸航（二十九） 春臺 1925 年 10 月 16 日 4 册 644 頁

0743 歸航（三十） 春臺 1925 年 10 月 17 日 4 册 649 頁

0744 歸航（三十一） 春臺 1925 年 10 月 18 日 4 册 659 頁

0745 歸航（三十二） 春臺 1925 年 10 月 19 日 4 册 667 頁

0746 歸航（三十三） 春臺 1925 年 10 月 20 日 4 册 673 頁

0747 歸航（三十四） 春臺 1925 年 10 月 21 日 4 册 685 頁

0748 歸航（三十五） 春臺 1925 年 10 月 22 日 4 册 690 頁

0749 歸航（三十六） 春臺 1925 年 10 月 31 日 4 册 761 頁

0750 歸家 滄波 1925 年 11 月 13 日 5 册 107 頁

0751 歸思 綠藻 1925 年 10 月 26 日 4 册 723 頁

0752 鬼（一） 龔珏 1925 年 3 月 26 日 2 册 210 頁

0753 鬼（二） 龔珏 1925 年 3 月 27 日 2 册 219 頁

0754 鬼（三） 龔珏 1925 年 3 月 29 日 2 册 234 頁

0755 國恥紀念日 伍誠周 1925 年 5 月 14 日 3 册 116 頁

0756 國魂的性的問題 夏葵如 1926 年 1 月 15 日 5 册 584 頁

0757 國際婦女節論中國婦女 學昭 1926 年 3 月 8 日 6 册 257 頁

0758 國際工人後援會爲滬案向中國國民的宣言 尚素譯 1925 年 6 月 23 日 3 册 445 頁

0759 國際侵略者的危機 羅懋德 1925 年 6 月 17 日 3 册 399 頁

0760 國家主義的教育與中國（一） 衛士生 1925 年 5 月 17 日 3 册 136 頁

0761 國家主義的教育與中國（二） 衛士生 1925 年 5 月 18 日 3 冊 145 頁

0762 國家主義的教育與中國（三） 衛士生 1925 年 5 月 19 日 3 冊 152 頁

0763 國家主義的教育與中國（四） 衛士生 1925 年 5 月 20 日 3 冊 161 頁

0764 國家主義觀（一） 曾曉淵 1925 年 8 月 25 日 4 冊 199 頁

0765 國家主義觀（二） 曾曉淵 1925 年 8 月 26 日 4 冊 207 頁

0766 國家主義觀（三） 曾曉淵 1925 年 8 月 29 日 4 冊 231 頁

0767 國家主義與三民主義 素石 1925 年 8 月 23 日 4 冊 186 頁

0768 國坑裏的國慶 健攻 1925 年 10 月 10 日 4 冊 602 頁

0769 國立編譯館投考記 伯山 1925 年 10 月 28 日 4 冊 740 頁

0770 國民黨的不澈底 假紳 1925 年 12 月 23 日 5 冊 426 頁

0771 國民黨自己覺悟! 裴文中 1925 年 7 月 7 日 3 冊 545 頁

0772 國民對於關稅會議應注意之要點 馬寅初講 馬志振記 1925 年 11 月 13 日 5 冊 104 頁

0773 國民還不起來嚴重督責政府辦外交嗎? 王施眞 1925 年 7 月 5 日 3 冊 528 頁

0774 國民會議 （俄）克里諾夫著 林聲譯 1925 年 1 月 29 日 1 冊 367 頁

0775 國民外交芻言 周倫超 1925 年 8 月 23 日 4 冊 183 頁

0776 國民應有之覺悟 慘 1925 年 6 月 8 日 3 冊 324 頁

0777 國慶日的吉祥話 毋忘 1925 年 10 月 10 日 4 冊 578 頁

0778 國慶日的娛樂 余上沅 1925 年 10 月 10 日 4 冊 579 頁

0779 國外宣傳之重要 胡勤業 1925 年 6 月 18 日 3 冊 406 頁

0780 國語文學談 周作人 1926 年 1 月 24 日 5 冊 651 頁

0781 過去的人 學昭 1925 年 7 月 27 日 3 冊 708 頁

H

0782 哈爾濱記遊 黃耀五 1925 年 9 月 16 日 4 冊 383 頁

0783 哈曼·亨特評傳（一） Mary E. Coleridge 著 李朴園譯 1926 年 1 月 20 日 5 冊 620 頁

0784 哈曼·亨特評傳（二） Mary E. Coleridge 著 李朴園譯 1926 年 1 月 21

日 5 册 628 頁

0785 哈曼·亨特評傳（三） Mary E. Coleridge 著 李朴園譯 1926 年 1 月 27
日 5 册 681 頁

0786 "咳，這眞是無聊！" 琴心 1925 年 2 月 19 日 1 册 533 頁

0787 海的來臨 （愛爾蘭）唐珊南著 焦菊隱譯 1924 年 12 月 30 日 1
册 191 頁

0788 海關上的西人 LM 1925 年 8 月 2 日 4 册 21 頁

0789 "海枯石爛終不相忘" 天心 1925 年 4 月 10 日 2 册 353 頁

0790 海燕和崖石 健君 1926 年 2 月 27 日 6 册 179 頁

0791 函數式的中國婦女 李繼宣 1925 年 4 月 29 日 2 册 508 頁

0792 寒假 聖麟 1925 年 2 月 24 日 1 册 572 頁

0793 寒山 學昭 1925 年 12 月 20 日 5 册 400 頁

0794 寒夜 陶世璠 1926 年 1 月 17 日 5 册 598 頁

0795 韓德先生的講演 伏園 1926 年 1 月 4 日 5 册 498 頁

0796 航空談片 毛麟閣 1924 年 12 月 7 日 1 册 25 頁

0797 呵一年了！ 孫福熙 1925 年 12 月 31 日 5 册 478 頁

0798 喝白水 黎錦明 1925 年 9 月 3 日 4 册 280 頁

0799 喝酒罷！ 野火 1925 年 10 月 13 日 4 册 619 頁

0800 合併女大呈文 宇文丙 1926 年 1 月 24 日 5 册 657 頁

0801 合併女師大女大改組國立北京女子大學議案 宇文丙 1926 年 2 月 19
日 6 册 116 頁

0802 何必煩惱? 唐光宙 1924 年 12 月 14 日 1 册 81 頁

0803 和"大考據"先生談"半臂" 孫景章 1925 年 5 月 6 日 3 册 52 頁

0804 和平公園還欠和平 銀十七 1926 年 3 月 10 日 6 册 279 頁

0805 "和平門"怎樣了 柏生 1924 年 12 月 13 日 1 册 74 頁

0806 和平門再提議 伏園 1925 年 12 月 3 日 5 册 269 頁

0807 和平園欽成記 稚暉 1925 年 12 月 3 日 5 册 269 頁

0808 和尚 青雨 1925 年 11 月 29 日 5 册 233 頁

0809 荷耳博士在教育上的貢獻（一） 波爾罕著 楊廉譯 1924 年 12 月 30

日　1 册　187 頁

0810　荷耳博士在教育上的貢獻（二）　波爾罕著　楊廉譯　1924 年 12 月 31
日　1 册　195 頁

0811　黑暗勢力之衝破　華魂　1925 年 9 月 6 日　4 册　299 頁

0812　洪水復活宣言　1925 年 9 月 14 日　4 册　370 頁

0813　猴子阿三　欽文　1925 年 4 月 5 日　2 册　318 頁

0814　忽然想到（一）　魯迅　1925 年 1 月 17 日　1 册　320 頁

0815　忽然想到（二）　魯迅　1925 年 1 月 20 日　1 册　344 頁

0816　忽然想到（三）　魯迅　1925 年 2 月 14 日　1 册　494 頁

0817　忽然想到（四）　魯迅　1925 年 2 月 20 日　1 册　538 頁

0818　忽然想到（五）　魯迅　1925 年 4 月 18 日　2 册　416 頁

0819　忽然想到（六）　魯迅　1925 年 4 月 22 日　2 册　451 頁

0820　忽然想到（七）　魯迅　1925 年 5 月 12 日　3 册　102 頁

0821　忽然想到（八）　魯迅　1925 年 5 月 18 日　3 册　150 頁

0822　忽然想到（九）　魯迅　1925 年 5 月 19 日　3 册　158 頁

0823　“狐假虎威”　來蘇　1925 年 2 月 17 日　1 册　517 頁

0824　胡敦復與女師大　東禪　1925 年 9 月 8 日　4 册　322 頁

0825　胡適論書後　節日　1925 年 7 月 3 日　3 册　519 頁

0826　湖水的哀訴　宏斯民　1926 年 4 月 12 日　6 册　525 頁

0827　蝴蝶窠　欽文　1925 年 5 月 30 日　3 册　243 頁

0828　虎之自縛　汪震　1925 年 8 月 28 日　4 册　229 頁

0829　互惠條約也是日人的把戲　田連渠　1926 年 3 月 9 日　6 册　270 頁

0830　滬案的根本解決　普文　1925 年 6 月 16 日　3 册　385 頁

0831　滬案感言　李振時　1925 年 6 月 18 日　3 册　407 頁

0832　滬案聲中之我見　趙奇　1925 年 6 月 29 日　3 册　486 頁

0833　滬案談判之程序及其應提之條件的商榷　張榮福　1925 年 6 月 30 日　3
册　489 頁

0834　滬漢事變之交涉方法　戴修駿　1925 年 7 月 1 日　3 册　503 頁

0835　花叢（攝影）　1925 年 12 月 30 日　5 册　470 頁

0836　花會（上）　墨卿　1926年1月9日　5册　534頁

0837　花會（下）　墨卿　1926年1月10日　5册　542頁

0838　花園之外　長虹　1925年3月8日　2册　66頁

0839　華北大學之宣戰　周作人　1925年12月12日　5册　337頁

0840　"華北大學之宣戰"　董秋芳　1925年12月14日　5册　351頁

0841　華僑在美國之悲哀　龍冠海　1925年12月7日　5册　293頁

0842　華盛頓的誕辰——民治主義的精神（一）（美）舒爾曼講　錢星海
　　　譯　1925年4月7日　2册　325頁

0843　華盛頓的誕辰——民治主義的精神（二）（美）舒爾曼講　錢星海
　　　譯　1925年4月8日　2册　333頁

0844　華真與本能　慕陽　1926年1月20日　5册　622頁

0845　化學與人生（一）　羅登義　1925年9月18日　4册　395頁

0846　化學與人生（二）　羅登義　1925年9月19日　4册　403頁

0847　化學與人生（三）　羅登義　1925年9月21日　4册　419頁

0848　化學與人生（四）　羅登義　1925年9月22日　4册　428頁

0849　化學與人生（五）　羅登義　1925年9月23日　4册　436頁

0850　化學與人生（六）　羅登義　1925年9月24日　4册　444頁

0851　化學與人生（七）　羅登義　1925年9月25日　4册　451頁

0852　畫餅充飢的新年多吉慶　孫福熙　1926年2月10日　6册　79頁

0853　畫家的妻（三幕劇）（一）　顧千里　1925年3月1日　2册　9頁

0854　畫家的妻（三幕劇）（二）　顧千里　1925年3月2日　2册　17頁

0855　畫家的妻（三幕劇）（三）　顧千里　1925年3月3日　2册　25頁

0856　畫家的妻（三幕劇）（四）　顧千里　1925年3月4日　2册　34頁

0857　畫家方君璧女士　春臺　1926年3月11日　6册　281頁

0858　"懷疑"的討論　王復嶺　1925年2月8日　1册　453頁

0859　懷疑自由的權　幻林　1925年2月16日　1册　507頁

0860　懷袁永年　墨卿　1925年11月2日　5册　20頁

0861　壞人與好人　允明　1925年6月5日　3册　303頁

0862　歡迎柏克赫斯特女士　劉炳藜　1925年8月3日　4册　23頁

0863　歡迎歸國留日同學諸兄　彭學沛　1926 年 2 月 19 日　6 冊　111 頁

0864　歡迎了廣東外交代表團以後該怎樣？　章淵若　1925 年 10 月 20 日　4 冊　677 頁

0865　歡迎邁朗氏　彭浩徐　1926 年 4 月 17 日　6 冊　561 頁

0866　歡迎歐陽予倩、洪深兩先生　余上沅　1926 年 3 月 13 日　6 冊　302 頁

0867　歡迎齊撫萬茂才　文童　1925 年 2 月 6 日　1 冊　438 頁

0868　歡迎一位園藝學家來北京——對於農事試驗場的批評　春苔　1926 年 3 月 31 日　6 冊　441 頁

0869　幻景　怡庵　1925 年 1 月 30 日　1 冊　371 頁

0870　幻戀（一）　欽文　1925 年 1 月 16 日　1 冊　308 頁

0871　幻戀（二）　欽文　1925 年 1 月 17 日　1 冊　315 頁

0872　幻戀（三）　欽文　1925 年 1 月 18 日　1 冊　323 頁

0873　幻戀（四）　欽文　1925 年 1 月 19 日　1 冊　330 頁

0874　喚醒民衆惟一的方法——宣傳　王嗣順　1925 年 6 月 25 日　3 冊　458 頁

0875　黃巢的故事　李劍腸　1925 年 8 月 4 日　4 冊　38 頁

0876　黃昏　章淵若　1925 年 11 月 30 日　5 冊　245 頁

0877　黃藥（一）　錦明　1925 年 12 月 8 日　5 冊　304 頁

0878　黃藥（二）　錦明　1925 年 12 月 11 日　5 冊　329 頁

0879　灰明的春晚　小酩　1925 年 2 月 19 日　1 冊　529 頁

0880　恢復美專的事件　王湖塵　1925 年 8 月 31 日　4 冊　251 頁

0881　回家的一夕（一）　西和　1925 年 2 月 25 日　1 冊　579 頁

0882　回家的一夕（二）　西和　1925 年 2 月 26 日　1 冊　586 頁

0883　回憶　黃仁昌　1926 年 2 月 3 日　6 冊　28 頁

0884　回憶　張永善　1925 年 2 月 10 日　1 冊　469 頁

0885　賄選與大屠殺　德馨　1926 年 4 月 7 日　6 冊　495 頁

0886　會見　焦菊隱　1925 年 12 月 7 日　5 冊　297 頁

J

0887　基督誕日論基督教　伏園　1925 年 12 月 25 日　5 冊　444 頁

0888　畸人語（一）　金滿成　1925 年 6 月 3 日　3 冊　284 頁

0889　畸人語（二、三）　金滿成　1925 年 7 月 16 日　3 冊　619 頁

0890　畸人語（四、五）　金滿成　1925 年 7 月 21 日　3 冊　660 頁

0891　畸人語（六、七）　金滿成　1925 年 7 月 25 日　3 冊　690 頁

0892　畸人語（八）　金滿成　1925 年 7 月 27 日　3 冊　707 頁

0893　畸人語（九、十）　金滿成　1925 年 7 月 31 日　3 冊　741 頁

0894　畸人語（十一、十二）　金滿成　1925 年 8 月 4 日　4 冊　36 頁

0895　雞毛帚　春臺　1926 年 1 月 24 日　5 冊　654 頁

0896　即小見大　松子　1925 年 9 月 22 日　4 冊　434 頁

0897　幾句公平話　刺心　1925 年 2 月 3 日　1 冊　414 頁

0898　幾句閒話——關於古廟裏的衣萍大禪師　甘人　1925 年 5 月 19 日　3
　　　 冊　157 頁

0899　紀念二七革命的死者　棄予　1926 年 2 月 7 日　6 冊　58 頁

0900　紀念列寧　曲秋　1926 年 1 月 21 日　5 冊　627 頁

0901　紀事（刊在中縫）　1925 年 6 月 28 日　3 冊　478 頁

0902　記曹仲華（一）　汪震　1925 年 6 月 2 日　3 冊　275 頁

0903　記曹仲華（二）　汪震　1925 年 6 月 3 日　3 冊　283 頁

0904　記曹仲華（三）　汪震　1925 年 6 月 7 日　3 冊　319 頁

0905　記開會　金仲芸　1925 年 8 月 31 日　4 冊　252 頁

0906　記李石曽校長演說辭——一月廿五於農大學生歡迎會中　田倬之　1926
　　　 年 1 月 31 日　5 冊　712 頁

0907　記夢（紀念適存中學的新年遊藝會）　空了　1926 年 1 月 6 日　5 冊　510 頁

0908　記遊　步虛　1925 年 12 月 4 日　5 冊　279 頁

0909　寄到何處?——寫給和珍的信　晶清　1926 年 4 月 22 日　6 冊　607 頁

0910　寄一多、基相　朱湘　1925 年 4 月 12 日　2 冊　372 頁

0911　寂寞的春　學昭　1926 年 4 月 13 日　6 冊　533 頁

0912　濟南的生活程度驟然增高　柏生　1926 年 3 月 18 日　6 冊　340 頁

0913　加濃戲劇空氣　宗杰　1925 年 12 月 13 日　5 冊　347 頁

0914　"加濃戲劇空氣"　焦菊隱　1925 年 12 月 18 日　5 冊　387 頁

0915 "加濃戲劇空氣"？　靜芳　1925 年 12 月 22 日　5 册　418 頁

0916 佳節　學昭　1925 年 10 月 12 日　4 册　613 頁

0917 家畜中蠻性之遺留（一）（美）摩耳著　小峰譯　1924 年 12 月 5 日　1
册　6 頁

0918 家畜中蠻性之遺留（二）（美）摩耳著　小峰譯　1924 年 12 月 6 日　1
册　14 頁

0919 家畜中蠻性的遺留（三）（美）摩耳著　小峰譯　1924 年 12 月 7 日　1
册　21 頁

0920 家畜中蠻性的遺留（四）（美）摩耳著　小峰譯　1924 年 12 月 8 日　1
册　31 頁

0921 家畜中蠻性的遺留（五）（美）摩耳著　小峰譯　1924 年 12 月 9 日　1
册　38 頁

0922 家畜中蠻性的遺留（六）（美）摩耳著　小峰譯　1924 年 12 月 10 日　1
册　46 頁

0923 家畜中蠻性的遺留（七）（美）摩耳著　小峰譯　1924 年 12 月 12 日　1
册　62 頁

0924 家畜中蠻性的遺留（八）（美）摩耳著　小峰譯　1924 年 12 月 14 日　1
册　77 頁

0925 家畜中蠻性的遺留（九）（美）摩耳著　小峰譯　1924 年 12 月 16 日　1
册　96 頁

0926 家庭的驕子（獨幕劇）（英）吉卜生著　汪寶瑄譯　1925 年 12 月 17
日　5 册　375 頁

0927 假話　長虹　1925 年 4 月 23 日　2 册　457 頁

0928 假如你告訴我　昕初　1925 年 1 月 19 日　1 册　334 頁

0929 價值哲學（一）　王捷三　1925 年 10 月 1 日　4 册　503 頁

0930 價值哲學（二）　王捷三　1925 年 10 月 4 日　4 册　519 頁

0931 價值哲學（三）　王捷三　1925 年 10 月 6 日　4 册　535 頁

0932 價值哲學（四上）　王捷三　1925 年 10 月 7 日　4 册　543 頁

0933 價值哲學（四下）　王捷三　1925 年 10 月 18 日　4 册　655 頁

0934 價值哲學（五） 王捷三 1925 年 10 月 20 日 4 冊 671 頁

0935 價值哲學（六、七） 王捷三 1925 年 10 月 22 日 4 冊 687 頁

0936 間行 學昭 1925 年 11 月 30 日 5 冊 244 頁

0937 "檢驗身體" 君魯 1925 年 7 月 21 日 3 冊 662 頁

0938 見廣州市不得不喝采 方乘 1926 年 3 月 4 日 6 冊 231 頁

0939 見聞録 學昭 1926 年 3 月 21 日 6 冊 366 頁

0940 健康與婦女運動（一）（美）C. D. Mosher 著 志仁譯 1925 年 4 月 19 日 2 冊 422 頁

0941 健康與婦女運動（二）（美）Mosher 著 志仁譯 1925 年 4 月 28 日 2 冊 498 頁

0942 健康與婦女運動（三）（美）Mosher 著 志仁譯 1925 年 4 月 29 日 2 冊 505 頁

0943 健康與婦女運動（四）（美）Mosher 著 志仁譯 1925 年 4 月 30 日 2 冊 512 頁

0944 江波先生！ 張競生 1926 年 2 月 8 日 6 冊 70 頁

0945 江湖兩博士合論——嚼蠟之五 良醫 1925 年 8 月 13 日 4 冊 107 頁

0946 江南好 穉望 1925 年 7 月 23 日 3 冊 672 頁

0947 江紹原先生的禮部文件解題 伏園 1926 年 1 月 12 日 5 冊 556 頁

0948 蔣介石先生 伏園 1926 年 3 月 11 日 6 冊 285 頁

0949 講演傳習所 乞明 1925 年 6 月 25 日 3 冊 463 頁

0950 降福 （法）波特萊耳作 伏睡譯 1926 年 1 月 13 日 5 冊 565 頁

0951 交士與藝人 怡京 1925 年 4 月 3 日 2 冊 303 頁

0952 交易（上） 墨卿 1925 年 11 月 6 日 5 冊 53 頁

0953 交易（下） 墨卿 1925 年 11 月 7 日 5 冊 58 頁

0954 郊外碎片 田運渠 1925 年 12 月 15 日 5 冊 362 頁

0955 郊原秋晚 王蓮友 1925 年 9 月 7 日 4 冊 313 頁

0956 焦有功君所說的南開中學在那裏 陳彬龢 1926 年 4 月 21 日 6 冊 597 頁

0957 蕉雨（一） 朋其 1926 年 2 月 6 日 6 冊 50 頁

0958 蕉雨（二） 朋其 1926 年 2 月 8 日 6 冊 67 頁

0959　蕉雨（三）　朋其　1926 年 2 月 23 日　6 册　147 頁

0960　蕉雨（四）　朋其　1926 年 2 月 24 日　6 册　155 頁

0961　蕉雨（五）　朋其　1926 年 2 月 26 日　6 册　170 頁

0962　嚼蠟（一）　兩疑　1925 年 7 月 20 日　3 册　654 頁

0963　嚼蠟（二）　兩疑　1925 年 7 月 23 日　3 册　678 頁

0964　嚼字　平明　1925 年 1 月 19 日　1 册　336 頁

0965　絞首架　俾萊芝著　魯彥譯　1925 年 8 月 6 日　4 册　51 頁

0966　教會學校學生的呼聲　遠林　1925 年 5 月 10 日　3 册　86 頁

0967　教授罵街的旁聽　敬仔　1926 年 2 月 9 日　6 册　77 頁

0968　教育？　黎錦明　1925 年 10 月 14 日　4 册　630 頁

0969　教育部家長會議親聞記　新銘　1925 年 8 月 17 日　4 册　139 頁

0970　教育界與鴉片煙　宥別　1925 年 2 月 21 日　1 册　546 頁

0971　教育名流的語法和邏輯　璧菲　1925 年 12 月 13 日　5 册　346 頁

0972　教育心理學的問題和範圍　衛士生　1924 年 12 月 7 日　1 册　19 頁

0973　教育與教育家　汪震　1926 年 1 月 28 日　5 册　689 頁

0974　教育之使命與教育家之責任　譚仲逵　1925 年 2 月 2 日　1 册　399 頁

0975　接二連三的不幸事　張宏經　1925 年 11 月 21 日　5 册　173 頁

0976　刦難（一）　壽昌　1925 年 9 月 5 日　4 册　294 頁

0977　刦難（二）　壽昌　1925 年 9 月 9 日　4 册　328 頁

0978　刦難（三）　壽昌　1925 年 9 月 10 日　4 册　337 頁

0979　刦難（四）　壽昌　1925 年 9 月 11 日　4 册　343 頁

0980　刦難（五）　壽昌　1925 年 9 月 12 日　4 册　351 頁

0981　刦難（六）　壽昌　1925 年 9 月 14 日　4 册　367 頁

0982　結識情人實在難及其他　健攻　1926 年 4 月 2 日　6 册　459 頁

0983　截止日聲明不截止　伏園　1926 年 1 月 31 日　5 册　713 頁

0984　解決宣戰與否之參考　普文　1925 年 6 月 24 日　3 册　450 頁

0985　介紹《烈火》　萍若　1926 年 4 月 21 日　6 册　600 頁

0986　介紹《少奶奶的扇子》　楊聲初　1925 年 3 月 16 日　2 册　132 頁

0987　介紹《文學週報》　記者　1925 年 5 月 16 日　3 册　134 頁

0988　介紹《中華教育界》的“收回教育權運動號”　憶愚　1925 年 4 月 12 日　2 冊　372 頁

0989　介紹晨光學校　孫幾伊　1925 年 10 月 21 日　4 冊　686 頁

0990　介紹韓敖君　孫福熙　1926 年 1 月 27 日　5 冊　678 頁

0991　介紹華德博士　衣萍　1925 年 3 月 5 日　2 冊　39 頁

0992　介紹另一個《孤軍》　記者　1924 年 12 月 10 日　1 冊　50 頁

0993　介紹邁朗　陳寶鍔　1926 年 4 月 20 日　6 冊　585 頁

0994　介紹日本人的怪論　開明　1925 年 1 月 6 日　1 冊　230 頁

0995　介紹天體儀之新出品　陳展雲　1925 年 2 月 8 日　1 冊　454 頁

0996　介紹王怡柯君譯的貨幣學　馬寅初　1925 年 1 月 16 日　1 冊　311 頁

0997　介紹維得高斯基教授　畢樹棠　1925 年 3 月 23 日　2 冊　190 頁

0998　介紹一個大問題——男女關係　張競生　1926 年 1 月 5 日　5 冊　499 頁

0999　介紹一個實驗學校——藝文中學校　憶愚　1925 年 8 月 17 日　4 冊　142 頁

1000　介紹趙爾德　王希曾　1925 年 10 月 19 日　4 冊　668 頁

1001　今後民衆應抱什麼態度？　章進　1926 年 3 月 25 日　6 冊　400 頁

1002　今後我們遊行示威應當注意的幾件事　董承顯　1925 年 6 月 24 日　3 冊　451 頁

1003　今後——遙寄 PP 弟弟　空了　1925 年 11 月 28 日　5 冊　224 頁

1004　今後怎樣辦呢　楊善南　1926 年 3 月 22 日　6 冊　373 頁

1005　今日　伏園　1925 年 10 月 26 日　4 冊　719 頁

1006　今日歐洲教育的概觀與趨勢（一）I. L. Kandel 著　劉炳藜譯　1925 年 11 月 26 日　5 冊　207 頁

1007　今日歐洲教育的概觀與趨勢（二）I. L. Kandel 著　劉炳藜譯　1925 年 11 月 27 日　5 冊　215 頁

1008　今日歐洲教育的概觀與趨勢（三）I. L. Kandel 著　劉炳藜譯　1925 年 11 月 28 日　5 冊　223 頁

1009　今日是柴門霍甫的生日　荊有麟　1924 年 12 月 15 日　1 冊　83 頁

1010　今晚漪瀾堂的花盒　春臺　1925 年 10 月 2 日　4 冊　518 頁

1011　今夜月　孫福熙　1925 年 10 月 2 日　4 冊　511 頁

1012　金生　冉廣文　1925 年 8 月 26 日　4 冊　210 頁

1013　近代教育思想序　余家菊　1925 年 10 月 30 日　4 冊　752 頁

1014　近世勞動運動之意義及趨勢（一）　賀凱　1925 年 11 月 22 日　5 冊　175 頁

1015　近世勞動運動之意義及趨勢（二）　賀凱　1925 年 11 月 23 日　5 冊　183 頁

1016　近世勞動運動之意義及趨勢（三）　賀凱　1925 年 11 月 24 日　5 冊　196 頁

1017　近世史的知識　喜旺木　1925 年 2 月 21 日　1 冊　546 頁

1018　禁止女生出外遊逛的解釋　伏園　1925 年 11 月 15 日　5 冊　126 頁

1019　《京報副刊》（一九二五年一月）總目録　1 冊　205 頁

1020　《京報副刊》（一九二五年二月）總目録　1 冊　387 頁

1021　《京報副刊》（一九二五年三月）總目録　2 冊　3 頁

1022　《京報副刊》（一九二五年四月）總目録　2 冊　281 頁

1023　《京報副刊》（一九二五年五月）總目録　3 冊　3 頁

1024　《京報副刊》（一九二五年六月）總目録　3 冊　261 頁

1025　《京報副刊》（一九二五年七月）總目録　3 冊　499 頁

1026　《京報副刊》（一九二五年八月）總目録　4 冊　3 頁

1027　《京報副刊》（一九二五年九月）總目録　4 冊　255 頁

1028　《京報副刊》（一九二五年十月）總目録　4 冊　499 頁

1029　《京報副刊》（一九二五年十一月）總目録　5 冊　3 頁

1030　《京報副刊》（一九二五年十二月）總目録　5 冊　249 頁

1031　《京報副刊》（一九二六年一月）總目録　5 冊　487 頁

1032　《京報副刊》（一九二六年二月）總目録　6 冊　3 頁

1033　《京報副刊》（一九二六年三月）總目録　6 冊　193 頁

1034　《京報副刊》介紹林風眠先生繪畫增刊　6 冊　197 頁

1035　《京副》的式樣　記者　1924 年 12 月 5 日　1 冊　10 頁

1036　京副一週年　伏園　1925 年 12 月 5 日　5 冊　289 頁

1037　京漢道上　孫福熙　1926 年 4 月 22 日　6 冊　605 頁

1038　京兆人　凱明　1925 年 6 月 1 日　3 冊　271 頁

1039　經濟絕交的治本辦法　羅德輝　1925 年 6 月 24 日　3 冊　453 頁

1040　精神和物質　子美　1925 年 4 月 5 日　2 冊　323 頁

1041　警告荒謬絕倫的報紙　明星　1926 年 3 月 23 日　6 冊　377 頁

1042　"竟辜負了這一套洋服"！　仙舟　1925 年 8 月 8 日　4 冊　67 頁

1043　淨街　王鑄　1925 年 6 月 4 日　3 冊　292 頁

1044　敬告光照先生　金魯章　1925 年 9 月 11 日　4 冊　346 頁

1045　敬告教育當局及全國青年　原孝友　1925 年 6 月 18 日　3 冊　404 頁

1046　敬告楊蔭榆先生　誠之　1925 年 6 月 1 日　3 冊　271 頁

1047　敬請復辟　喜旺木　1925 年 2 月 25 日　1 冊　581 頁

1048　敬謝和我討論的諸君　班延兆　1925 年 1 月 14 日　1 冊　296 頁

1049　九校索薪　宇文丙　1926 年 1 月 19 日　5 冊　618 頁

1050　酒後　刘丁　1925 年 5 月 24 日　3 冊　197 頁

1051　救國必須打倒賣國奴！　政均　1925 年 8 月 16 日　4 冊　131 頁

1052　救國的根本方法　王施眞　1925 年 6 月 28 日　3 冊　473 頁

1053　救國的我見　恨吾　1925 年 8 月 23 日　4 冊　187 頁

1054　救國碎談（一）　樂水　1925 年 6 月 21 日　3 冊　428 頁

1055　救國碎談（二）　樂水　1925 年 6 月 28 日　3 冊　476 頁

1056　救國碎談（三）　樂水　1925 年 7 月 13 日　3 冊　594 頁

1057　救國碎談（四）　樂水　1925 年 8 月 30 日　4 冊　242 頁

1058　救國碎談（五）　樂水　1925 年 9 月 6 日　4 冊　304 頁

1059　救國碎談（六）　樂水　1925 年 9 月 20 日　4 冊　416 頁

1060　救國談片　伏園　1925 年 6 月 13 日　3 冊　367 頁

1061　救國特刊第四號十獅子（Singh）先生演講英文原稿勘誤表　1925 年 7 月 19 日　3 冊　646 頁

1062　救國特刊發刊詞　1925 年 6 月 21 日　3 冊　425 頁

1063　救國特刊止刊詞　無悔　1925 年 10 月 5 日　4 冊　527 頁

1064　救國團成立宣言　1925 年 6 月 21 日　3 冊　425 頁

1065　救國團對於廣州事件之宣言　1925 年 7 月 5 日　3 冊　527 頁

1066　救國團反對重行調查滬案宣言　1925 年 8 月 16 日　4 冊　127 頁

1067　救國團緊要宣言　1925 年 6 月 21 日　3 冊　426 頁

1068　救國團啟事　1925 年 9 月 27 日　4 冊　474 頁

1069　救國團團務紀要（刊在中縫）　1925 年 7 月 5 日　3 册　532 頁

1070　救國團團務紀要（刊在中縫）　1925 年 7 月 13 日　3 册　594 頁

1071　救國團團務紀要（刊在中縫）　1925 年 7 月 19 日　3 册　644 頁

1072　救國團團務紀要（刊在中縫）　1925 年 7 月 26 日　3 册　700 頁

1073　救國團團務紀要（刊在中縫）　1925 年 8 月 2 日　4 册　20 頁

1074　救國團團務紀要（刊在中縫）　1925 年 8 月 9 日　4 册　76 頁

1075　救國團團務紀要（刊在中縫）　1925 年 8 月 16 日　4 册　132 頁

1076　救國團團務紀要（刊在中縫）　1925 年 8 月 23 日　4 册　188 頁

1077　救國團團務紀要（刊在中縫）　1925 年 8 月 30 日　4 册　240 頁

1078　救國團團務紀要（刊在中縫）　1925 年 9 月 6 日　4 册　304 頁

1079　救國團團務紀要（刊在中縫）　1925 年 9 月 13 日　4 册　360 頁

1080　救國團團務紀要（刊在中縫）　1925 年 9 月 27 日　4 册　472 頁

1081　救國團爲滬、漢、潯、粵、連江、重慶各案緊要總宣言　1925 年 7 月 19 日　3 册　639 頁

1082　救國團爲九月七日英兵在上海鎗殺華工事致外交總長函　1925 年 9 月 13 日　4 册　355 頁

1083　救國團爲連江縣案緊急宣言　1925 年 7 月 13 日　3 册　591 頁

1084　救國團爲南京英人慘殺華工宣言　1925 年 8 月 16 日　4 册　127 頁

1085　救國團爲邢士廉查封四團體緊要宣言　1925 年 8 月 2 日　4 册　15 頁

1086　救國團致蘇聯駐京大使加拉罕函　1925 年 8 月 23 日　4 册　183 頁

1087　救國與工作　無悔　1925 年 9 月 27 日　4 册　469 頁

1088　救國與求學　伯群　1925 年 9 月 13 日　4 册　357 頁

1089　救國運動中的故鄉奇聞　倫超　1925 年 9 月 20 日　4 册　414 頁

1090　救國之前　夏葵如　1925 年 8 月 23 日　4 册　184 頁

1091　救濟罷工同胞緊急籌欵辦法之建議　魏建功　1925 年 6 月 11 日　3 册　348 頁

1092　救救我們　無可、伏園　1925 年 12 月 10 日　5 册　323 頁

1093　救人呀　由之　1925 年 12 月 18 日　5 册　386 頁

1094　救亡要全國尊重理科！（一）　李裕增　1925 年 7 月 23 日　3 册　671 頁

1095 救亡要全國尊重理科！（二） 李裕增 1925 年 7 月 24 日 3 册 680 頁

1096 救亡要全國尊重理科！（三） 李裕增 1925 年 7 月 25 日 3 册 687 頁

1097 救亡要全國尊重理科！（四） 李裕增 1925 年 7 月 27 日 3 册 703 頁

1098 救亡要全國尊重理科！（五） 李裕增 1925 年 7 月 28 日 3 册 711 頁

1099 救亡要全國尊重理科！（六） 李裕增 1925 年 7 月 30 日 3 册 727 頁

1100 舊痕 徐愛波 1925 年 12 月 15 日 5 册 363 頁

1101 劇評中間牽涉西林 西瀅 1925 年 5 月 15 日 3 册 126 頁

1102 娟妹的來信 元度 1925 年 11 月 10 日 5 册 82 頁

1103 倦 欽文 1926 年 2 月 20 日 6 册 119 頁

1104 軍閥與原生動物 昨非 1925 年 12 月 5 日 5 册 288 頁

1105 軍人呵！你們那兒去了？ 盧之維 1925 年 7 月 15 日 3 册 614 頁

K

1106 開茨的美女無情 天心 1925 年 4 月 20 日 2 册 431 頁

1107 開發西北與化學工業（上） 俞宗杰 1926 年 1 月 25 日 5 册 661 頁

1108 開發西北與化學工業（下） 俞宗杰 1926 年 1 月 27 日 5 册 675 頁

1109 看《弟弟》後 伏園 1925 年 2 月 11 日 1 册 477 頁

1110 看《少奶奶的扇子》 楊聲初 1925 年 3 月 25 日 2 册 205 頁

1111 看過林風眠氏的展覽會以後（上） 黎錦明 1926 年 3 月 15 日 6 册 315 頁

1112 看過林風眠氏的展覽會以後（下） 黎錦明 1926 年 3 月 16 日 6 册 327 頁

1113 看看他們被選的緣故（八） 記者 1926 年 2 月 8 日 6 册 70 頁

1114 看了青年愛讀書十部徵求的結果以後 燕生 1925 年 4 月 3 日 2 册 306 頁

1115 看了張雪楊國畫展覽會之後 何墨 1925 年 1 月 19 日 1 册 334 頁

1116 看他們爲什麼被選（七） 記者 1926 年 2 月 7 日 6 册 62 頁

1117 看他爲什麼選他們（六） 記者 1926 年 2 月 6 日 6 册 54 頁

1118 看陶璇卿先生畫展的小記 錢稻孫 1925 年 3 月 20 日 2 册 165 頁

1119 看圖有感 孔炤 1925 年 10 月 2 日 4 册 518 頁

1120 看燕大週刊社演劇後 宗杰 1926 年 1 月 10 日 5 册 544 頁

1121 看重一字忘卻全篇的批評家 平江 1925 年 2 月 22 日 1 册 557 頁

1122　考古學家的長逝　李宗武　1926 年 1 月 19 日　5 冊　613 頁

1123　考古與吊陰　龍雲、伏園　1925 年 11 月 17 日　5 冊　141 頁

1124　考古與迷信　馬叔平　1926 年 1 月 25 日　5 冊　659 頁

1125　考後　幻鄰　1925 年 1 月 31 日　1 冊　382 頁

1126　科舉議　健攻　1925 年 9 月 3 日　4 冊　275 頁

1127　科學的心理學是不是專講刺激和反應──評 Thurstone 的《Stimulus-Response Fallacy in Psychology》　余文偉　1925 年 11 月 13 日　5 冊　103 頁

1128　科學救國大鼓書　北觀別墅原稿　1925 年 8 月 9 日　4 冊　78 頁

1129　科學救國大鼓書（續）　北觀　1925 年 8 月 16 日　4 冊　133 頁

1130　科學救國大鼓書序　顧頡剛　1925 年 11 月 1 日　5 冊　8 頁

1131　可哀與可怕　豈明　1926 年 3 月 22 日　6 冊　372 頁

1132　可慘與可笑　魯迅　1926 年 3 月 28 日　6 冊　417 頁

1133　可憐的大學──博覽會中的幾張像片　白云生　1926 年 4 月 20 日　6 冊　591 頁

1134　可憐的青年　疑生　1926 年 3 月 21 日　6 冊　363 頁

1135　可憐兒（一）　王衡　1925 年 11 月 17 日　5 冊　138 頁

1136　可憐兒（二）　王衡　1925 年 11 月 18 日　5 冊　146 頁

1137　可憐兒（三）　王衡　1925 年 11 月 19 日　5 冊　155 頁

1138　可憐兒（四）　王衡　1925 年 11 月 20 日　5 冊　163 頁

1139　可憐兒（五）　王衡　1925 年 11 月 21 日　5 冊　172 頁

1140　可怕與可殺　秋芳　1926 年 3 月 30 日　6 冊　437 頁

1141　可惜春裝的中央公園　董威　1926 年 4 月 12 日　6 冊　528 頁

1142　渴睡　（俄）契訶夫著　素園譯　1925 年 1 月 5 日　1 冊　221 頁

1143　課餘偶録　周方度　1925 年 1 月 17 日　1 冊　317 頁

1144　空谷蘭與洪深先生　伏園　1926 年 3 月 11 日　6 冊　287 頁

1145　孔德學校　孫福熙　1926 年 1 月 10 日　5 冊　546 頁

1146　孔家店老夥計也要笑開明先生不見世面吧　蕭度　1925 年 3 月 21 日　2 冊　171 頁

1147　恐不"赤"，染血成之歟？　稚暉　1926 年 2 月 3 日　6 冊　23 頁

1148　恐怕不能得到眞眞的柱石　張玉蘭　1926 年 2 月 3 日　6 册　30 頁

1149　哭德群　枕戈　1926 年 4 月 12 日　6 册　526 頁

1150　哭死難諸女烈士　松雪　1926 年 3 月 28 日　6 册　424 頁

1151　哭亡友魏士毅女士　于天慧　1926 年 3 月 29 日　6 册　430 頁

1152　哭我的同學和珍　雲章　1926 年 3 月 23 日　6 册　379 頁

1153　苦難　（法）闘比爾作　伏睡譯　1925 年 11 月 28 日　5 册　226 頁

1154　苦雨　朱湘　1925 年 8 月 5 日　4 册　43 頁

1155　苦樂問題之研究（一）　嚴毅夫　1924 年 12 月 22 日　1 册　140 頁

1156　苦樂問題的研究（二）　嚴毅夫　1924 年 12 月 27 日　1 册　165 頁

1157　苦樂問題的研究（三）　嚴毅夫　1924 年 12 月 28 日　1 册　173 頁

1158　快救東省　張競生、伏園　1925 年 12 月 10 日　5 册　317 頁

1159　"快救東省"呼聲中的東省旅京人們該怎樣?　文德　1925 年 12 月 14
日　5 册　352 頁

1160　"噲等"之一又有"關於民衆文藝的話"　荊有麟　1925 年 6 月 4 日　3
册　296 頁

1161　狂飆週刊宣言　1925 年 3 月 1 日　2 册　14 頁

1162　礦蜂——法布耳的昆蟲故事之五（一）　林蘭女士　1925 年 5 月 26 日　3
册　211 頁

1163　礦蜂——法布耳的昆蟲故事之五（二）　林蘭女士　1925 年 5 月 28 日　3
册　226 頁

1164　礦蜂——法布耳的昆蟲故事之五（三）　林蘭女士　1925 年 5 月 31 日　3
册　251 頁

1165　昆明湖畔　陳劍非　1925 年 5 月 30 日　3 册　245 頁

L

1166　"拉雜讕言"　蕭度　1925 年 5 月 26 日　3 册　214 頁

1167　臘鼓聲中的客思——我鄉新昌臘月中的風俗　俞宗杰　1926 年 2 月 12
日　6 册　101 頁

1168　來信　黎錦明　1925 年 10 月 19 日　4 册　670 頁

1169　來信　魯迅　1925年5月4日　3冊　38頁

1170　來信　徐志摩　1925年10月9日　4冊　566頁

1171　來信　張式銘　1925年11月14日　5冊　118頁

1172　勞動的藝術化與藝術的勞動化（上）　彭學沛　1926年2月1日　6冊　9頁

1173　勞動的藝術化與藝術的勞動化（下）　彭學沛　1926年2月2日　6冊　15頁

1174　勞意喬治的言論　溫長發　1925年7月13日　3冊　591頁

1175　老虎報質疑　疑今　1925年8月7日　4冊　59頁

1176　老虎放狗屁　不平　1926年3月28日　6冊　424頁

1177　老教徒自嘆　谷萬川　1926年1月17日　5冊　600頁

1178　老克里蒙梭的近況　彭學沛　1926年2月3日　6冊　27頁

1179　老實者何多　天憨　1925年1月5日　1冊　224頁

1180　老太太的造化　慧劍　1925年12月28日　5冊　456頁

1181　勒波老人　法郎士著　金滿成譯　1925年5月12日　3冊　97頁

1182　雷峰塔倒掉的原因　胡崇軒　1925年2月2日　1冊　406頁

1183　雷峰塔內藏經（插圖）　1924年12月24日　1冊　150頁

1184　雷峰塔與保叔塔　鄭孝觀　1924年12月24日　1冊　147頁

1185　雷峰塔之既倒（插圖）　1924年12月24日　1冊　148頁

1186　淚雨（朱湘附識）　聞一多　1925年4月2日　2冊　295頁

1187　離奇的咬嚼　毛又新　1925年2月10日　1冊　470頁

1188　離題萬里　柏生　1926年4月11日　6冊　520頁

1189　李老頭（上）　子約　1926年4月7日　6冊　495頁

1190　李老頭（下）　子約　1926年4月8日　6冊　503頁

1191　李完用病死　翠生　1926年3月3日　6冊　218頁

1192　李完用與朴烈　豈明　1926年2月26日　6冊　167頁

1193　李彥青槍斃了　柏生　1924年12月19日　1冊　122頁

1194　理想中的日報附張　記者　1924年12月5日　1冊　3頁

1195　理性的分析（上）　梁佩衰　1926年1月9日　5冊　531頁

1196 理性的分析（下） 梁佩裒 1926 年 1 月 10 日 5 册 539 頁

1197 理學家與文學 子美 1925 年 3 月 18 日 2 册 144 頁

1198 禮拜六雜記 T. T. 1925 年 12 月 23 日 5 册 421 頁

1199 禮部文件更正 紹原 1926 年 1 月 24 日 5 册 658 頁

1200 禮部文件之九: 髮、鬚、爪（一） 江紹原 1926 年 1 月 12 日 5 册 558 頁

1201 禮部文件之九: 髮、鬚、爪（二） 江紹原 1926 年 1 月 16 日 5 册 587 頁

1202 禮部文件之九: 髮、鬚、爪（三） 江紹原 1926 年 1 月 20 日 5 册 619 頁

1203 禮部文件之九: 髮、鬚、爪（四） 江紹原 1926 年 1 月 22 日 5 册 635 頁

1204 禮部文件之九: 髮、鬚、爪（五） 江紹原 1926 年 1 月 30 日 5 册 702 頁

1205 禮部文件之九: 髮、鬚、爪（六） 江紹原 1926 年 4 月 18 日 6 册 569 頁

1206 "立鼻兜" 和阿 Q 的戀愛 天廬 1925 年 7 月 12 日 3 册 588 頁

1207 歷史教授之目的（一）（美）Charles A. Mcmurry 著 秦志壬譯 1925 年 3 月 14 日 2 册 114 頁

1208 歷史教授之目的（二）（美）Charles A. Mcmurry 著 秦志壬譯 1925 年 3 月 16 日 2 册 128 頁

1209 歷史教授之目的（三）（美）Charles A. Mcmurry 著 秦志壬譯 1925 年 3 月 17 日 2 册 137 頁

1210 歷史教授之目的（四）（美）Charles A. Mcmurry 著 秦志壬譯 1925 年 3 月 19 日 2 册 152 頁

1211 歷史教授之目的（五）（美）Charies A. Mcmurry 著 秦志壬譯 1925 年 3 月 20 日 2 册 161 頁

1212 歷史教授之目的（六）（美）Charles A. Mcmurry 著 秦志壬譯 1925 年 3 月 22 日 2 册 178 頁

1213 連類及之 萬子常 1925 年 7 月 31 日 3 册 742 頁

1214 廉南湖屈文六書函往復 英連 1926 年 4 月 2 日 6 册 462 頁

1215 戀冬 晉之梅 1926 年 2 月 12 日 6 册 102 頁

1216 梁啟超先生的大論 李璞 1925 年 6 月 21 日 3 册 427 頁

1217 梁山伯和祝英台 吳聯棟 1925 年 8 月 1 日 4 册 14 頁

1218 梁山伯與祝英台（附祝英台小傳） 劉大杰 1925 年 7 月 24 日 3

册　684 頁

1219　梁山伯與祝英台的傳說　符業祺述　1925 年 7 月 8 日　3 册　557 頁

1220　兩個七本書　汪震　1925 年 1 月 9 日　1 册　255 頁

1221　兩件較大的答案　張競生　1926 年 2 月 27 日　6 册　181 頁

1222　兩千元的魔力　效癡　1925 年 8 月 10 日　4 册　86 頁

1223　兩張封尾票　長弓、劉勃　1926 年 3 月 10 日　6 册　280 頁

1224　聊答"……"　魯迅　1925 年 3 月 5 日　2 册　46 頁

1225　廖仲潛先生的《春心的美伴》　芳子　1925 年 2 月 18 日　1 册　523 頁

1226　列寧遺像　1926 年 1 月 21 日　5 册　627 頁

1227　烈火集序　黎錦明　1925 年 10 月 4 日　4 册　525 頁

1228　林風眠先生　孫福熙　1926 年 3 月 2 日　6 册　209 頁

1229　林風眠先生的畫　俞宗杰　1926 年 3 月 17 日　6 册　333 頁

1230　林風眠藝術成功的三時期　王代之　1926 年 3 月 13 日　6 册　300 頁

1231　林學衡先生可以自殺矣　宮天憫　1926 年 3 月 24 日　6 册　390 頁

1232　零（一）　趙其文　1925 年 4 月 11 日　2 册　358 頁

1233　零（二）　趙其文　1925 年 4 月 12 日　2 册　369 頁

1234　零零碎碎　花等　1926 年 1 月 20 日　5 册　626 頁

1235　零零碎碎　錦明　1925 年 12 月 23 日　5 册　428 頁

1236　零零碎碎　天水　1925 年 11 月 1 日　5 册　14 頁

1237　零零碎碎　英蓮　1926 年 4 月 16 日　6 册　560 頁

1238　零零碎碎三則　水等　1925 年 11 月 14 日　5 册　118 頁

1239　零零碎碎三則　養和　1925 年 12 月 18 日　5 册　388 頁

1240　零落（一）　袁嘉華　1925 年 8 月 10 日　4 册　82 頁

1241　零落（二）　袁嘉華　1925 年 8 月 11 日　4 册　89 頁

1242　零落（三）　袁嘉華　1925 年 8 月 12 日　4 册　98 頁

1243　零落（四）　袁嘉華　1925 年 8 月 13 日　4 册　104 頁

1244　零落（五）　袁嘉華　1925 年 8 月 14 日　4 册　114 頁

1245　零落（六）　袁嘉華　1925 年 8 月 15 日　4 册　120 頁

1246　零落（七）　袁嘉華　1925 年 8 月 17 日　4 册　138 頁

1247　零落（八）　袁嘉華　1925 年 8 月 18 日　4 册　145 頁

1248　零落（九）　袁嘉華　1925 年 8 月 20 日　4 册　161 頁

1249　零落（十）　袁嘉華　1925 年 8 月 21 日　4 册　169 頁

1250　零碎話　逋客　1925 年 8 月 6 日　4 册　54 頁

1251　靈寶　柏生　1926 年 3 月 30 日　6 册　440 頁

1252　領事裁判權撤廢運動的經過和我們今後應取的步驟　葛揚煥　1925 年 6
月 23 日　3 册　441 頁

1253　留學制度有改善之必要　楊雲竹　1925 年 8 月 3 日　4 册　24 頁

1254　留着　劉惠　1926 年 3 月 4 日　6 册　231 頁

1255　流光　昕初　1924 年 12 月 29 日　1 册　184 頁

1256　流言　土肥　1925 年 12 月 27 日　5 册　451 頁

1257　劉百昭的駢文　豈明　1926 年 1 月 12 日　5 册　555 頁

1258　劉海粟全抄板橋序　朱壽潛　1925 年 9 月 17 日　4 册　394 頁

1259　"六百年來最有勢力的小學校教科書"書後　田瑞璐　1926 年 1 月 4 日　5
册　496 頁

1260　六個學生該死　傷時　1925 年 6 月 3 日　3 册　288 頁

1261　六書說是應該欽定的嗎!　周慎言　1925 年 1 月 18 日　1 册　328 頁

1262　六字眞言考　莊嚴　1925 年 2 月 9 日　1 册　456 頁

1263　隆宗門的箭鏃（附圖）　隅卿　1925 年 2 月 19 日　1 册　528 頁

1264　盧騷的教育思想（一）　劉炳藜　1925 年 10 月 27 日　4 册　730 頁

1265　盧騷的教育思想（二）　劉炳藜　1925 年 10 月 28 日　4 册　737 頁

1266　盧騷的教育思想（三）　劉炳藜　1925 年 10 月 29 日　4 册　746 頁

1267　魯迅先生　尚鉞　1925 年 10 月 23 日　4 册　702 頁

1268　魯迅先生被人誤解的原因　王鑄　1925 年 4 月 8 日　2 册　338 頁

1269　魯迅先生打叭兒狗圖（漫畫）　林語堂　1926 年 1 月 23 日　5 册　649 頁

1270　魯迅先生的免職　汪震　1925 年 8 月 21 日　4 册　174 頁

1271　魯迅先生的笑話　Z.M.　1925 年 3 月 8 日　2 册　70 頁

1272　露水沾濕了我的衣襟　琴心　1925 年 2 月 22 日　1 册　556 頁

1273　亂道　C L　1925 年 8 月 26 日　4 册　213 頁

1274　倫理學概論自敘　江問漁　1925 年 12 月 28 日　5 冊　457 頁

1275　論"我國欲修內政以圖強必須先與帝國主義者妥協"說之矛盾　張榮福　1925 年 10 月 21 日　4 冊　679 頁

1276　論《異域鄉思》與辯誣　子潛　1925 年 4 月 2 日　2 冊　297 頁

1277　論並非文人相輕　豈明　1926 年 4 月 10 日　6 冊　507 頁

1278　論初中國文教學法（上）　彭基相　1926 年 2 月 8 日　6 冊　63 頁

1279　論初中國文教學法（中）　彭基相　1926 年 2 月 9 日　6 冊　73 頁

1280　論初中國文教學法（下）　彭基相　1926 年 2 月 10 日　6 冊　83 頁

1281　論打倒帝國主義　周倫超　1925 年 7 月 19 日　3 冊　639 頁

1282　論二大徵求　楊天木　1925 年 1 月 12 日　1 冊　280 頁

1283　論國民文學的三封信　穆木天、鄭伯奇、周作人　1925 年 3 月 6 日　2 冊　49 頁

1284　論兼容並收歡迎蔡孑民先生回國　孫福熙　1926 年 3 月 10 日　6 冊　273 頁

1285　論炕答素倩　湛廬　1925 年 2 月 9 日　1 冊　461 頁

1286　論南開並質慕白君　反動　1926 年 4 月 21 日　6 冊　599 頁

1287　論平民教育　彭基相　1925 年 3 月 22 日　2 冊　175 頁

1288　論三罷　微塵　1925 年 6 月 17 日　3 冊　399 頁

1289　論社會問題劇並質余上沅先生　培良　1925 年 11 月 28 日　5 冊　229 頁

1290　論識字之危　林玉堂　1925 年 3 月 1 日　2 冊　11 頁

1291　論無窮小的問題　汪奠基　1925 年 11 月 1 日　5 冊　13 頁

1292　論章教長之舉措　宜禁　1925 年 5 月 4 日　3 冊　37 頁

1293　論職業教育（一）　彭基相　1925 年 1 月 30 日　1 冊　369 頁

1294　論職業教育（二）　彭基相　1925 年 1 月 31 日　1 冊　377 頁

1295　論自由思想　彭基相　1925 年 7 月 20 日　3 冊　647 頁

1296　羅丹的生平——苦戰（一）　韓敖　1926 年 1 月 28 日　5 冊　685 頁

1297　羅丹的生平——苦戰（二）　韓敖　1926 年 1 月 29 日　5 冊　695 頁

1298　羅丹的生平——苦戰（三）　韓敖　1926 年 1 月 31 日　5 冊　707 頁

1299　羅丹的生平——苦戰（四）　韓敖　1926 年 2 月 5 日　6 冊　43 頁

1300　羅丹的生平——苦戰（五）　韓敖　1926 年 2 月 21 日　6 冊　130 頁

1301 羅丹的生平——苦戰（六） 韓敖 1926 年 2 月 22 日 6 册 140 頁

1302 羅丹的生平——苦戰（七） 韓敖 1926 年 2 月 26 日 6 册 168 頁

1303 羅丹的生平——苦戰（八） 韓敖 1926 年 2 月 27 日 6 册 177 頁

1304 羅丹的生平——苦戰（九） 韓敖 1926 年 2 月 28 日 6 册 185 頁

1305 羅丹的作品——殘碎（一） 韓敖 1926 年 3 月 9 日 6 册 265 頁

1306 羅丹的作品——殘碎（二） 韓敖 1926 年 3 月 10 日 6 册 275 頁

1307 羅丹的作品——殘碎（三） 韓敖 1926 年 3 月 15 日 6 册 316 頁

1308 羅丹的作品——殘碎（四） 韓敖 1926 年 3 月 16 日 6 册 324 頁

1309 羅丹的作品——殘碎（五） 韓敖 1926 年 3 月 19 日 6 册 346 頁

1310 羅丹的作品——殘碎（六） 韓敖 1926 年 3 月 26 日 6 册 404 頁

1311 羅曼羅蘭評魯迅 柏生 1926 年 3 月 2 日 6 册 212 頁

1312 羅素的《心之分析》 彭基相 1925 年 5 月 27 日 3 册 221 頁

1313 羅素近刊文 張崧年 1925 年 10 月 10 日 4 册 584 頁

1314 羅素論二十世紀的哲學（一） 彭基相 1926 年 4 月 8 日 6 册 497 頁

1315 羅素論二十世紀的哲學（二） 彭基相 1926 年 4 月 10 日 6 册 505 頁

1316 羅素論二十世紀的哲學（三） 彭基相 1926 年 4 月 11 日 6 册 516 頁

1317 羅素論二十世紀的哲學（四） 彭基相 1926 年 4 月 13 日 6 册 532 頁

1318 羅素論二十世紀的哲學（五） 彭基相 1926 年 4 月 14 日 6 册 537 頁

1319 羅素論胡適 畢樹棠 1925 年 2 月 21 日 1 册 544 頁

1320 羅素是眞了解詹姆士的 汪震 1925 年 2 月 8 日 1 册 449 頁

1321 羅隱的故事 許黛心 1925 年 7 月 30 日 3 册 732 頁

1322 邏輯的性質 余文偉 1925 年 12 月 28 日 5 册 453 頁

1323 邏輯家的比喻 天廬 1925 年 9 月 12 日 4 册 353 頁

1324 邏輯與近代哲學的趨向 汪奠基 1926 年 2 月 1 日 6 册 12 頁

1325 旅大一瞥記（一） 王化周 1925 年 12 月 1 日 5 册 258 頁

1326 旅大一瞥記（二） 王化周 1925 年 12 月 2 日 5 册 265 頁

1327 旅大一瞥記（三） 王化周 1925 年 12 月 3 日 5 册 273 頁

1328 旅大一瞥記（四） 王化周 1925 年 12 月 8 日 5 册 306 頁

1329 旅大一瞥記（五） 王化周 1925 年 12 月 9 日 5 册 315 頁

1330　旅大一瞥記（六）　王化周　1925 年 12 月 10 日　5 册　321 頁

1331　旅蜀日記（一）　羅文漢　1925 年 10 月 1 日　4 册　506 頁

1332　旅蜀日記（二）　羅文漢　1925 年 10 月 2 日　4 册　516 頁

1333　旅蜀日記（三）　羅文漢　1925 年 10 月 4 日　4 册　523 頁

1334　旅蜀日記（四）　羅文漢　1925 年 10 月 6 日　4 册　538 頁

1335　旅蜀日記（五）　羅文漢　1925 年 10 月 7 日　4 册　548 頁

1336　旅蜀日記（六）　羅文漢　1925 年 10 月 9 日　4 册　564 頁

1337　旅蜀日記（七）　羅文漢　1925 年 10 月 12 日　4 册　611 頁

1338　旅蜀日記（八）　羅文漢　1925 年 10 月 14 日　4 册　626 頁

1339　旅蜀日記（九）　羅文漢　1925 年 10 月 15 日　4 册　635 頁

1340　旅蜀日記（十）　羅文漢　1925 年 10 月 16 日　4 册　644 頁

1341　旅蜀日記（十一）　羅文漢　1925 年 10 月 17 日　4 册　652 頁

1342　旅蜀日記（十二）　羅文漢　1925 年 10 月 22 日　4 册　691 頁

1343　旅蜀日記（十三）　羅文漢　1925 年 10 月 23 日　4 册　698 頁

1344　旅蜀日記（十四）　羅文漢　1925 年 10 月 25 日　4 册　716 頁

1345　旅蜀日記（十五）　羅文漢　1925 年 10 月 29 日　4 册　747 頁

1346　旅蜀日記（十六）　羅文漢　1925 年 10 月 30 日　4 册　755 頁

1347　旅蜀日記（十七）　羅文漢　1925 年 10 月 31 日　4 册　763 頁

1348　旅蜀日記（十八）　羅文漢　1925 年 11 月 4 日　5 册　34 頁

1349　旅蜀日記（十九）　羅文漢　1925 年 11 月 11 日　5 册　90 頁

1350　旅蜀日記（二十）　羅文漢　1925 年 11 月 14 日　5 册　116 頁

1351　旅蜀日記（二十一）　羅文漢　1925 年 11 月 15 日　5 册　124 頁

1352　旅蜀日記（二十二）　羅文漢　1925 年 11 月 16 日　5 册　131 頁

1353　旅蜀日記（二十三）　羅文漢　1925 年 11 月 17 日　5 册　139 頁

1354　旅蜀日記（二十四）　羅文漢　1925 年 11 月 18 日　5 册　148 頁

1355　旅蜀日記（二十五）　羅文漢　1925 年 11 月 19 日　5 册　156 頁

1356　旅蜀日記（二十六）　羅文漢　1925 年 11 月 20 日　5 册　164 頁

1357　旅蜀日記（二十七）　羅文漢　1925 年 11 月 22 日　5 册　181 頁

1358　旅蜀日記（二十八）　羅文漢　1925 年 11 月 23 日　5 册　187 頁

1359 旅蜀日記（二十九） 羅文漢 1925 年 11 月 25 日 5 冊 202 頁

1360 旅途中悲劇之一幕 陳俞廷 1925 年 5 月 21 日 3 冊 171 頁

M

1361 馬爾丁《群眾的行爲》一書的介紹與批評（一） 容肇祖 1926 年 1 月 14 日 5 冊 572 頁

1362 馬爾丁《群眾的行爲》一書的介紹與批評（二） 容肇祖 1926 年 1 月 15 日 5 冊 580 頁

1363 馬爾丁《群眾的行爲》一書的介紹與批評（三） 容肇祖 1926 年 1 月 17 日 5 冊 595 頁

1364 馬君武先生對於滬案的意見 馬君武 1925 年 6 月 12 日 3 冊 354 頁

1365 馬君武整頓號房 少東 1926 年 3 月 9 日 6 冊 271 頁

1366 馬克斯的唯物史觀 高一涵講 熊以謙記 1925 年 4 月 26 日 2 冊 477 頁

1367 馬文論哲學的性質（一） 余文偉 1926 年 4 月 1 日 6 冊 451 頁

1368 馬文論哲學的性質（二） 余文偉 1926 年 4 月 2 日 6 冊 458 頁

1369 馬文論哲學的性質（三） 余文偉 1926 年 4 月 3 日 6 冊 465 頁

1370 馬譯物種原始正誤並質馬君武先生（一） 張文亮 1925 年 10 月 4 日 4 冊 520 頁

1371 馬譯物種原始正誤並質馬君武先生（二） 張文亮 1925 年 10 月 6 日 4 冊 537 頁

1372 馬譯物種原始正誤並質馬君武先生（三） 張文亮 1925 年 10 月 7 日 4 冊 545 頁

1373 馬譯物種原始正誤並質馬君武先生（四） 張文亮 1925 年 10 月 8 日 4 冊 555 頁

1374 馬譯物種原始正誤並質馬君武先生（五） 張文亮 1925 年 10 月 9 日 4 冊 562 頁

1375 馬譯物種原始正誤並質馬君武先生（六） 張文亮 1925 年 10 月 12 日 4 冊 610 頁

1376 馬譯物種原始正誤並質馬君武先生（七） 張文亮 1925 年 10 月 18 日 4

册　657頁

1377　馬譯物種原始正誤並質馬君武先生（八）　張文亮　1925年10月19日　4
册　667頁

1378　馬譯物種原始正誤並質馬君武先生（九）　張文亮　1925年10月21日　4
册　683頁

1379　馬譯物種原始正誤並質馬君武先生（十）　張文亮　1925年10月22日　4
册　689頁

1380　馬譯物種原始正誤並質馬君武先生（十一）　張文亮　1925年10月23
日　4册　696頁

1381　馬譯物種原始正誤並質馬君武先生（十二）　張文亮　1925年10月24
日　4册　705頁

1382　馬譯物種原始正誤並質馬君武先生（十三）　張文亮　1925年10月29
日　4册　745頁

1383　馬譯物種原始正誤並質馬君武先生（十四）　張文亮　1925年10月30
日　4册　753頁

1384　馬譯物種原始正誤並質馬君武先生（十五）　張文亮　1925年10月31
日　4册　760頁

1385　馬寅初先生致北京日報及北京導報記者的信　馬寅初作　董秋芳譯　1926
年3月6日　6册　244頁

1386　螞蟻的同情　溫蔓菁　1926年4月17日　6册　568頁

1387　螞蟻與歐陽蘭　風光　1925年4月20日　2册　435頁

1388　"罵曹"——《現代評論》上許君遠先生的《今昔》及其他　光君　1926
年1月15日　5册　584頁

1389　罵得使人討厭　琴心、伏園　1925年2月7日　1册　445頁

1390　罵人的妙法　子榮　1925年1月20日　1册　344頁

1391　買燒餅　沅君　1924年12月5日　1册　7頁

1392　蠻性與新本能（一）　（美）摩耳著　李小峰譯　1925年2月23日　1
册　559頁

1393　蠻性與新本能（二）　（美）摩耳著　李小峰譯　1925年2月24日　1

册　567 頁

1394　蠻性與新本能（三）（美）摩耳著　李小峰譯　1925 年 2 月 25 日　1
册　575 頁

1395　蠻性與新本能（四）（美）摩耳著　李小峰譯　1925 年 2 月 26 日　1
册　583 頁

1396　蠻性與新本能（五）（美）摩耳著　李小峰譯　1925 年 2 月 27 日　1
册　591 頁

1397　曼筠　默默　1925 年 5 月 2 日　3 册　19 頁

1398　幔子下的人們　長虹　1925 年 5 月 26 日　3 册　212 頁

1399　漫談　秋芳　1925 年 12 月 20 日　5 册　404 頁

1400　忙話　沄沁　1925 年 6 月 4 日　3 册　294 頁

1401　忙裏寫幾句　馮文炳　1925 年 12 月 15 日　5 册　364 頁

1402　忙中觀《病中捉賊》　承志　1925 年 6 月 7 日　3 册　320 頁

1403　"盲目的讀者"　喬迺　1925 年 3 月 15 日　2 册　124 頁

1404　梅花墻上（一）　黎錦明　1925 年 12 月 16 日　5 册　369 頁

1405　梅花墻上（二）　黎錦明　1925 年 12 月 17 日　5 册　379 頁

1406　梅花墻上（三）　黎錦明　1925 年 12 月 18 日　5 册　383 頁

1407　美的國慶節　張競生　1925 年 10 月 10 日　4 册　575 頁

1408　《美的人生觀》後序　張競生　1925 年 1 月 8 日　1 册　246 頁

1409　美的思想（一）　張競生　1925 年 1 月 8 日　1 册　241 頁

1410　美的思想（二）　張競生　1925 年 1 月 9 日　1 册　250 頁

1411　美的思想（三）　張競生　1925 年 1 月 10 日　1 册　259 頁

1412　美的思想（四）　張競生　1925 年 1 月 11 日　1 册　268 頁

1413　美的思想（五）　張競生　1925 年 1 月 12 日　1 册　274 頁

1414　美的思想（六）　張競生　1925 年 1 月 14 日　1 册　290 頁

1415　美的思想（七）　張競生　1925 年 1 月 15 日　1 册　298 頁

1416　美的裝訂法的新發現　孟士達　1926 年 3 月 3 日　6 册　224 頁

1417　美國的知識階級　羅素著　錢星海譯　1925 年 1 月 11 日　1 册　266 頁

1418　美國之青年運動　韓德講　陳肇文記　1925 年 12 月 27 日　5 册　445 頁

1419 美國著名女詩人羅艾爾逝世 聞一多 1925 年 7 月 1 日 3 冊 506 頁

1420 美化的新年點綴——回憶兒童時的新年生活 俞宗杰 1926 年 2 月 18 日 6 冊 107 頁

1421 美治政策（一）——《美的社會組織法》第三章 張競生 1925 年 9 月 26 日 4 冊 459 頁

1422 美治政策（二） 張競生 1925 年 9 月 28 日 4 冊 475 頁

1423 美治政策（三） 張競生 1925 年 9 月 29 日 4 冊 483 頁

1424 美治政策（四） 張競生 1925 年 9 月 30 日 4 冊 491 頁

1425 美治政策（五） 張競生 1925 年 10 月 8 日 4 冊 551 頁

1426 美治政策（六） 張競生 1925 年 10 月 9 日 4 冊 559 頁

1427 美治政策（七） 張競生 1925 年 10 月 13 日 4 冊 618 頁

1428 美治政策（八） 張競生 1925 年 10 月 14 日 4 冊 623 頁

1429 美治政策（九） 張競生 1925 年 10 月 15 日 4 冊 631 頁

1430 美治政策（十） 張競生 1925 年 10 月 16 日 4 冊 643 頁

1431 美治政策（十一） 張競生 1925 年 10 月 17 日 4 冊 647 頁

1432 美治政策（十二） 張競生 1925 年 10 月 23 日 4 冊 695 頁

1433 美治政策（十三） 張競生 1925 年 10 月 24 日 4 冊 703 頁

1434 美治政策（十四） 張競生 1925 年 10 月 25 日 4 冊 711 頁

1435 美治政策（十五） 張競生 1925 年 10 月 27 日 4 冊 729 頁

1436 美治政策（十六） 張競生 1925 年 10 月 29 日 4 冊 744 頁

1437 美治政策（十七） 張競生 1925 年 10 月 30 日 4 冊 751 頁

1438 美治政策（十八） 張競生 1925 年 10 月 31 日 4 冊 759 頁

1439 悶 金仲芸 1925 年 8 月 22 日 4 冊 182 頁

1440 "盟詛" 江紹原 1926 年 2 月 20 日 6 冊 124 頁

1441 夢 天心 1925 年 1 月 17 日 1 冊 317 頁

1442 夢的方法（上） 曲廣均 1926 年 1 月 16 日 5 冊 591 頁

1443 夢的方法（下） 曲廣均 1926 年 1 月 17 日 5 冊 596 頁

1444 夢境 羅學濂 1924 年 12 月 18 日 1 冊 112 頁

1445 夢判北京市民家奴氣十足 信舫 1925 年 1 月 19 日 1 冊 335 頁

1446　夢要消了　培良　1924年12月11日　1冊　57頁

1447　迷信與研究　毛坤　1925年7月27日　3冊　704頁

1448　麵包歌（倣燒餅歌體）　芙蓉子　1925年3月6日　2冊　54頁

1449　苗族狀況的概略（一）　劉驤　1924年12月18日　1冊　109頁

1450　苗族狀況的概略（二）　劉驤　1924年12月19日　1冊　118頁

1451　苗族狀況的概略（三）　劉驤　1924年12月20日　1冊　127頁

1452　苗族狀況的概略（四）　劉驤　1924年12月21日　1冊　133頁

1453　苗族狀況的概略（五）　劉驤　1924年12月22日　1冊　141頁

1454　苗族狀況的概略（六）　劉驤　1924年12月29日　1冊　181頁

1455　妙峰山　關璞田　1925年5月13日　3冊　110頁

1456　妙峰山的傳說　俞琴　1925年8月27日　4冊　222頁

1457　妙峰山的漫遊　俞宗杰　1925年6月6日　3冊　310頁

1458　妙峰山的香會（一）　顧頡剛　1925年5月23日　3冊　183頁

1459　妙峰山的香會（二）　顧頡剛　1925年5月29日　3冊　231頁

1460　妙峰山的香會（三）　顧頡剛　1925年6月6日　3冊　305頁

1461　妙峰山的香會（四）　顧頡剛　1925年7月17日　3冊　623頁

1462　妙峰山進香日記　莊嚴　1925年5月29日　3冊　236頁

1463　妙峰山進香者的心理　容肇祖　1925年5月13日　3冊　105頁

1464　妙峰山進香專號引言　顧頡剛　1925年5月13日　3冊　103頁

1465　妙峰山娘娘廟殿宇略圖　顧頡剛　1925年8月27日　4冊　221頁

1466　妙想天開的兩位總長——嚼蠟之六　良醫　1925年8月17日　4冊　141頁

1467　滅灰　招勉之　1925年9月17日　4冊　393頁

1468　民國以來日本挑撥我國內亂之手段　李宗武　1926年4月11日　6冊　515頁

1469　民間生活掙扎的片段　敬仔　1926年2月21日　6冊　132頁

1470　民六任大元帥時之孫中山先生（照片）　1926年3月12日　6冊　292頁

1471　"民治主義的精神"？　無名　1925年4月13日　2冊　379頁

1472　民眾的對頭　谷鳳田　1925年8月18日　4冊　150頁

1473　民眾運動的四要素　羅懋德　1925年6月15日　3冊　377頁

1474　明知是得罪人的話　琴心　1925 年 4 月 9 日　2 冊　348 頁

1475　明知是無聊的話　蘭敏　1925 年 5 月 25 日　3 冊　205 頁

1476　摩耳對於詹姆士實驗主義的批評（上）　彭基相　1926 年 2 月 21 日　6 冊　127 頁

1477　摩耳對於詹姆士實驗主義的批評（下）　彭基相　1926 年 2 月 22 日　6 冊　136 頁

1478　磨麵少年的離別（德國民歌之一）　何競譯　1926 年 1 月 11 日　5 冊　553 頁

1479　莫名其妙　陳仲益　1925 年 3 月 12 日　2 冊　101 頁

1480　默禱　昕初　1925 年 4 月 21 日　2 冊　442 頁

1481　母親帳中的行獵　杜若　1925 年 9 月 21 日　4 冊　426 頁

1482　牡丹（銅版）　1925 年 12 月 30 日　5 冊　474 頁

1483　目下的北京　有麟　1926 年 4 月 24 日　6 冊　624 頁

1484　目下國人心理上的西醫　劉予生　1925 年 12 月 8 日　5 冊　308 頁

1485　牧羊人社　雷助翔、王宗璠　1926 年 1 月 8 日　5 冊　528 頁

1486　募捐救濟失業工人的根本辦法　董亨　1925 年 6 月 16 日　3 冊　387 頁

1487　暮　杜若　1925 年 9 月 23 日　4 冊　442 頁

N

1488　呐喊後的悲哀　譚慕愚　1925 年 10 月 5 日　4 冊　533 頁

1489　南歸　朱湘　1925 年 3 月 10 日　2 冊　82 頁

1490　南開大學與上海大學　焦有功　1926 年 4 月 14 日　6 冊　542 頁

1491　南開教育的破產　祝冷然　1925 年 1 月 10 日　1 冊　260 頁

1492　難道不管麼?　吳鉞　1925 年 6 月 12 日　3 冊　359 頁

1493　難道沒有別的救濟方法了嗎?　李繼宣　1925 年 10 月 16 日　4 冊　640 頁

1494　鬧一個玩意兒瞧瞧　敬仔　1925 年 12 月 22 日　5 冊　419 頁

1495　你讓我站在這土丘上招魂　梵心　1925 年 4 月 16 日　2 冊　402 頁

1496　你呀，甘人!　琴心　1925 年 4 月 25 日　2 冊　476 頁

1497　"你要知道"　茂林　1925 年 4 月 18 日　2 冊　418 頁

1498　"你也要傷心吧"——憶高君宇　川島　1925 年 4 月 3 日　2 冊　305 頁

1499　你怎麼竟如秋風般的殘忍？　琴心　1925 年 2 月 24 日　1 冊　574 頁

1500　你知否？　天心　1925 年 4 月 21 日　2 冊　442 頁

1501　擬《擬曲》　劉半儂　1925 年 2 月 21 日　1 冊　548 頁

1502　寧靜的時候　朱大枏　1925 年 1 月 22 日　1 冊　357 頁

1503　"牛羊何擇焉"　張中正　1926 年 3 月 16 日　6 冊　321 頁

1504　農村生活寫實——"到民間去"的一段回憶　茹素　1926 年 1 月 19 日　5 冊　616 頁

1505　農人的歌訣（山東利津縣）　崔漁汀　1925 年 8 月 13 日　4 冊　108 頁

1506　農人的歌訣（直隸博野縣）　蔣鴻年　1925 年 9 月 19 日　4 冊　409 頁

1507　農氏與平民教育　田倬之　1925 年 2 月 3 日　1 冊　408 頁

1508　農業與工業　彭重民　1926 年 2 月 28 日　6 冊　186 頁

1509　農業與工業——闢重民君的《工業與農業之比較觀》　向雲龍　1926 年 1 月 29 日　5 冊　697 頁

1510　"奴性"與"人格"　班延兆、開明　1925 年 1 月 13 日　1 冊　288 頁

1511　奴性與非奴性　童過西　1925 年 1 月 11 日　1 冊　271 頁

1512　努力救國運動者今後應有的實際工作　周倫超　1925 年 9 月 27 日　4 冊　467 頁

1513　努力救國運動者應盡的責任　周倫超　1925 年 8 月 2 日　4 冊　15 頁

1514　女名美　畢樹棠　1925 年 11 月 13 日　5 冊　109 頁

1515　女人壓迫女人　風先　1925 年 5 月 15 日　3 冊　126 頁

1516　女師大大改革論　儀京　1925 年 8 月 3 日　4 冊　23 頁

1517　女師大的學風　凱明　1925 年 5 月 22 日　3 冊　181 頁

1518　女師大風潮　愚露　1925 年 8 月 7 日　4 冊　62 頁

1519　女師大復校紀念遊藝　學昭　1926 年 2 月 3 日　6 冊　29 頁

1520　女師大事之餘　申府　1925 年 12 月 27 日　5 冊　451 頁

1521　女校長的男女的夢　魯迅　1925 年 8 月 10 日　4 冊　79 頁

1522　女性美（一）（法）Mme le Dr. H. Garboriau 原著　季志仁譯　1925 年 10 月 1 日　4 冊　504 頁

1523　女性美（二）（法）Mme le Dr. H. Garboriau 原著　季志仁譯　1925 年 10 月 4 日　4 冊　521 頁

1524　女性美（三）（法）Mme le Dr. H. Garboriau 原著　季志仁譯　1925 年 10 月 15 日　4 冊　632 頁

1525　女性美（四）（法）Mme le Dr. H. Garboriau 原著　季志仁譯　1925 年 11 月 4 日　5 冊　33 頁

1526　女性美（五）（法）Mme le Dr. H. Garboriau 原著　季志仁譯　1925 年 11 月 8 日　5 冊　64 頁

1527　女性美（六）（法）Mme le Dr. H. Garboriau 原著　季志仁譯　1925 年 11 月 9 日　5 冊　73 頁

1528　女性美（七）（法）Mme le Dr. H. Garboriau 原著　季志仁譯　1925 年 11 月 15 日　5 冊　121 頁

1529　女性美（八）（法）Mme le Dr. H. Garboriau 原著　季志仁譯　1925 年 11 月 16 日　5 冊　129 頁

1530　女性美（九）（法）Mme le Dr. H. Garboriau 原著　季志仁譯　1925 年 11 月 17 日　5 冊　135 頁

1531　女子教育未必重要　蕭度　1924 年 12 月 28 日　1 冊　176 頁

1532　女子無才便是德　汪質　1925 年 9 月 7 日　4 冊　314 頁

1533　女子與藝術　畢樹棠　1925 年 2 月 18 日　1 冊　520 頁

P

1534　排日——日本是中國的仇敵　豈明　1926 年 3 月 16 日　6 冊　321 頁

1535　排英日與排外　耕三　1925 年 6 月 9 日　3 冊　333 頁

1536　跑一趟野馬　余文偉　1926 年 2 月 19 日　6 冊　117 頁

1537　朋友，驕傲些罷！　天心　1925 年 4 月 30 日　2 冊　516 頁

1538　批判易卜生的娜拉　張文亮　1925 年 11 月 7 日　5 冊　56 頁

1539　批評界的“全捧”與“全罵”　琴心　1925 年 4 月 22 日　2 冊　451 頁

1540　批評文學與文學原理　董秋芳　1925 年 2 月 10 日　1 冊　464 頁

1541　“琵琶”與“枇杷”　雲岫　1925 年 9 月 23 日　4 冊　442 頁

1542　闘謠　李慧等　1926 年 4 月 2 日　6 册　463 頁

1543　"偏見"　馮文炳　1925 年 12 月 28 日　5 册　460 頁

1544　偏見的經驗　柯柏森　1925 年 3 月 5 日　2 册　45 頁

1545　飄流在北京城中　逋客　1925 年 8 月 15 日　4 册　122 頁

1546　朴烈被宣告死刑　平明　1926 年 3 月 31 日　6 册　445 頁

1547　平鳴　愛吾　1925 年 4 月 18 日　2 册　419 頁

1548　評《畫家之妻》　培良　1925 年 3 月 9 日　2 册　76 頁

1549　評《現代評論》《女師大的學潮》　正言　1925 年 3 月 24 日　2 册　194 頁

1550　評陳衡哲的西洋史　蔣廷黻　1925 年 1 月 7 日　1 册　239 頁

1551　評美的人生觀　伏園　1925 年 9 月 24 日　4 册　450 頁

1552　評欽定教育憲法專章草案　西徵　1925 年 10 月 15 日　4 册　634 頁

1553　評玉君　培良　1925 年 4 月 5 日　2 册　321 頁

1554　評鄭譯《海鷗》（一）　生爲　1924 年 12 月 12 日　1 册　65 頁

1555　評鄭譯《海鷗》（二）　生爲　1924 年 12 月 16 日　1 册　94 頁

1556　評鄭譯《海鷗》（三）　生爲　1924 年 12 月 17 日　1 册　99 頁

1557　《評中西文化觀》作者的答辯　楊明齋　1924 年 12 月 14 日　1 册　81 頁

1558　"潑皮"話　黃育熙　1926 年 3 月 17 日　6 册　336 頁

1559　溥儀妻植蓮女士（插圖）　1925 年 11 月 5 日　5 册　43 頁

1560　溥儀妾愛蓮女士（插圖）　1925 年 11 月 5 日　5 册　43 頁

1561　溥儀與章士釗與劉百昭　光榮　1925 年 8 月 24 日　4 册　191 頁

1562　溥儀在御花園頑戲（插圖）　1925 年 11 月 5 日　5 册　43 頁

1563　溥儀作品一（見蒙古人記）　1925 年 11 月 5 日　5 册　44 頁

1564　溥儀作品二（諭張勛）　1925 年 11 月 5 日　5 册　45 頁

Q

1565　七年前的林風眠先生　溫克威　1926 年 3 月 5 日　6 册　239 頁

1566　《七種週刊》在新聞學上之理由　飄萍　1924 年 12 月 10 日　1 册　43 頁

1567　淒清的早上　蹇先艾　1925 年 4 月 16 日　2 册　401 頁

1568　悽寂之夜　王森然　1925 年 10 月 27 日　4 册　733 頁

1569 奇哉！所謂魯迅先生的話 熊以謙 1925 年 3 月 8 日 2 冊 66 頁

1570 齊福 小吉司梯瑪威廉著 寒光譯 1924 年 12 月 29 日 1 冊 182 頁

1571 齊燮元與《新青年》 喜旺木 1925 年 2 月 15 日 1 冊 502 頁

1572 起了逃走的念頭 秋明 1925 年 3 月 12 日 2 冊 100 頁

1573 啟事 魯迅 1925 年 5 月 6 日 3 冊 54 頁

1574 泣告名流 林玉堂 1925 年 10 月 10 日 4 冊 572 頁

1575 前留學生——迎接李亮恭、夏亢農二同學回國 孫福熙 1926 年 1 月 30
日 5 冊 699 頁

1576 "虔誠"與"前程" 伏園 1925 年 8 月 27 日 4 冊 222 頁

1577 強者的宣言 朴烈 1926 年 4 月 23 日 6 冊 609 頁

1578 瞧瞧人家選的什麼？（一） 記者 1926 年 2 月 1 日 6 冊 14 頁

1579 瞧瞧他們怎麼個選法（二） 記者 1926 年 2 月 2 日 6 冊 22 頁

1580 瞧瞧他們為什麼選這班人（三） 記者 1926 年 2 月 3 日 6 冊 30 頁

1581 瞧瞧他們為什麼這樣選（四） 記者 1926 年 2 月 4 日 6 冊 37 頁

1582 青年愛讀書特刊（一） 2 冊 255 頁

1583 青年愛讀書特刊（二） 2 冊 263 頁

1584 青年愛讀書特刊（三） 2 冊 271 頁

1585 青年必讀書（一） 胡適之 1925 年 2 月 11 日 1 冊 478 頁

1586 青年必讀書（二） 梁任公 1925 年 2 月 12 日 1 冊 486 頁

1587 青年必讀書（三） 周作人 1925 年 2 月 14 日 1 冊 494 頁

1588 青年必讀書（四） 李小峰 1925 年 2 月 15 日 1 冊 502 頁

1589 青年必讀書（五）再跑一趟野馬 徐志摩 1925 年 2 月 16 日 1 冊 508 頁

1590 青年必讀書（六） 潘家洵 1925 年 2 月 17 日 1 冊 518 頁

1591 青年必讀書（七） 馬幼漁 1925 年 2 月 18 日 1 冊 526 頁

1592 青年必讀書（八） 江紹原 1925 年 2 月 19 日 1 冊 534 頁

1593 青年必讀書（九） 朱我農 1925 年 2 月 20 日 1 冊 542 頁

1594 青年必讀書（十） 魯迅 1925 年 2 月 21 日 1 冊 550 頁

1595 青年必讀書（十一） 譚仲逵 1925 年 2 月 22 日 1 冊 558 頁

1596 青年必讀書（十二）（一、國學必讀書） 林玉堂 1925 年 2 月 23 日 1

册　566 頁

1597　青年必讀書（十二）（二、新學必讀書）　林玉堂　1925 年 2 月 24 日　1
册　574 頁

1598　青年必讀書（十三）　沈兼士　1925 年 2 月 25 日　1 册　582 頁

1599　青年必讀書（十四）　易寅村　1925 年 2 月 26 日　1 册　590 頁

1600　青年必讀書（十五）　張競生　1925 年 2 月 27 日　1 册　598 頁

1601　青年必讀書（十六）　李仲廣　1925 年 2 月 28 日　1 册　604 頁

1602　青年必讀書（十七）　曾慶鑄　1925 年 2 月 28 日　1 册　604 頁

1603　青年必讀書（十八）　李慈良　1925 年 2 月 28 日　1 册　604 頁

1604　青年必讀書（十九）　黎錦暉　1925 年 2 月 28 日　1 册　604 頁

1605　青年必讀書（二〇）　吳少華　1925 年 2 月 28 日　1 册　604 頁

1606　青年必讀書（二一）　任昶　1925 年 2 月 28 日　1 册　605 頁

1607　青年必讀書（二二）　謝行暉　1925 年 2 月 28 日　1 册　605 頁

1608　青年必讀書（二三）　章錫琛　1925 年 2 月 28 日　1 册　605 頁

1609　青年必讀書（二四）　張煦　1925 年 2 月 28 日　1 册　605 頁

1610　青年必讀書（二五）　劉子雲　1925 年 2 月 28 日　1 册　605 頁

1611　青年必讀書（二六）　蘇天行　1925 年 2 月 28 日　1 册　605 頁

1612　青年必讀書（二七）　汪震　1925 年 2 月 28 日　1 册　605 頁

1613　青年必讀書（二八）　韓介生　1925 年 2 月 28 日　1 册　606 頁

1614　青年必讀書（二九）　徐之予　1925 年 2 月 28 日　1 册　606 頁

1615　青年必讀書（三〇）　謝茨安　1925 年 2 月 28 日　1 册　606 頁

1616　青年必讀書（三一）　王文彬　1925 年 2 月 28 日　1 册　606 頁

1617　青年必讀書（三二）　莊更生　1925 年 2 月 28 日　1 册　606 頁

1618　青年必讀書（三三）　趙哲存　1925 年 2 月 28 日　1 册　606 頁

1619　青年必讀書（三四）　王劼剛　1925 年 2 月 28 日　1 册　606 頁

1620　青年必讀書（三五）　鄭介石　1925 年 2 月 28 日　1 册　606 頁

1621　青年必讀書（三六）　鄧皋生　1925 年 2 月 28 日　1 册　606 頁

1622　青年必讀書（三七）　念珮　1925 年 2 月 28 日　1 册　606 頁

1623　青年必讀書（三八）　劉作人　1925 年 2 月 28 日　1 册　606 頁

1624 青年必讀書（三九） 袁憲範 1925 年 2 月 28 日 1 册 606 頁

1625 青年必讀書（四○） 俞平伯 1925 年 2 月 28 日 1 册 606 頁

1626 青年必讀書（四一） 顧頡剛 1925 年 3 月 1 日 2 册 12 頁

1627 青年必讀書（四二） 邵元沖 1925 年 3 月 2 日 2 册 22 頁

1628 青年必讀書（四三） 徐旭生 1925 年 3 月 3 日 2 册 30 頁

1629 青年必讀書（四四） 周建人 1925 年 3 月 4 日 2 册 38 頁

1630 青年必讀書（四五） 張東蓀 1925 年 3 月 5 日 2 册 46 頁

1631 青年必讀書（四六） 馬叙倫（馬夷初） 1925 年 3 月 6 日 2 册 54 頁

1632 青年必讀書（四七） 羅庸 1925 年 3 月 7 日 2 册 62 頁

1633 青年必讀書（四八） 汪精衛 1925 年 3 月 8 日 2 册 70 頁

1634 青年必讀書（四九） 楊四穆 1925 年 3 月 9 日 2 册 78 頁

1635 青年必讀書（五○） 許季黼 1925 年 3 月 10 日 2 册 86 頁

1636 青年必讀書（五一） 吳鏡笠 1925 年 3 月 11 日 2 册 94 頁

1637 青年必讀書（五二） 常維鈞 1925 年 3 月 12 日 2 册 102 頁

1638 青年必讀書（五三） 常燕生 1925 年 3 月 13 日 2 册 110 頁

1639 青年必讀書（五四） 羅德輝 1925 年 3 月 14 日 2 册 117 頁

1640 青年必讀書（五五） 秦蜕人 1925 年 3 月 15 日 2 册 126 頁

1641 青年必讀書（五六） 秦黃胤 1925 年 3 月 16 日 2 册 134 頁

1642 青年必讀書（五七） 劉奇 1925 年 3 月 17 日 2 册 142 頁

1643 青年必讀書（五八） 董魯安 1925 年 3 月 18 日 2 册 150 頁

1644 青年必讀書（五九） 周傑人 1925 年 3 月 19 日 2 册 158 頁

1645 青年必讀書（六○） 劉書韻 1925 年 3 月 20 日 2 册 166 頁

1646 青年必讀書（六一） 周長憲 1925 年 3 月 21 日 2 册 174 頁

1647 青年必讀書（六二） 黎性波 1925 年 3 月 22 日 2 册 182 頁

1648 青年必讀書（六三） 黃積之 1925 年 3 月 23 日 2 册 190 頁

1649 青年必讀書（六四） 周志偉 1925 年 3 月 24 日 2 册 198 頁

1650 青年必讀書（六五） 太虛和尚 1925 年 3 月 25 日 2 册 206 頁

1651 青年必讀書（六六） 安世徽 1925 年 3 月 26 日 2 册 214 頁

1652 青年必讀書（六七） 廖廸謙 1925 年 3 月 27 日 2 册 222 頁

1653 青年必讀書（六八） 丁夢賢 1925 年 3 月 28 日 2 册 230 頁

1654 青年必讀書（六九） 李幼莽 1925 年 3 月 29 日 2 册 238 頁

1655 青年必讀書（七〇） 孫竹生 1925 年 3 月 30 日 2 册 246 頁

1656 青年必讀書（七一） 趙雪陽 1925 年 3 月 31 日 2 册 254 頁

1657 青年必讀書（七二） 梁問天 1925 年 4 月 1 日 2 册 292 頁

1658 青年必讀書（七三） 李宜春 1925 年 4 月 2 日 2 册 300 頁

1659 青年必讀書（七四） 劉夢葦 1925 年 4 月 3 日 2 册 307 頁

1660 青年必讀書（七五） 許昂若 1925 年 4 月 4 日 2 册 316 頁

1661 青年必讀書（七六） 蕭蓬如 1925 年 4 月 7 日 2 册 332 頁

1662 青年必讀書（七七） 唐雍獻 1925 年 4 月 8 日 2 册 340 頁

1663 青年必讀書（七八） 王良才 1925 年 4 月 9 日 2 册 348 頁

1664 青年必讀書的疑問二則 滌寰、平平 1925 年 2 月 26 日 1 册 589 頁

1665 青年必讀書與飽學愛讀書 田瑞璐 1925 年 2 月 18 日 1 册 525 頁

1666 青年道中的幾句話 孫福熙 1926 年 2 月 28 日 6 册 183 頁

1667 青年的五色國旗 張崧年 1925 年 3 月 15 日 2 册 124 頁

1668 青年會觀劇之後 程坤一 1925 年 3 月 27 日 2 册 220 頁

1669 青年均應執贄爲段執政門下 柏生 1926 年 3 月 21 日 6 册 365 頁

1670 青年與復辟黨 有麟 1925 年 8 月 29 日 4 册 237 頁

1671 青年與國故 汪震 1925 年 9 月 10 日 4 册 331 頁

1672 青年與鴉片 天幕 1925 年 11 月 10 日 5 册 86 頁

1673 青年運動 徐志摩 1925 年 3 月 13 日 2 册 103 頁

1674 青年之嚴正的生活從此開始 柏生 1926 年 3 月 22 日 6 册 371 頁

1675 青仙（一） 欽文 1925 年 4 月 22 日 2 册 448 頁

1676 青仙（二） 欽文 1925 年 4 月 23 日 2 册 455 頁

1677 清晨 愛芝 1925 年 5 月 9 日 3 册 78 頁

1678 清晨——夜晚 吳熙成 1926 年 4 月 14 日 6 册 542 頁

1679 清宮參觀記（一） 江問漁 1925 年 1 月 4 日 1 册 212 頁

1680 清宮參觀記（二） 江問漁 1925 年 1 月 5 日 1 册 218 頁

1681 清宮攝影兩幅 陳萬里 1925 年 1 月 15 日 1 册 299 頁

1682　清宮攝影兩幅　陳萬里　1925 年 1 月 16 日　1 冊　306 頁

1683　清華學生的腦袋　良德馨　1926 年 2 月 25 日　6 冊　165 頁

1684　清華園之菊　春臺　1925 年 12 月 30 日　5 冊　469 頁

1685　"清明"　張友鸞　1925 年 4 月 8 日　2 冊　337 頁

1686　清明的悲哀　蘋子　1926 年 4 月 11 日　6 冊　518 頁

1687　清明時節　綠藻　1926 年 4 月 5 日　6 冊　482 頁

1688　清明之夜　龔家珍　1925 年 7 月 11 日　3 冊　579 頁

1689　清末思想界狀況的再現　伏園　1925 年 6 月 22 日　3 冊　433 頁

1690　清室善後委員會全體在乾清宮前攝影　1925 年 11 月 5 日　5 冊　40 頁

1691　清室優待條件真是法律麼？——並代開明先生答班延兆君　周淦　1925
年 1 月 9 日　1 冊　254 頁

1692　情愛與美趣的社會（一）——《美的社會組織法》導言　張競生　1925
年 9 月 4 日　4 冊　283 頁

1693　情愛與美趣的社會（二）　張競生　1925 年 9 月 5 日　4 冊　291 頁

1694　情愛與美趣的社會（三）　張競生　1925 年 9 月 7 日　4 冊　308 頁

1695　情愛與美趣的社會（四）　張競生　1925 年 9 月 8 日　4 冊　317 頁

1696　情愛與美趣的社會（五）　張競生　1925 年 9 月 9 日　4 冊　325 頁

1697　情愛與美趣的社會（六）　張競生　1925 年 9 月 10 日　4 冊　335 頁

1698　情愛與美趣的社會（七）　張競生　1925 年 9 月 11 日　4 冊　339 頁

1699　情書與罵信　子榮　1925 年 1 月 18 日　1 冊　327 頁

1700　請讀者在百忙中再讀我們的妙峰山專號　伏園　1925 年 6 月 6 日　3
冊　305 頁

1701　請國人先除文妖再打軍閥　林語堂　1926 年 4 月 4 日　6 冊　474 頁

1702　請教高先生　閻劍民　1926 年 2 月 24 日　6 冊　158 頁

1703　請勿生氣　綠藻　1925 年 5 月 18 日　3 冊　149 頁

1704　請政府向英使提出最後通牒　楊劼弦　1925 年 6 月 18 日　3 冊　405 頁

1705　慶的什麼　宋介　1925 年 10 月 10 日　4 冊　605 頁

1706　"慶賀榮典"！　有麟　1925 年 12 月 10 日　5 冊　323 頁

1707　窮而多事——楊蔭榆和分金　申府　1925 年 6 月 5 日　3 冊　299 頁

1708　秋風吹來的黃昏　姜華　1925 年 9 月 22 日　4 冊　431 頁

1709　秋歌　（法）Verlaine 作　唐努譯　1926 年 1 月 14 日　5 冊　573 頁

1710　秋深憶盛夏（上）　寶韓　1925 年 9 月 19 日　4 冊　408 頁

1711　秋深憶盛夏（下）　寶韓　1925 年 9 月 22 日　4 冊　430 頁

1712　求眞理（一）　F. J. Gould 著　李繼宣譯　1925 年 11 月 18 日　5 冊　144 頁

1713　求眞理（二）　F. J. Gould 著　李繼宣譯　1925 年 11 月 20 日　5 冊　162 頁

1714　求眞理（三）　F. J. Gould 著　李繼宣譯　1925 年 11 月 22 日　5 冊　176 頁

1715　驅逐溥儀的理由的證明　李玄伯　1925 年 11 月 5 日　5 冊　45 頁

1716　驅逐楊蔭榆　玉樹　1925 年 8 月 5 日　4 冊　45 頁

1717　全國國民應集中在國民革命旗幟之下　彭澈清　1925 年 11 月 4 日　5
　　　冊　31 頁

1718　勸黎君　浮生　1925 年 10 月 7 日　4 冊　550 頁

1719　勸梁任公、張君勱、胡適之三先生與中國國民黨合作書　楊鴻烈　1925
　　　年 2 月 4 日　1 冊　415 頁

1720　缺陷的心　張炳鈞　1925 年 12 月 18 日　5 冊　384 頁

1721　群化中學的成績展覽會　劉炳藜　1926 年 2 月 5 日　6 冊　44 頁

1722　群衆領袖的問題　洪樨　1926 年 3 月 24 日　6 冊　388 頁

1723　群衆運動與領袖責任　李宗武　1926 年 4 月 1 日　6 冊　452 頁

1724　群衆最應注意的　朱子　1925 年 11 月 3 日　5 冊　30 頁

1725　群衆運動裏面缺少的兩種人　東阜　1925 年 6 月 19 日　3 冊　410 頁

R

1726　讓我們玩一忽兒　宗杰　1925 年 12 月 24 日　5 冊　435 頁

1727　饒先生！你肩頭背的真理的包袱呢?　喬逎　1925 年 3 月 28 日　2
　　　冊　228 頁

1728　熱河籌賑北海遊藝大會的會目　顧頡剛　1925 年 8 月 28 日　4 冊　230 頁

1729　熱血歌（附歌譜）　黎錦暉　1925 年 7 月 11 日　3 冊　582 頁

1730　人間的幸福　黎錦明　1926 年 3 月 8 日　6 冊　261 頁

1731　人類與同情　晶清　1925 年 12 月 21 日　5 冊　411 頁

1732 人權保障宣言 丁曉先等 1926 年 1 月 21 日 5 冊 633 頁

1733 人頭蛛蜘瞧見未? 王培義 1925 年 2 月 4 日 1 冊 422 頁

1734 人文主義與自然主義在教育上之貢獻（上） 劉炳藜 1925 年 9 月 2 日 4
冊 267 頁

1735 人文主義與自然主義在教育上之貢獻（下） 劉炳藜 1925 年 9 月 4 日 4
冊 285 頁

1736 人種的衝突是不可避免的嗎? （英）韋爾斯作 戴景雲譯 1925 年 8 月
1 日 4 冊 7 頁

1737 忍不住了 金滿成 1925 年 4 月 26 日 2 冊 484 頁

1738 認清題目! 陳銓 1925 年 6 月 11 日 3 冊 348 頁

1739 日本、張作霖與東三省 王墨林 1926 年 2 月 26 日 6 冊 173 頁

1740 日本二十一條要求——不平等條約之一 尚素 1925 年 7 月 19 日 3
冊 643 頁

1741 日本行（一） 陸錫侯 1925 年 5 月 2 日 3 冊 20 頁

1742 日本行（二） 陸錫侯 1925 年 5 月 3 日 3 冊 29 頁

1743 日本行（三） 陸錫侯 1925 年 5 月 4 日 3 冊 36 頁

1744 日本行（四） 陸錫侯 1925 年 5 月 5 日 3 冊 41 頁

1745 日本行（五） 陸錫侯 1925 年 5 月 6 日 3 冊 51 頁

1746 日本行（六） 陸錫侯 1925 年 5 月 7 日 3 冊 58 頁

1747 日本行（七） 陸錫侯 1925 年 5 月 8 日 3 冊 69 頁

1748 《日本人的怪論》書後 開明 1925 年 1 月 13 日 1 冊 286 頁

1749 日本新村的消息 SST 1925 年 11 月 22 日 5 冊 182 頁

1750 日本與中國 周作人 1925 年 10 月 10 日 4 冊 583 頁

1751 日俄侵略滿蒙設施的點滴 政均 1925 年 9 月 6 日 4 冊 300 頁

1752 日人之支那覺醒論 B.U. 1925 年 7 月 6 日 3 冊 541 頁

1753 如此“討赤” 魯迅 1926 年 4 月 10 日 6 冊 505 頁

1754 如何打倒英日經濟侵略政策 何義均 1925 年 6 月 10 日 3 冊 342 頁

1755 如何能使中國人不爲英日人服務? 朱馭歐 1925 年 6 月 11 日 3
冊 349 頁

1756 如何用宣傳工夫　周倫超　1925 年 7 月 13 日　3 册　593 頁

1757 如小兄與下流　東苦　1926 年 2 月 5 日　6 册　45 頁

1758 入夢　昕初　1925 年 4 月 24 日　2 册　467 頁

1759 弱國的青年——爲《高麗青年》作　伏園　1926 年 4 月 15 日　6 册　552 頁

1760 弱者的呼聲　亞岩　1925 年 7 月 31 日　3 册　741 頁

S

1761 塞夜濤聲（一）　王森然　1925 年 7 月 27 日　3 册　708 頁

1762 塞夜濤聲（二）　王森然　1925 年 7 月 30 日　3 册　730 頁

1763 塞夜濤聲（三）　王森然　1925 年 7 月 31 日　3 册　740 頁

1764 塞夜濤聲（四、五）　王森然　1925 年 8 月 11 日　4 册　91 頁

1765 三個方法　王蓮友　1925 年 6 月 7 日　3 册　315 頁

1766 三姐　金滿成　1925 年 3 月 20 日　2 册　164 頁

1767 三千年前的龜甲和獸骨　馬叔平　1924 年 12 月 25 日　1 册　155 頁

1768 三三制與四二制（答汪懋祖先生）　彭基相　1926 年 1 月 10 日　5 册　545 頁

1769 三四千字寫不完　吳敬恒　1925 年 2 月 18 日　1 册　526 頁

1770 三一八慘案與收回法權　淑和　1926 年 3 月 31 日　6 册　447 頁

1771 三一八慘案之政治問題與法律問題　韋青雲　1926 年 4 月 8 日　6 册　502 頁

1772 三月十八　在宥　1926 年 3 月 28 日　6 册　418 頁

1773 沙夫表兄（一）　春芝　1925 年 4 月 26 日　2 册　480 頁

1774 沙夫表兄（二）　春芝　1925 年 4 月 27 日　2 册　487 頁

1775 沙漠的北京　歷陽　1925 年 7 月 6 日　3 册　542 頁

1776 殺的滋味的回憶　欽文　1925 年 3 月 3 日　2 册　28 頁

1777 殺鼠記　欽文　1925 年 2 月 28 日　1 册　603 頁

1778 殺頭與章士釗　順風　1925 年 12 月 3 日　5 册　274 頁

1779 山格夫人來信　張競生　1925 年 2 月 3 日　1 册　407 頁

1780 山頭上的火　金滿成　1925 年 1 月 22 日　1 册　356 頁

1781 閃光（一至一〇） 長虹 1925 年 6 月 1 日 3 册 268 頁

1782 閃光（十一至二〇） 長虹 1925 年 6 月 2 日 3 册 277 頁

1783 閃光（二一至二六） 長虹 1925 年 6 月 3 日 3 册 285 頁

1784 閃光（二七至四二） 長虹 1925 年 7 月 9 日 3 册 563 頁

1785 閃光（四三至五二） 長虹 1925 年 7 月 11 日 3 册 581 頁

1786 閃光（五三至五八） 長虹 1925 年 7 月 12 日 3 册 588 頁

1787 閃光（五九至六六） 長虹 1925 年 7 月 18 日 3 册 634 頁

1788 閃光（六七至七二） 長虹 1925 年 7 月 20 日 3 册 652 頁

1789 閃光（七三至八六） 長虹 1925 年 7 月 21 日 3 册 658 頁

1790 閃光（八七至一〇〇） 長虹 1925 年 7 月 23 日 3 册 676 頁

1791 善後會議裏的遺老 開明 1924 年 12 月 29 日 1 册 180 頁

1792 商人 龔珏 1925 年 1 月 29 日 1 册 366 頁

1793 商人應如何去做愛國運動 林毓一 1925 年 6 月 10 日 3 册 343 頁

1794 傷逝（附圖）（古羅馬）卡圖路斯著 丙丁譯 1925 年 10 月 12 日 4
册 612 頁

1795 傷心慘目的實在情形——上海學生代表沈育貧君所親見的狀況 文
偉 1925 年 6 月 18 日 3 册 407 頁

1796 傷心歌 顧頡剛 1925 年 6 月 12 日 3 册 354 頁

1797 上帝不要胡說 有麟 1925 年 9 月 18 日 4 册 402 頁

1798 上帝望着我微微地笑 琴心 1925 年 4 月 3 日 2 册 304 頁

1799 上海慘劇（第一幕） 何一公 1925 年 6 月 13 日 3 册 362 頁

1800 上海慘劇（第二幕） 何一公 1925 年 6 月 14 日 3 册 375 頁

1801 上海慘劇（第三幕） 何一公 1925 年 6 月 15 日 3 册 378 頁

1802 上海慘劇第一、二、三三日死傷簡明統計表 寔 1925 年 6 月 11 日 3
册 351 頁

1803 上海慘劇特刊引言 伏園 1925 年 6 月 8 日 3 册 321 頁

1804 上海的空前大殘殺 東璧 1925 年 6 月 4 日 3 册 289 頁

1805 上海的亂子是怎麼鬧起來的 顧頡剛 1925 年 6 月 12 日 3 册 353 頁

1806 上海的乞丐 嵩山 1926 年 3 月 4 日 6 册 225 頁

1807　上海的青年商人和公子哥兒們的頭腦　建南　1926 年 3 月 3 日　6 册　224 頁

1808　上海的租界　無悔　1925 年 6 月 21 日　3 册　429 頁

1809　上海華界不應罷市　王士偉　1925 年 6 月 9 日　3 册　333 頁

1810　上海商務印書館《五卅增刊》事件　無悔　1925 年 9 月 20 日　4 册　411 頁

1811　上海英日人八次慘殺我國同胞始末　蔭麟　1925 年 6 月 8 日　3 册　328 頁

1812　上海租界史略　史國綱　1925 年 6 月 9 日　3 册　331 頁

1813　上吳稚暉先生書　李繼宣　1925 年 10 月 28 日　4 册　739 頁

1814　上午　曙天女士　1924 年 12 月 6 日　1 册　17 頁

1815　上西湖去——送春臺、學昭二先生　墨卿　1926 年 3 月 26 日　6 册　403 頁

1816　上衙門（一）　錦明　1926 年 1 月 20 日　5 册　625 頁

1817　上衙門（二）　錦明　1926 年 1 月 21 日　5 册　629 頁

1818　上衙門（三）　錦明　1926 年 1 月 25 日　5 册　665 頁

1819　少奶奶的扇子　焦菊隱　1926 年 2 月 6 日　6 册　51 頁

1820　《少奶奶的扇子》之厄運　培良　1925 年 2 月 12 日　1 册　484 頁

1821　蛇睛集選　（俄）梭羅古勃著　素園譯　1925 年 1 月 31 日　1 册　382 頁

1822　社會的團體（一）——在教育心理學中之研究　James Drever 作　劉炳藜譯　1925 年 9 月 5 日　4 册　291 頁

1823　社會的團體（二）　James Drever 作　劉炳藜譯　1925 年 9 月 7 日　4 册　311 頁

1824　社會的團體（三）　James Drever 作　劉炳藜譯　1925 年 9 月 8 日　4 册　319 頁

1825　社會的團體（四）　James Drever 作　劉炳藜譯　1925 年 9 月 23 日　4 册　438 頁

1826　社會的團體（五）　James Drever 作　劉炳藜譯　1925 年 9 月 24 日　4 册　445 頁

1827　身入屠場記　冠海　1926 年 3 月 23 日　6 册　380 頁

1828　呻吟（遙寄 PP 弟弟之三）　空了　1926 年 1 月 11 日　5 册　548 頁

1829　深刻的印象（一）　健希　1925 年 9 月 1 日　4 册　263 頁

1830　深刻的印象（二）　健希　1925 年 9 月 2 日　4 冊　269 頁

1831　深刻的印象（三）　健希　1925 年 9 月 3 日　4 冊　278 頁

1832　深夜的我　王蓮友　1925 年 5 月 30 日　3 冊　246 頁

1833　深夜的我　王蓮友　1925 年 8 月 1 日　4 冊　14 頁

1834　"什麽話"　明紀　1926 年 4 月 10 日　6 冊　512 頁

1835　什麽是不平等條約？　仕俊　1925 年 6 月 9 日　3 冊　335 頁

1836　什麽是帝國主義？　羅懋德　1925 年 6 月 12 日　3 冊　358 頁

1837　什麽是小說？（一）　楊鴻烈　1924 年 12 月 18 日　1 冊　107 頁

1838　什麽是小說？（二）　楊鴻烈　1924 年 12 月 19 日　1 冊　116 頁

1839　什麽是小說？（三）　楊鴻烈　1924 年 12 月 20 日　1 冊　126 頁

1840　什麽字　開明　1924 年 12 月 5 日　1 冊　10 頁

1841　"神道設教"嗎　辰夫　1925 年 11 月 19 日　5 冊　151 頁

1842　神經錯亂　尚鉞　1925 年 9 月 25 日　4 冊　456 頁

1843　甚麽是真正的實驗室？——就是小孩子鬧著玩的遊戲場　李裕增　1925
年 7 月 14 日　3 冊　604 頁

1844　生活的混淆　趙瑞生　1925 年 12 月 21 日　5 冊　408 頁

1845　生活上的幾項煩惱　汪震　1924 年 12 月 11 日　1 冊　58 頁

1846　生活——時間——思想的爭鬥力　王統照　1925 年 10 月 10 日　4
冊　573 頁

1847　聲明　錦明　1925 年 11 月 18 日　5 冊　150 頁

1848　聖誕節前　空了　1925 年 12 月 25 日　5 冊　441 頁

1849　聖的喜劇（一）　蘋影　1926 年 1 月 6 日　5 冊　513 頁

1850　聖的喜劇（二）　蘋影　1926 年 1 月 8 日　5 冊　525 頁

1851　聖的喜劇（三）　蘋影　1926 年 1 月 11 日　5 冊　550 頁

1852　聖的喜劇（四）　蘋影　1926 年 1 月 12 日　5 冊　559 頁

1853　聖的喜劇（五）　蘋影　1926 年 1 月 13 日　5 冊　566 頁

1854　聖的喜劇（六）　蘋影　1926 年 1 月 14 日　5 冊　576 頁

1855　聖的喜劇（七）　蘋影　1926 年 1 月 15 日　5 冊　581 頁

1856　聖人復起　仲益　1925 年 3 月 29 日　2 冊　237 頁

1857　失敗的創作（一、二）　金仲芸　1925 年 11 月 15 日　5 册　123 頁

1858　失敗的創作（三）　金仲芸　1925 年 11 月 17 日　5 册　139 頁

1859　失敗的創作（四）　金仲芸　1925 年 11 月 29 日　5 册　236 頁

1860　失敗的創作（五）　金仲芸　1925 年 12 月 10 日　5 册　322 頁

1861　失敗的創作（六）　金仲芸　1925 年 12 月 14 日　5 册　353 頁

1862　失敗的創作（七至九）　金仲芸　1925 年 12 月 31 日　5 册　483 頁

1863　失戀　梁佩袞　1926 年 1 月 22 日　5 册　642 頁

1864　失去的伴侶　葉潤皋　1926 年 2 月 23 日　6 册　149 頁

1865　詩　王蓮友　1925 年 9 月 26 日　4 册　464 頁

1866　詩　王森然　1925 年 12 月 13 日　5 册　347 頁

1867　詩兩首　阿囊　1926 年 1 月 9 日　5 册　536 頁

1868　詩兩首　黎錦明　1925 年 12 月 19 日　5 册　395 頁

1869　詩人的架子　李蔭春　1926 年 3 月 16 日　6 册　325 頁

1870　詩人的夢　長虹　1925 年 4 月 15 日　2 册　395 頁

1871　詩人的生活　李蔭春　1926 年 3 月 10 日　6 册　277 頁

1872　詩人的失戀　徐丹歌　1925 年 5 月 15 日　3 册　121 頁

1873　詩人廉南湖主張將執政府改爲烈士祠　平明　1926 年 3 月 30 日　6
　　　册　433 頁

1874　詩四首　朱湘　1925 年 3 月 23 日　2 册　189 頁

1875　十八日慘劇引出來一篇重要的文字（上）　榮公　1926 年 3 月 24 日　6
　　　册　385 頁

1876　十八日慘劇引出來一篇重要的文字（下）　榮公　1926 年 3 月 31 日　6
　　　册　444 頁

1877　十九世紀的法蘭西文學（一）　全飛　1926 年 1 月 4 日　5 册　492 頁

1878　十九世紀的法蘭西文學（二）　全飛　1926 年 1 月 5 日　5 册　500 頁

1879　十九世紀的法蘭西文學（三）　全飛　1926 年 1 月 6 日　5 册　507 頁

1880　十九世紀的法蘭西文學（四）　全飛　1926 年 1 月 7 日　5 册　516 頁

1881　十六歲的李振東　然否　1925 年 11 月 25 日　5 册　206 頁

1882　十四年前的印象　頡剛　1925 年 10 月 10 日　4 册　570 頁

1883　十一月五日的感想　徐旭生　1925 年 11 月 5 日　5 冊　42 頁

1884　十一月五日是咱們第二個光榮的節日　疑古玄同　1925 年 11 月 5 日　5 冊　40 頁

1885　十月　李宗武　1925 年 10 月 19 日　4 冊　670 頁

1886　十月十日再造共和?　張覺民　1925 年 10 月 17 日　4 冊　654 頁

1887　石壕吏（獨幕歷史悲劇）（一）　俞宗杰　1925 年 11 月 22 日　5 冊　179 頁

1888　石壕吏（獨幕歷史悲劇）（二）　俞宗杰　1925 年 11 月 23 日　5 冊　186 頁

1889　石壕吏（獨幕歷史悲劇）（三）　俞宗杰　1925 年 11 月 26 日　5 冊　208 頁

1890　石壕吏（獨幕歷史悲劇）（四）　俞宗杰　1925 年 11 月 27 日　5 冊　218 頁

1891　石壕吏（獨幕歷史悲劇）（五）　俞宗杰　1925 年 11 月 28 日　5 冊　227 頁

1892　時當　昕初　1924 年 12 月 25 日　1 冊　160 頁

1893　時間　劉書韻　1925 年 12 月 24 日　5 冊　432 頁

1894　時勢　丁一　1925 年 12 月 22 日　5 冊　420 頁

1895　實行救國之意見（上）　王維周　1925 年 9 月 9 日　4 冊　323 頁

1896　實行救國之意見（中）　王維周　1925 年 9 月 10 日　4 冊　337 頁

1897　實行救國之意見（下）　王維周　1925 年 9 月 11 日　4 冊　340 頁

1898　士大夫與奴性　郢　1925 年 10 月 5 日　4 冊　534 頁

1899　世界及中國之軍備問題　周亞衛　1926 年 4 月 4 日　6 冊　473 頁

1900　世界上最老的女詩人（附像）——捷克之 Eliska Krasnohorska　季志仁　1925 年 11 月 14 日　5 冊　111 頁

1901　世界語與瓦浪司基　有麟　1925 年 12 月 28 日　5 冊　454 頁

1902　世界語與中國　呂蘊儒　1924 年 12 月 15 日　1 冊　88 頁

1903　《世界語周刊》　柏生　1924 年 12 月 17 日　1 冊　106 頁

1904　似曾相識的晨報副刊篇首圖案　重餘　1925 年 10 月 8 日　4 冊　558 頁

1905　"似曾相識燕歸來"　履霜　1925 年 4 月 5 日　2 冊　323 頁

1906　柿皮　錦明　1925 年 12 月 27 日　5 冊　450 頁

1907　是真呆還是假癡　豈明　1926 年 3 月 3 日　6 冊　217 頁

1908　"試他一試"　段思召　1925 年 1 月 20 日　1 冊　342 頁

1909　試驗期戲劇底分化　鬱陶　1926 年 3 月 15 日　6 冊　317 頁

1910　誓　杜若　1925 年 9 月 12 日　4 册　352 頁

1911　誓不請願!　柏生　1926 年 3 月 20 日　6 册　356 頁

1912　適存中學校歌　朱湘　1925 年 9 月 14 日　4 册　369 頁

1913　釋疑　林玉堂　1926 年 4 月 19 日　6 册　583 頁

1914　收回領事裁判權　冕　1925 年 6 月 9 日　3 册　334 頁

1915　收回上海會審公廨　尚素　1925 年 8 月 9 日　4 册　74 頁

1916　"收回租界!"　伏園　1925 年 6 月 22 日　3 册　440 頁

1917　收回租界的成績報告　伏園　1925 年 6 月 27 日　3 册　472 頁

1918　守歲　吳隼　1925 年 1 月 29 日　1 册　365 頁

1919　壽材　杜若　1925 年 9 月 17 日　4 册　391 頁

1920　叔父　欽文　1925 年 5 月 24 日　3 册　193 頁

1921　暑假見聞瑣記　冉廣文　1925 年 8 月 6 日　4 册　53 頁

1922　暑假期中學生如何進行反抗英日運動?　平山　1925 年 6 月 14 日　3 册　372 頁

1923　暑假生活中的感想　韓介軒　1925 年 8 月 14 日　4 册　118 頁

1924　暑假中的學生生活——本刊之大徵文　伏園　1925 年 6 月 27 日　3 册　465 頁

1925　暑天閒談（一）　陸鼎蕃　1925 年 8 月 3 日　4 册　30 頁

1926　暑天閒談（二）　陸鼎蕃　1925 年 8 月 6 日　4 册　52 頁

1927　暑天閒談（三）　陸鼎蕃　1925 年 8 月 8 日　4 册　68 頁

1928　暑天閒談（四、五）　陸鼎蕃　1925 年 8 月 28 日　4 册　226 頁

1929　暑天閒談（六、七）　陸鼎蕃　1925 年 8 月 29 日　4 册　235 頁

1930　恕陳源　豈明　1926 年 4 月 12 日　6 册　524 頁

1931　"恕陳源"應該真個恕他　紀小鸞　1926 年 4 月 16 日　6 册　559 頁

1932　恕府衛　豈明　1926 年 4 月 2 日　6 册　457 頁

1933　數學的哲學（上）　張崧年　1925 年 9 月 10 日　4 册　331 頁

1934　數學的哲學（下）　張崧年　1925 年 9 月 12 日　4 册　347 頁

1935　《數學的哲學》篇的校正　張崧年　1925 年 9 月 14 日　4 册　370 頁

1936　"樹介"　柏生　1924 年 12 月 20 日　1 册　130 頁

1937 樹林和野草 （丹麥）愛耳華特著 李小峰譯 1925 年 8 月 21 日 4 冊 170 頁

1938 雙斧下的孤樹 杜若 1925 年 9 月 2 日 4 冊 271 頁

1939 雙十與教育家之宗教 汪震 1925 年 10 月 10 日 4 冊 576 頁

1940 誰配廢除中華民國臨時約法？ 譚仲逵 1924 年 12 月 29 日 1 冊 179 頁

1941 誰是 beautiful spot？ 趙瑞生 1925 年 12 月 24 日 5 冊 430 頁

1942 水晶眼鏡 溫克威 1926 年 3 月 18 日 6 冊 338 頁

1943 順風旗與逆風旗 荐生 1925 年 1 月 10 日 1 冊 264 頁

1944 說白話應當禁止 王鑄 1925 年 5 月 19 日 3 冊 155 頁

1945 說話眞要小心呢！ 胡治文 1925 年 1 月 15 日 1 冊 302 頁

1946 說幾件小事 舒新城 1925 年 6 月 25 日 3 冊 463 頁

1947 說軍隊宣傳 憂時 1925 年 9 月 6 日 4 冊 303 頁

1948 說什麼！ 舒新城 1925 年 10 月 10 日 4 冊 606 頁

1949 司命運之王德多波許士 （法）法郎士著 金滿成譯 1925 年 7 月 8 日 3 冊 553 頁

1950 思痛 蕭會極 1925 年 6 月 29 日 3 冊 484 頁

1951 思想革命 董秋芳 1925 年 12 月 29 日 5 冊 461 頁

1952 死的影子 松烟 1926 年 4 月 13 日 6 冊 533 頁

1953 死路 吳隼 1924 年 12 月 6 日 1 冊 15 頁

1954 死嬰（一） 霄野 1925 年 3 月 17 日 2 冊 140 頁

1955 死嬰（二） 霄野 1925 年 3 月 18 日 2 冊 148 頁

1956 死嬰（三） 霄野 1925 年 3 月 19 日 2 冊 157 頁

1957 死債 昕初 1926 年 2 月 24 日 6 冊 155 頁

1958 四川的社會 康橋 1925 年 8 月 20 日 4 冊 165 頁

1959 四川叙府人的哀音 陳彰衡 1925 年 10 月 24 日 4 冊 710 頁

1960 四月魚 春苔 1926 年 4 月 1 日 6 冊 453 頁

1961 送春臺南回有感 漱岩 1926 年 4 月 14 日 6 冊 541 頁

1962 送歐陽予倩、洪深 楊聲初 1926 年 3 月 16 日 6 冊 328 頁

1963 送竈 夏葵如 1925 年 2 月 1 日 1 冊 396 頁

1964 叟話 丁一 1925 年 9 月 9 日 4 册 327 頁

1965 蘇俄仇友問題 蔣曉海 1925 年 10 月 18 日 4 册 660 頁

1966 蘇俄的革命紀念 天廬 1925 年 11 月 7 日 5 册 55 頁

1967 蘇俄的現狀 陳啟修講 馬志振筆記 1925 年 10 月 19 日 4 册 663 頁

1968 蘇俄工業的進步 養和 1925 年 12 月 13 日 5 册 346 頁

1969 蘇俄問題還要討論嗎? 有麟 1925 年 11 月 26 日 5 册 213 頁

1970 蘇俄現代文學之命運 李秉之 1925 年 3 月 13 日 2 册 106 頁

1971 蘇俄眞是中國的敵人嗎? (質張奚若先生) 張榮福 1925 年 10 月 12 日 4 册 607 頁

1972 蘇李與文學(一) 子美 1925 年 5 月 17 日 3 册 138 頁

1973 蘇李與文學(二) 子美 1925 年 5 月 18 日 3 册 143 頁

1974 蘇李與文學(三) 子美 1925 年 5 月 19 日 3 册 154 頁

1975 蘇李與文學(四) 子美 1925 年 5 月 22 日 3 册 175 頁

1976 蘇李與文學(五) 子美 1925 年 5 月 24 日 3 册 191 頁

1977 蘇李與文學(六) 子美 1925 年 5 月 25 日 3 册 199 頁

1978 蘇聯革命紀念中的列寧 賀凱 1925 年 11 月 10 日 5 册 79 頁

1979 隨便談談 撝敬 1925 年 6 月 4 日 3 册 293 頁

1980 隨感錄 心柏 1925 年 8 月 2 日 4 册 19 頁

1981 歲暮(上) 楊曾威 1925 年 2 月 16 日 1 册 505 頁

1982 歲暮(下) 楊曾威 1925 年 2 月 17 日 1 册 512 頁

1983 孫寶墀不識愛羅先珂 伏園 1925 年 7 月 24 日 3 册 686 頁

1984 孫公週年紀念會場 淑等 1926 年 3 月 13 日 6 册 303 頁

1985 孫文主義學會(一) 周一志、王崑崙 1926 年 4 月 13 日 6 册 536 頁

1986 孫文主義學會(二) 周一志、王崑崙 1926 年 4 月 14 日 6 册 544 頁

1987 孫中山先生遺像(照片) 1926 年 3 月 12 日 6 册 289 頁

1988 孫中山先生週年紀念歌 1926 年 3 月 12 日 6 册 292 頁

1989 孫中山先生追悼會演說詞 蔡元培 1926 年 3 月 16 日 6 册 323 頁

1990 所記 尚鉞 1925 年 9 月 7 日 4 册 313 頁

1991 所思(一、二) 申府 1925 年 3 月 24 日 2 册 192 頁

1992 所思（三） 申府 1925 年 3 月 26 日 2 册 208 頁

1993 所思（四） 申府 1925 年 3 月 30 日 2 册 245 頁

1994 所思（五） 申府 1925 年 4 月 1 日 2 册 291 頁

1995 所思（六） 申府 1925 年 4 月 4 日 2 册 311 頁

1996 所思（七） 申府 1925 年 4 月 18 日 2 册 417 頁

1997 所思（八） 申府 1925 年 4 月 27 日 2 册 490 頁

1998 所思（九） 申府 1925 年 5 月 28 日 3 册 228 頁

1999 所思（十至十二） 申府 1925 年 7 月 1 日 3 册 508 頁

2000 所思（十三） 申府 1925 年 8 月 24 日 4 册 192 頁

2001 所思（十四） 申府 1925 年 9 月 1 日 4 册 261 頁

2002 所謂先進國文明國尚無初步的自由的又一實例 余文偉 1925 年 11 月 18
日 5 册 143 頁

2003 所以做皇帝的趙匡胤 姜華 1925 年 8 月 10 日 4 册 85 頁

2004 瑣碎的記載清故宮（一） 魏建功 1925 年 2 月 6 日 1 册 434 頁

2005 瑣碎的記載清故宮（二、三） 魏建功 1925 年 2 月 14 日 1 册 488 頁

2006 瑣碎的記載清故宮（四、五） 魏建功 1925 年 2 月 18 日 1 册 521 頁

2007 瑣碎的記載清故宮（六） 魏建功 1925 年 2 月 24 日 1 册 571 頁

2008 瑣碎的記載清故宮（七至九） 魏建功 1925 年 3 月 22 日 2 册 179 頁

2009 瑣碎的記載清故宮（十） 魏建功 1925 年 4 月 27 日 2 册 489 頁

2010 瑣碎的記載清故宮（十一） 魏建功 1925 年 5 月 8 日 3 册 65 頁

2011 瑣碎的記載清故宮（十二） 魏建功 1925 年 5 月 9 日 3 册 72 頁

2012 瑣碎的記載清故宮（十三） 魏建功 1925 年 5 月 10 日 3 册 84 頁

2013 瑣碎的記載清故宮（十四） 建功 1925 年 7 月 25 日 3 册 688 頁

2014 瑣碎的記載清故宮（十五、十六） 魏建功 1925 年 7 月 27 日 3
册 705 頁

2015 瑣碎的記載清故宮（十七、十八） 魏建功 1925 年 7 月 28 日 3
册 712 頁

2016 瑣碎的記載清故宮（十九、二十） 魏建功 1925 年 7 月 30 日 3
册 728 頁

2017　他的愛人　子美　1925 年 5 月 10 日　3 冊　81 頁

2018　他們倆　秉雄　1925 年 2 月 17 日　1 冊　516 頁

2019　他們爲什麼這樣選　記者　1926 年 2 月 5 日　6 冊　46 頁

2020　他爲什麼選他們　記者　1926 年 2 月 21 日　6 冊　134 頁

2021　他鄉之感　胡清泉　1925 年 11 月 25 日　5 冊　201 頁

2022　他終於流着淚走了！　于成澤　1926 年 1 月 28 日　5 冊　686 頁

2023　榻畔　杜若　1925 年 9 月 9 日　4 冊　330 頁

2024　踏青　漱岩　1926 年 4 月 5 日　6 冊　485 頁

2025　抬起頭來，我愛！　林娜　1926 年 1 月 29 日　5 冊　696 頁

2026　太平天國福字碑記　簡又文　1925 年 5 月 27 日　3 冊　216 頁

2027　太平洋戰爭與中國　張榮福　1925 年 10 月 28 日　4 冊　735 頁

2028　太冤枉了！　雲卿　1925 年 2 月 3 日　1 冊　413 頁

2029　坍我自己的臺（一、二）　孫福熙　1925 年 11 月 2 日　5 冊　22 頁

2030　坍我自己的臺（三）　孫福熙　1925 年 11 月 4 日　5 冊　36 頁

2031　坍我自己的臺（四）　孫福熙　1925 年 11 月 6 日　5 冊　54 頁

2032　坍我自己的臺（五至七）　孫福熙　1925 年 11 月 10 日　5 冊　80 頁

2033　坍我自己的臺（八、九）　孫福熙　1925 年 11 月 12 日　5 冊　101 頁

2034　坍我自己的臺（十）　孫福熙　1925 年 11 月 16 日　5 冊　133 頁

2035　坍我自己的臺（十一、十二）　孫福熙　1925 年 11 月 18 日　5 冊　147 頁

2036　談《談談詩經》　丙丁　1925 年 12 月 24 日　5 冊　429 頁

2037　談道爾頓制（一）　舒新城　1925 年 7 月 6 日　3 冊　535 頁

2038　談道爾頓制（二）　舒新城　1925 年 7 月 8 日　3 冊　551 頁

2039　談國慶　學昭　1925 年 10 月 10 日　4 冊　582 頁

2040　談兩極端　余文偉　1925 年 11 月 12 日　5 冊　102 頁

2041　談所謂大學教授　野青　1925 年 11 月 23 日　5 冊　190 頁

2042　談談《白鴿》　孔憲成　1925 年 12 月 16 日　5 冊　367 頁

2043　談談國立藝專的戲劇系　李治璞　1926 年 3 月 18 日　6 冊　342 頁

2044　談談線裝的新詩　胡侯楚　1925 年 10 月 6 日　4 冊　542 頁

2045　談談中國文學的趨勢——並談及梁實秋先生的大文　金滿成　1926 年 4 月 3 日　6 冊　469 頁

2046　談同善社　喻元慶　1926 年 3 月 7 日　6 冊　250 頁

2047　談作戰的步驟　陳銓　1925 年 6 月 24 日　3 冊　451 頁

2048　彈三弦的瞎子　朱湘　1925 年 7 月 23 日　3 冊　675 頁

2049　桃花與雪　天廬　1926 年 3 月 30 日　6 冊　439 頁

2050　桃太郎的辯護　“王母”　1925 年 1 月 29 日　1 冊　361 頁

2051　桃太郎之神話　“王母”　1925 年 2 月 8 日　1 冊　453 頁

2052　陶元慶氏西洋繪畫展覽會目録序　魯迅　1925 年 3 月 18 日　2 冊　145 頁

2053　替老虎報下注解　康橋　1925 年 8 月 28 日　4 冊　228 頁

2054　天才（譯武者小路實篤的小品　一）（日）武者小路實篤著　湯鶴逸譯　1926 年 1 月 6 日　5 冊　509 頁

2055　天花寺的傳說　王鑄　1925 年 7 月 21 日　3 冊　661 頁

2056　天津的妙峰山進香情形　王文光　1925 年 8 月 27 日　4 冊　221 頁

2057　“天實爲之”　Ｍ Ｍ　1926 年 4 月 4 日　6 冊　480 頁

2058　甜蜜的回憶　金滿成　1924 年 12 月 5 日　1 冊　9 頁

2059　鐵塔强姦案中之最可恨者　唯亭　1925 年 5 月 31 日　3 冊　254 頁

2060　聽荻花　學昭　1925 年 11 月 7 日　5 冊　61 頁

2061　聽了王正廷博士講演關稅自主以後　ㄌㄧㄉㄛㄅㄧㄣ　1925 年 11 月 1 日　5 冊　11 頁

2062　聽說商會要皇帝　開明　1924 年 12 月 27 日　1 冊　170 頁

2063　聽我告訴你“陀螺”！（一）　空了　1925 年 12 月 11 日　5 冊　331 頁

2064　聽我告訴你“陀螺”！（二）　空了　1925 年 12 月 12 日　5 冊　335 頁

2065　聽我告訴你“陀螺”！（三）　空了　1925 年 12 月 13 日　5 冊　344 頁

2066　通俗小說（譯武者小路實篤的小品　二）（日）武者小路實篤著　湯鶴逸譯　1926 年 1 月 7 日　5 冊　515 頁

2067　通訊　魯迅　1924 年 12 月 27 日　1 冊　170 頁

2068　同胞快起來組織“罷業救濟會”　文運　1925 年 6 月 12 日　3 冊　356 頁

2069 同胞快醒　沛東孟　1925 年 6 月 8 日　3 冊　325 頁

2070 同行曲　衛士生　1925 年 1 月 20 日　1 冊　341 頁

2071 同張江二君討論孫科君的文章（一）　簡又文　1925 年 3 月 2 日　2
　　　冊　20 頁

2072 同張江二君討論孫科君的文章（二）　簡又文　1925 年 3 月 3 日　2
　　　冊　24 頁

2073 同張江二君討論孫科君的文章（三）　簡又文　1925 年 3 月 4 日　2
　　　冊　32 頁

2074 銅元的咬嚼　夷斤　1925 年 4 月 10 日　2 冊　354 頁

2075 統計不精確（來信）　駿　1926 年 1 月 20 日　5 冊　626 頁

2076 痛哭和珍！　評梅　1926 年 3 月 29 日　6 冊　428 頁

2077 痛心話　林樹松　1926 年 3 月 29 日　6 冊　427 頁

2078 投標主義、無抗主義、絕對主義——對軍閥的三種態度　彭學沛　1926
　　　年 2 月 27 日　6 冊　175 頁

2079 投函（附《畿輔之河流與實業》及《提倡國貨歌》）　李裕增　1925 年 7
　　　月 3 日　3 冊　522 頁

2080 投書　王斧　1926 年 1 月 12 日　5 冊　562 頁

2081 徒然的篤學　（日）鶴見祐輔著　魯迅譯　1925 年 4 月 25 日　2 冊　469 頁

2082 土耳其的革命　陳翰笙講　王寅生記　1925 年 12 月 22 日　5 冊　413 頁

2083 土皇帝之威　一平　1925 年 4 月 21 日　2 冊　440 頁

2084 土儀（一）　長虹　1925 年 2 月 12 日　1 冊　482 頁

2085 土儀（二）　長虹　1925 年 2 月 15 日　1 冊　496 頁

2086 土儀（三）　長虹　1925 年 2 月 16 日　1 冊　504 頁

2087 土儀（四、五）　長虹　1925 年 2 月 22 日　1 冊　555 頁

2088 土儀（六）　長虹　1925 年 3 月 10 日　2 冊　81 頁

2089 土儀（七）　長虹　1925 年 3 月 23 日　2 冊　188 頁

2090 土儀（八）　長虹　1925 年 4 月 4 日　2 冊　315 頁

2091 土儀（九）　長虹　1925 年 4 月 5 日　2 冊　322 頁

2092 土儀（十）　長虹　1925 年 4 月 19 日　2 冊　425 頁

2093　土儀（十一）　長虹　1925 年 4 月 22 日　2 冊　450 頁

2094　土儀（十二）　長虹　1925 年 4 月 27 日　2 冊　491 頁

2095　吐露一點消息　伏園　1926 年 1 月 23 日　5 冊　649 頁

2096　兔兒爺的革新　丁一　1925 年 10 月 9 日　4 冊　566 頁

2097　陀斯妥以夫斯基遺著發現　孫福熙　1925 年 8 月 28 日　4 冊　224 頁

W

2098　"外公"與"老外公"　拂嵐　1924 年 12 月 17 日　1 冊　105 頁

2099　外國人與民心　開明　1924 年 12 月 9 日　1 冊　42 頁

2100　外在關係論　余文偉　1925 年 11 月 15 日　5 冊　119 頁

2101　玩　尚木　1925 年 3 月 29 日　2 冊　238 頁

2102　"玩"　木先生　1925 年 4 月 1 日　2 冊　292 頁

2103　頑皮的孩子　（俄）契訶夫著　林聲譯　1925 年 1 月 21 日　1 冊　346 頁

2104　"晚報！"　彥白　1925 年 12 月 21 日　5 冊　412 頁

2105　晚秋將暮　天心　1925 年 4 月 23 日　2 冊　457 頁

2106　晚秋將暮　天心　1925 年 7 月 31 日　3 冊　741 頁

2107　輓聯——可惜不能全錄　廊蕭　1926 年 3 月 31 日　6 冊　448 頁

2108　萬萬年（今晚在清華學校排演）　何一公　1925 年 10 月 9 日　4 冊　563 頁

2109　王斧覆友人書（上）　王斧　1926 年 1 月 7 日　5 冊　521 頁

2110　王斧覆友人書（下）　王斧　1926 年 1 月 8 日　5 冊　528 頁

2111　王敬軒先生選定的十部書　董魯安　1925 年 2 月 22 日　1 冊　558 頁

2112　王統照譯詩摘謬（一）　甘人　1925 年 5 月 9 日　3 冊　75 頁

2113　王統照譯詩摘謬（二）　甘人　1925 年 5 月 10 日　3 冊　85 頁

2114　王統照譯詩摘謬（三）　甘人　1925 年 5 月 11 日　3 冊　92 頁

2115　王統照譯詩摘謬（四）　甘人　1925 年 5 月 12 日　3 冊　101 頁

2116　王統照譯詩摘謬（五）　甘人　1925 年 5 月 14 日　3 冊　117 頁

2117　王統照譯詩摘謬（六）　甘人　1925 年 5 月 15 日　3 冊　125 頁

2118　王統照譯詩摘謬（七）　甘人　1925 年 5 月 16 日　3 冊　132 頁

2119　王星拱先生的《生命素 Vitamins 之略說》內的誤譯　紫如　1925 年 3 月

14 日　2 册　115 頁

2120 "往大連去"　喜旺木　1925 年 2 月 20 日　1 册　539 頁

2121 "往何處去？"　學昭　1926 年 3 月 26 日　6 册　402 頁

2122 往事　俞問樵　1924 年 12 月 18 日　1 册　109 頁

2123 望同胞堅持到底勿存五分鐘的熱度　劉作衡　1925 年 6 月 24 日　3 册　454 頁

2124 危險思想　宇文丙　1926 年 1 月 19 日　5 册　611 頁

2125 韋杰三烈士遺著之一　陳雲豹注　1926 年 4 月 7 日　6 册　492 頁

2126 韋杰三死的過程　陳雲豹　1926 年 4 月 4 日　6 册　476 頁

2127 爲大通君一言——帝國主義與國家主義　周倫超　1925 年 8 月 30 日　4 册　240 頁

2128 爲三月十八日國務院殘殺事件忠告國民軍　豈明　1926 年 3 月 21 日　6 册　361 頁

2129 爲三月十八日首都大流血敬告青年愛國同胞　陳朽木　1926 年 3 月 21 日　6 册　361 頁

2130 爲什麼人們需要世界語　瀨得瀨夫著　漫雲譯　1924 年 12 月 16 日　1 册　91 頁

2131 爲什麼要反對戰爭　培良　1925 年 11 月 1 日　5 册　10 頁

2132 爲蘇俄仇友問題告雙方　陳鍾琴　1925 年 10 月 25 日　4 册　714 頁

2133 爲現在負有民眾運動指導之責者進一言——發表主義與運動方針　劉毅甫　1926 年 1 月 30 日　5 册　703 頁

2134 爲蕭統的《文選》呼冤　楊鴻烈　1924 年 12 月 11 日　1 册　52 頁

2135 爲醫大校長問題答覆夏士驚君　劉運焱　1925 年 11 月 10 日　5 册　85 頁

2136 尾聲　丁尼孫作　璠瑄　1925 年 12 月 29 日　5 册　465 頁

2137 僞通緝令與陳任中　季谷　1926 年 4 月 11 日　6 册　520 頁

2138 未倒時之雷峰塔（插圖）　1924 年 12 月 24 日　1 册　147 頁

2139 未到北京以前（一）　有麟　1926 年 4 月 15 日　6 册　549 頁

2140 未到北京以前（二）　有麟　1926 年 4 月 16 日　6 册　556 頁

2141 未到北京以前（三）　有麟　1926 年 4 月 17 日　6 册　565 頁

2142　未到北京以前（四）　有麟　1926 年 4 月 18 日　6 册　575 頁

2143　未進化的國家中之社會主義（一）　羅素著　戴景雲譯　1925 年 3 月 26 日　2 册　207 頁

2144　未進化的國家中之社會主義（二）　羅素著　戴景雲譯　1925 年 3 月 29 日　2 册　233 頁

2145　未進化的國家中之社會主義（三）　羅素著　戴景雲譯　1925 年 3 月 30 日　2 册　241 頁

2146　未進化的國家中之社會主義（四）　羅素著　戴景雲譯　1925 年 3 月 31 日　2 册　247 頁

2147　未盡的懺悔　饒子離　1925 年 2 月 27 日　1 册　596 頁

2148　未來派戲劇——請願　孫景章　1925 年 7 月 2 日　3 册　516 頁

2149　未有天才之前　魯迅　1924 年 12 月 27 日　1 册　163 頁

2150　溫良　武者　1925 年 5 月 9 日　3 册　76 頁

2151　文化的基礎　尚鉞　1925 年 10 月 29 日　4 册　743 頁

2152　"文化生活的災禍"　蕭度　1925 年 5 月 16 日　3 册　133 頁

2153　文化運動——藝術運動——科學運動　李鴻明　1926 年 4 月 24 日　6 册　617 頁

2154　文明人之由來（一）（美）摩耳著　李小峰譯　1924 年 12 月 19 日　1 册　115 頁

2155　文明人之由來（二）（美）摩耳著　李小峰譯　1924 年 12 月 20 日　1 册　125 頁

2156　文明人之由來（三）（美）摩耳著　李小峰譯　1924 年 12 月 21 日　1 册　131 頁

2157　文明人之由來（四）（美）摩耳著　李小峰譯　1924 年 12 月 22 日　1 册　139 頁

2158　文明人之由來（五）（美）摩耳著　李小峰譯　1924 年 12 月 30 日　1 册　190 頁

2159　文明人之由來（六）（美）摩耳著　李小峰譯　1924 年 12 月 31 日　1 册　198 頁

2160　文明人中蠻性的遺留（一）（美）摩耳著　李小峰譯　1925 年 1 月 17 日　1 册　313 頁

2161　文明人中蠻性的遺留（二）（美）摩耳著　李小峰譯　1925 年 1 月 18 日　1 册　321 頁

2162　文明人中蠻性的遺留（三）（美）摩耳著　李小峰譯　1925 年 1 月 19 日　1 册　329 頁

2163　文明人中蠻性的遺留（四）（美）摩耳著　李小峰譯　1925 年 1 月 20 日　1 册　337 頁

2164　文明人中蠻性的遺留（五）（美）摩耳著　李小峰譯　1925 年 1 月 21 日　1 册　345 頁

2165　文明人中蠻性的遺留（六）（美）摩耳著　李小峰譯　1925 年 1 月 22 日　1 册　353 頁

2166　文明與野蠻　義經　1925 年 6 月 23 日　3 册　448 頁

2167　文學的生活和科學的生活　鄭書年　1925 年 12 月 11 日　5 册　326 頁

2168　文學會底性質（上）　麥修斯著　采眞譯　1926 年 2 月 8 日　6 册　65 頁

2169　文學會底性質（下）　麥修斯著　采眞譯　1926 年 2 月 9 日　6 册　71 頁

2170　文學批評上的七大謬見　Ioel Ellas Spingarn 著　聖麟譯　1925 年 2 月 7 日　1 册　439 頁

2171　文藝批評家是不能公正的　侯聖麟　1925 年 4 月 21 日　2 册　442 頁

2172　問陳源　楊丹初　1926 年 2 月 2 日　6 册　19 頁

2173　問心處　天幕　1925 年 10 月 22 日　4 册　694 頁

2174　我"狠贊成""甚至狠愛"雙十節這個名詞　疑古　1925 年 10 月 13 日　4 册　617 頁

2175　我愛咬嚼　平明　1925 年 2 月 12 日　1 册　486 頁

2176　我把"寬恕"用錯了　沄沁　1926 年 1 月 24 日　5 册　657 頁

2177　我被你們征服了!　王伯强　1926 年 1 月 5 日　5 册　505 頁

2178　我承認失敗了　雪紋　1925 年 3 月 27 日　2 册　221 頁

2179　我錯了（獨幕短劇）（一）　尚鉞　1925 年 11 月 2 日　5 册　17 頁

2180　我錯了（獨幕短劇）（二）　尚鉞　1925 年 11 月 3 日　5 册　27 頁

2181　我錯了（獨幕短劇）（三）　尚鉞　1925 年 11 月 8 日　5 冊　67 頁

2182　我錯了（獨幕短劇）（四）　尚鉞　1925 年 11 月 9 日　5 冊　75 頁

2183　我錯了（獨幕短劇）（五）　尚鉞　1925 年 11 月 10 日　5 冊　80 頁

2184　我錯了（獨幕短劇）（六）　尚鉞　1925 年 11 月 11 日　5 冊　91 頁

2185　我的懺悔　彭基相　1925 年 2 月 23 日　1 冊　564 頁

2186　我的讀詩會　朱湘　1926 年 4 月 24 日　6 冊　622 頁

2187　我的耳朵　春臺　1925 年 3 月 27 日　2 冊　222 頁

2188　我的幾句話　劉清揚　1926 年 3 月 14 日　6 冊　312 頁

2189　我的家鄉，我的祖國！　田問山　1925 年 11 月 10 日　5 冊　83 頁

2190　我的理想國　梁佩袞　1925 年 12 月 11 日　5 冊　325 頁

2191　我的頭髮　學昭　1925 年 4 月 4 日　2 冊　314 頁

2192　我對於優待條件之謬見　毛又新　1925 年 1 月 18 日　1 冊　325 頁

2193　我敢斷定歐陽君是個"抄襲犯"　符致逵　1925 年 4 月 21 日　2 冊　444 頁

2194　我國對滬漢各案所應採之手段　胡寶渌　1925 年 7 月 7 日　3 冊　543 頁

2195　我還不能"帶住"　魯迅　1926 年 2 月 7 日　6 冊　55 頁

2196　我回去了　汪震　1925 年 1 月 7 日　1 冊　239 頁

2197　我來了！　華林　1925 年 2 月 25 日　1 冊　581 頁

2198　我來做個和事人　羅學濂　1925 年 1 月 19 日　1 冊　335 頁

2199　我們成立兒童學研究會的旨趣　蘇耀祖　1925 年 11 月 26 日　5 冊　214 頁

2200　我們的安慰　彭基相　1926 年 2 月 4 日　6 冊　33 頁

2201　我們的聯合戰線　姜華　1925 年 7 月 15 日　3 冊　607 頁

2202　我們的目標　無悔　1925 年 8 月 30 日　4 冊　239 頁

2203　我們的言論自由　柏生　1926 年 2 月 20 日　6 冊　124 頁

2204　我們抵抗英日的熱度如何方能持久？　張敷榮　1925 年 6 月 11 日　3 冊　347 頁

2205　我們對於適存中學的新希望　景之　1925 年 7 月 14 日　3 冊　606 頁

2206　我們還不應該對英宣戰麼？　陳質　1925 年 7 月 5 日　3 冊　527 頁

2207　我們能做的一點　群　1925 年 6 月 19 日　3 冊　413 頁

2208　我們爲什麼不能戰鬥！　無悔　1925 年 8 月 2 日　4 冊　16 頁

2209 我們爲什麼要攝取食料？（上） 李繼宣 1925 年 5 月 16 日 3 册 129 頁

2210 我們爲什麼要攝取食料？（下） 李繼宣 1925 年 5 月 17 日 3 册 141 頁

2211 我們現在應取的步驟 張銳 1925 年 6 月 17 日 3 册 396 頁

2212 我們須認清敵人 競之 1925 年 6 月 28 日 3 册 474 頁

2213 我們要不要學盛京時報？ 楊果眞、伏園 1926 年 1 月 28 日 5 册 690 頁

2214 我們應當繼續接濟失業的工人 無悔 1925 年 7 月 13 日 3 册 592 頁

2215 我們應當派人到内地去宣傳 椿齡 1925 年 6 月 24 日 3 册 453 頁

2216 我們應該灰心嗎？ 樂水 1925 年 10 月 5 日 4 册 529 頁

2217 我們應該怎麼樣？ SJ 1925 年 6 月 7 日 3 册 316 頁

2218 我們怎樣抵抗列强的侵略政策 林德懿 1925 年 8 月 9 日 4 册 75 頁

2219 我們怎樣對付老虎總長？——嚼蠟之七 兩疑 1925 年 8 月 24 日 4 册 198 頁

2220 我們怎樣爭得"做人的資格與其程度" 蘇德煌 1925 年 8 月 9 日 4 册 73 頁

2221 我親眼所見之上海英捕慘殺華人 胡家枚 1925 年 6 月 8 日 3 册 328 頁

2222 我是藝術品 龔珏 1925 年 1 月 14 日 1 册 295 頁

2223 我四望均覺渺茫 琴心 1925 年 3 月 19 日 2 册 157 頁

2224 我所見於《示衆》者 孫福熙 1925 年 5 月 11 日 3 册 93 頁

2225 我所要說的幾句話（一） 吳西屏 1925 年 3 月 18 日 2 册 145 頁

2226 我所要說的幾句話（二） 吳西屏 1925 年 3 月 19 日 2 册 153 頁

2227 我所要說的幾句話（三） 吳西屏 1925 年 3 月 20 日 2 册 162 頁

2228 我所要說的幾句話（四） 吳西屏 1925 年 3 月 21 日 2 册 169 頁

2229 我想 陳醴泉 1925 年 10 月 25 日 4 册 712 頁

2230 "我心裏"也"常常想" 戀琳 1925 年 4 月 26 日 2 册 483 頁

2231 我心裏常常想 歐陽蘭 1925 年 4 月 19 日 2 册 426 頁

2232 我嚴重地警告你們！ 培良 1925 年 3 月 20 日 2 册 165 頁

2233 我也是徐州人 超然 1925 年 11 月 9 日 5 册 78 頁

2234 我願 天心 1925 年 4 月 3 日 2 册 305 頁

2235 我躑躅在公主墳傍 許超遠 1925 年 12 月 4 日 5 册 284 頁

2236　烏煙瘴氣的輿論界　天香　1926 年 3 月 29 日　6 册　431 頁

2237　嗚呼中國的青年　周十力　1925 年 3 月 10 日　2 册　85 頁

2238　毋庸懺悔　亦荆　1925 年 5 月 26 日　3 册　213 頁

2239　"毋庸懺悔"？　天心　1925 年 5 月 31 日　3 册　253 頁

2240　吾東三省　孤憤　1925 年 12 月 15 日　5 册　357 頁

2241　吾人救國之旨趣　周倫超　1925 年 6 月 21 日　3 册　426 頁

2242　吾人所應讀的書（一）H. G. Wells　1925 年 3 月 23 日　2 册　183 頁

2243　吾人所應讀的書（二）H. G. Wells　1925 年 3 月 24 日　2 册　191 頁

2244　吾人所應讀的書（三）H. G. Wells　1925 年 3 月 25 日　2 册　200 頁

2245　吳稚暉頭上的一點　明紀　1926 年 4 月 11 日　6 册　520 頁

2246　《吳稚暉先生文存》　滕沁華　1925 年 9 月 25 日　4 册　457 頁

2247　"無抵抗主義"與基督教——答簡又文先生　張宙　1925 年 3 月 10 日　2 册　83 頁

2248　無悔啟事　1925 年 10 月 5 日　4 册　534 頁

2249　無禮與非禮　（荷）Multatuli 著　魯迅譯　1924 年 12 月 16 日　1 册　97 頁

2250　無聊　龔珏　1925 年 2 月 5 日　1 册　429 頁

2251　無聊　學昭　1925 年 4 月 7 日　2 册　327 頁

2252　"無聊"？"濫調"？　江震亞　1925 年 1 月 30 日　1 册　375 頁

2253　"無聊的通信"　仲潛　1925 年 1 月 15 日　1 册　304 頁

2254　無聊之閑話　趣生　1925 年 3 月 4 日　2 册　38 頁

2255　"無窮小"問題請從此結束　南台　1925 年 12 月 23 日　5 册　425 頁

2256　無窮小的問題　徐克家　1925 年 10 月 28 日　4 册　741 頁

2257　無窮小問題及其他　文生　1925 年 12 月 21 日　5 册　406 頁

2258　無窮小與丁西林　張崧年　1925 年 12 月 7 日　5 册　294 頁

2259　無窮小在數學上不同的概念　汪奠基　1926 年 1 月 12 日　5 册　561 頁

2260　無題　學昭　1926 年 2 月 12 日　6 册　97 頁

2261　無題的通信　段思召　1925 年 2 月 6 日　1 册　438 頁

2262　"無謂的廢話"？　張崧年　1925 年 12 月 19 日　5 册　391 頁

2263　無謂之感慨　開明　1924 年 12 月 16 日　1 册　98 頁

2264 五分鐘的佇立 學昭 1925 年 2 月 26 日 1 冊 588 頁

2265 五卅事件的痕跡——《五卅血星》序 張清淇 1925 年 11 月 3 日 5 冊 29 頁

2266 五十年來日本侵略中國之七階段（代歡迎留日歸國學生） 李宗武 1926 年 2 月 4 日 6 冊 31 頁

2267 五四運動之功過 益噤 1925 年 6 月 29 日 3 冊 485 頁

2268 五一節史略 1925 年 5 月 1 日 3 冊 7 頁

2269 五一節與第二次全國勞動大會 識因 1925 年 5 月 1 日 3 冊 8 頁

2270 五一節與婦女 莊 1925 年 5 月 1 日 3 冊 12 頁

2271 五一節與弱小民族的群眾 大通 1925 年 5 月 1 日 3 冊 8 頁

2272 五一節與中國無產階級的青年 識因 1925 年 5 月 1 日 3 冊 10 頁

2273 五月后（丁尼孫長詩之一） 丁尼孫作 璠瑄譯 1925 年 12 月 15 日 5 冊 359 頁

2274 午夜聞砲 吳鏡塵 1926 年 4 月 14 日 6 冊 540 頁

2275 武者 1925 年 11 月 26 日 5 冊 212 頁

2276 武者小路實篤的小品（三至十）（日）武者小路實篤著 湯鶴逸譯 1926 年 1 月 11 日 5 冊 547 頁

2277 武者小路實篤的小品（一一至一四）（日） 武者小路實篤著 湯鶴逸譯 1926 年 1 月 18 日 5 冊 603 頁

2278 武者小路實篤的小品（一五至二〇）（日）武者小路實篤著 湯鶴逸譯 1926 年 1 月 19 日 5 冊 615 頁

2279 武者小路實篤氏肖像 1926 年 1 月 11 日 5 冊 547 頁

2280 武裝了的列強 有麟 1925 年 9 月 16 日 4 冊 385 頁

2281 勿拉馬以容死了——法國大天文家享年八十三歲 孫福熙 1925 年 7 月 11 日 3 冊 575 頁

2282 勿談閨闈 京紳 1925 年 6 月 4 日 3 冊 293 頁

2283 霧樹 陳萬里 1924 年 12 月 27 日 1 冊 165 頁

X

2284 《夕陽》與《寒菊》並序 伍風 1924 年 12 月 10 日 1 冊 48 頁

2285　夕陽染就的春林　琴心　1925 年 2 月 6 日　1 册　436 頁

2286　西班牙的軍閥到底好些!　彭學沛　1926 年 2 月 2 日　6 册　21 頁

2287　西北遊記（一）——北京至張家口道中　野濤　1925 年 8 月 31 日　4 册　253 頁

2288　西北遊記（二）　野濤　1925 年 9 月 11 日　4 册　344 頁

2289　西北遊記（三）　野濤　1925 年 9 月 15 日　4 册　378 頁

2290　西藏文化發達史（一）　河口慧海講　張鳳舉譯　歷陽記　1925 年 4 月 23 日　2 册　453 頁

2291　西藏文化發達史（二）　河口慧海講　張鳳舉譯　歷陽記　1925 年 4 月 24 日　2 册　461 頁

2292　西藏文化發達史（三）　河口慧海講　張鳳舉譯　歷陽記　1925 年 4 月 25 日　2 册　470 頁

2293　西藏文化發達史（四）　河口慧海講　張鳳舉譯　歷陽記　1925 年 4 月 27 日　2 册　485 頁

2294　西藏文化發達史（五）　河口慧海講　張鳳舉譯　歷陽記　1925 年 4 月 28 日　2 册　493 頁

2295　西車站　松烟　1926 年 4 月 16 日　6 册　556 頁

2296　西湖畫信（一　生之活潑）　孫福熙　1925 年 4 月 9 日　2 册　343 頁

2297　西湖畫信（二　死之安慰）　孫福熙　1925 年 5 月 4 日　3 册　35 頁

2298　西湖畫信（三　獨居）　孫福熙　1925 年 5 月 15 日　3 册　122 頁

2299　西湖畫信（四　一人划了船）　孫福熙　1925 年 5 月 18 日　3 册　148 頁

2300　西湖畫信（五　看月上）　孫福熙　1925 年 5 月 25 日　3 册　200 頁

2301　西湖畫信（六　自然之謎）　孫福熙　1925 年 6 月 22 日　3 册　435 頁

2302　西湖畫信（七　群鳥止唱聽晨鐘）　孫福熙　1925 年 7 月 1 日　3 册　509 頁

2303　西湖畫信（八　升天）　孫福熙　1925 年 7 月 6 日　3 册　540 頁

2304　西湖畫信（九　荷塘）　孫福熙　1925 年 7 月 9 日　3 册　564 頁

2305　西湖畫信（十　夜之沈思）　孫福熙　1925 年 7 月 10 日　3 册　570 頁

2306　西湖畫信（十一　小別）　孫福熙　1925 年 7 月 12 日　3 册　586 頁

2307　西山的馬路　金滿成　1925 年 4 月 4 日　2 册　312 頁

2308　西山狼患感言　柏生　1926 年 3 月 18 日　6 册　344 頁

2309　西山通信　彭基相　1925 年 11 月 18 日　5 册　149 頁

2310　西太平洋國際形勢與滬漢各案外交之將來　張榮福　1925 年 6 月 18 日　3 册　401 頁

2311　西瀅與楊蔭榆　亞俠　1925 年 6 月 7 日　3 册　317 頁

2312　吸煙及吸煙之類的故事　培良　1925 年 11 月 21 日　5 册　169 頁

2313　希臘的個人觀（一）　狄更生著　彭基相譯　1926 年 4 月 20 日　6 册　587 頁

2314　希臘的個人觀（二）　狄更生著　彭基相譯　1926 年 4 月 21 日　6 册　593 頁

2315　希臘的個人觀（三）　狄更生著　彭基相譯　1926 年 4 月 23 日　6 册　610 頁

2316　希臘的國家觀（一）　狄更生著　彭基相譯　1925 年 8 月 13 日　4 册　103 頁

2317　希臘的國家觀（二）　狄更生著　彭基相譯　1925 年 8 月 14 日　4 册　111 頁

2318　希臘的國家觀（三）　狄更生著　彭基相譯　1925 年 8 月 15 日　4 册　119 頁

2319　希臘的國家觀（四）　狄更生著　彭基相譯　1925 年 8 月 17 日　4 册　135 頁

2320　希臘的國家觀（五）　狄更生著　彭基相譯　1925 年 8 月 18 日　4 册　143 頁

2321　希臘的國家觀（六）　狄更生著　彭基相譯　1925 年 8 月 22 日　4 册　175 頁

2322　希臘的國家觀（七）　狄更生著　彭基相譯　1925 年 9 月 15 日　4 册　373 頁

2323　希臘的國家觀（八）　狄更生著　彭基相譯　1925 年 9 月 16 日　4 册　380 頁

2324　希臘的國家觀（九）　狄更生著　彭基相譯　1925 年 9 月 17 日　4

册　388 頁

2325　希臘的國家觀（十）　狄更生著　彭基相譯　1925 年 9 月 18 日　4
册　396 頁

2326　希臘的國家觀（十一）　狄更生著　彭基相譯　1925 年 9 月 19 日　4
册　404 頁

2327　希臘的國家觀（十二）　狄更生著　彭基相譯　1925 年 9 月 21 日　4
册　420 頁

2328　希臘的國家觀（十三）　狄更生著　彭基相譯　1925 年 9 月 22 日　4
册　427 頁

2329　希臘的國家觀（十四）　狄更生著　彭基相譯　1925 年 9 月 23 日　4
册　435 頁

2330　希臘的國家觀（十五）　狄更生著　彭基相譯　1925 年 9 月 24 日　4
册　447 頁

2331　希臘的藝術觀（一）　狄更生著　彭基相譯　1925 年 5 月 4 日　3 册　31 頁

2332　希臘的藝術觀（二）　狄更生著　彭基相譯　1925 年 5 月 5 日　3 册　39 頁

2333　希臘的藝術觀（三）　狄更生著　彭基相譯　1925 年 5 月 6 日　3 册　47 頁

2334　希臘的藝術觀（四）　狄更生著　彭基相譯　1925 年 5 月 8 日　3 册　63 頁

2335　希臘的藝術觀（五）　狄更生著　彭基相譯　1925 年 5 月 9 日　3 册　71 頁

2336　希臘的藝術觀（六）　狄更生著　彭基相譯　1925 年 5 月 14 日　3
册　112 頁

2337　希臘的藝術觀（七）　狄更生著　彭基相譯　1925 年 5 月 15 日　3
册　119 頁

2338　希臘的藝術觀（八）　狄更生著　彭基相譯　1925 年 5 月 16 日　3
册　127 頁

2339　希臘的藝術觀（九）　狄更生著　彭基相譯　1925 年 5 月 17 日　3
册　135 頁

2340　希望　小亭　1926 年 4 月 19 日　6 册　584 頁

2341　希望於今後之京副　平平　1925 年 1 月 31 日　1 册　384 頁

2342　希望自愛的青年勿學歐陽蘭　甘人　1925 年 4 月 23 日　2 册　459 頁

2343　惜字老會會啟說明　顧頡剛　1925 年 5 月 23 日　3 册　184 頁

2344　《溪水》自序　王利貞　1925 年 5 月 25 日　3 册　206 頁

2345　犧牲者　墨卿　1926 年 3 月 22 日　6 册　373 頁

2346　系統心理學的牢固的問題——一個哲學的遺傳（一）　Raymond Holder Wheeler 著　劉炳藜譯　1925 年 12 月 20 日　5 册　397 頁

2347　系統心理學的牢固的問題——一個哲學的遺傳（二）　Raymond Holder Wheeler 著　劉炳藜譯　1925 年 12 月 29 日　5 册　462 頁

2348　系統心理學的牢固的問題——一個哲學的遺傳（三）　Raymond Holder Wheeler 著　劉炳藜譯　1925 年 12 月 31 日　5 册　479 頁

2349　"細心"誤用了！　雪紋女士　1925 年 4 月 14 日　2 册　386 頁

2350　戲劇的意義及起源——在適存中學講演　余上沅　1925 年 10 月 21 日　4 册　682 頁

2351　戲劇空氣的"加濃"與"澄清"　焦菊隱　1925 年 12 月 24 日　5 册　436 頁

2352　下令通緝亂黨　柏生　1926 年 3 月 20 日　6 册　357 頁

2353　先生！革命的路往那兒走？　牛森泉　1925 年 12 月 3 日　5 册　270 頁

2354　閒話　霍邱目寒　1925 年 10 月 28 日　4 册　740 頁

2355　"閒話"的價值　古淵、何衡　1926 年 3 月 2 日　6 册　216 頁

2356　"閒話"之"不像樣"　丁謇　1925 年 6 月 4 日　3 册　295 頁

2357　閒談邏輯兼質楊鴻烈先生（一）　張漢輔　1925 年 2 月 25 日　1 册　578 頁

2358　閒談邏輯兼質楊鴻烈先生（二）　張漢輔　1925 年 2 月 27 日　1 册　595 頁

2359　現代法蘭西小說的派別　段易　1925 年 7 月 14 日　3 册　600 頁

2360　現在應該怎樣　郢　1925 年 9 月 27 日　4 册　474 頁

2361　相思子　培良　1924 年 12 月 12 日　1 册　63 頁

2362　香山慈幼院近事　歐湘蘭　1926 年 4 月 21 日　6 册　599 頁

2363　鄉旅夜話（一）　黎錦明　1926 年 1 月 12 日　5 册　559 頁

2364　鄉旅夜話（二）　黎錦明　1926 年 1 月 13 日　5 册　568 頁

2365　鄉旅夜話（三）　黎錦明　1926 年 1 月 14 日　5 册　574 頁

2366　鄉下人的道德　琴　1926 年 3 月 4 日　6 册　226 頁

2367　鄉遊瑣記（一、二）　于成澤　1925 年 12 月 20 日　5 册　398 頁

2368　鄉遊瑣記（三）　于成澤　1925 年 12 月 21 日　5 冊　409 頁

2369　鄉遊瑣記（四）　于成澤　1925 年 12 月 22 日　5 冊　416 頁

2370　鄉遊瑣記（五）　于成澤　1925 年 12 月 23 日　5 冊　426 頁

2371　鄉遊瑣記（六）　于成澤　1926 年 1 月 31 日　5 冊　708 頁

2372　鄉遊瑣記（七）　于成澤　1926 年 3 月 5 日　6 冊　237 頁

2373　鄉遊瑣記（八）　于成澤　1926 年 3 月 10 日　6 冊　276 頁

2374　鄉遊瑣記（九）　于成澤　1926 年 3 月 31 日　6 冊　446 頁

2375　鄉遊瑣記（十）　于成澤　1926 年 4 月 3 日　6 冊　467 頁

2376　"想是先生弄錯了"　佩心　1926 年 3 月 21 日　6 冊　365 頁

2377　"想象的繪畫"教授　曙天女士　1924 年 12 月 25 日　1 冊　161 頁

2378　想像中的北海今夜月（插圖）　1925 年 10 月 2 日　4 冊　515 頁

2379　響應打狗　董秋芳　1926 年 4 月 16 日　6 冊　557 頁

2380　向讀者討個教　趙天則　1926 年 1 月 24 日　5 冊　658 頁

2381　向海去的騎者（一）（愛爾蘭）新格著　鮑文蔚譯　1925 年 4 月 24 日　2 冊　464 頁

2382　向海去的騎者（二）（愛爾蘭）新格著　鮑文蔚譯　1925 年 4 月 25 日　2 冊　473 頁

2383　向空中說話（一）　培良　1925 年 11 月 7 日　5 冊　60 頁

2384　向空中說話（二）　培良　1925 年 11 月 11 日　5 冊　89 頁

2385　向空中說話（三）　培良　1925 年 11 月 12 日　5 冊　100 頁

2386　向空中說話（四）　培良　1925 年 11 月 16 日　5 冊　133 頁

2387　消毒　徐潛庵　1926 年 1 月 28 日　5 冊　683 頁

2388　消息　曹智官　1924 年 12 月 17 日　1 冊　102 頁

2389　消息　學昭　1926 年 2 月 9 日　6 冊　74 頁

2390　消息再吐露　伏園　1926 年 1 月 26 日　5 冊　673 頁

2391　小別贈言　衣萍　1925 年 1 月 14 日　1 冊　294 頁

2392　小鵝（木刻圖案）　1925 年 12 月 30 日　5 冊　469 頁

2393　小兒女心情　潘健卿　1925 年 2 月 15 日　1 冊　500 頁

2394　小貓　杜若　1925 年 9 月 4 日　4 冊　289 頁

2395 小詩（新安橋畔及其他） 蘇宗武 1925年5月22日 3冊 181頁

2396 小詩兩首 申無量作 劉復記 1925年10月1日 4冊 507頁

2397 小小的梵亞林 昕初 1925年11月2日 5冊 20頁

2398 小小盒兒小小蓋 春臺 1925年10月30日 4冊 758頁

2399 小仲馬 蓬心 1924年12月8日 1冊 27頁

2400 小仲馬與馬利都比利昔斯——《茶花女遺事》的來歷 Rene Berton 著 蓬心譯 1924年12月20日 1冊 123頁

2401 曉霞捧日（鋅版） 1925年12月30日 5冊 472頁

2402 心的去向 北斗 1925年10月26日 4冊 726頁

2403 心的世界 長虹 1925年5月9日 3冊 77頁

2404 心房的小鑰匙 楊丙辰 1925年3月6日 2冊 52頁

2405 心理的協和——畸人語之十四 金滿成 1925年8月20日 4冊 164頁

2406 心靈的祖國 王蓮友 1925年5月21日 3冊 174頁

2407 心聲社的宣言與建議 黎錦暉 1925年6月15日 3冊 381頁

2408 心頭的哀怨 劉惠 1926年3月9日 6冊 270頁

2409 心頭碎影 蕭承慈 1925年5月27日 3冊 221頁

2410 心欲之國土（一）（愛爾蘭）夏芝著 卜士譯 1925年4月13日 2冊 375頁

2411 心欲之國土（二）（愛爾蘭）夏芝著 卜士譯 1925年4月14日 2冊 384頁

2412 心欲之國土（三）（愛爾蘭）夏芝著 卜士譯 1925年4月15日 2冊 392頁

2413 心欲之國土（四）（愛爾蘭）夏芝著 卜士譯 1925年4月16日 2冊 398頁

2414 辛丑條約國援助反馮軍成績與飛機亂擲炸彈問題 陳震異 1926年4月7日 6冊 489頁

2415 辛丑條約全文（一） 1926年3月19日 6冊 351頁

2416 辛丑條約全文（二） 1926年3月20日 6冊 359頁

2417 新滇社的宣言（一） 1926年4月2日 6冊 464頁

2418 新滇社的宣言（二） 1926年4月3日 6冊 471頁

2419 新格（Synge）評傳 鮑文蔚 1925年4月15日 2冊 390頁

2420 新國家主義——救國良藥（一） 王造時 1925年6月10日 3冊 337頁

2421 新國家主義——救國良藥（二） 王造時 1925年6月11日 3冊 345頁

2422 新國家主義——救國良藥（三） 王造時 1925年6月12日 3冊 355頁

2423 新國家主義——救國良藥（四） 王造時 1925年6月13日 3冊 366頁

2424 新國家主義——救國良藥（五） 王造時 1925年6月14日 3冊 373頁

2425 新國家主義——救國良藥（六） 王造時 1925年6月16日 3冊 386頁

2426 新國家主義——救國良藥（七） 王造時 1925年6月17日 3冊 394頁

2427 新加坡英當局封閉華僑學校事件感想（上） 天南 1926年3月27日 6冊 409頁

2428 新加坡英當局封閉華僑學校事件感想（下） 天南 1926年3月28日 6冊 419頁

2429 新教育與舊道德 丁文江講 章洪熙記 1925年1月7日 1冊 233頁

2430 新舊思想雜談 董秋芳 1926年4月19日 6冊 577頁

2431 新年（譯雪萊的詩） 曼聲 1926年1月5日 5冊 505頁

2432 新年的聚會 李蔭春 1926年2月18日 6冊 105頁

2433 新女性的檄文 章錫琛 1925年12月28日 5冊 460頁

2434 新社會之建造（第一講）——貧窮之廢除（一） 華德講 簡又文譯述 1925年4月9日 2冊 341頁

2435 新社會之建造（第一講）——貧窮之廢除（二） 華德講 簡又文譯述 1925年4月10日 2冊 349頁

2436 新社會之建造（第二講）——戰爭之廢除（一） 華德講 簡又文譯述 1925年4月12日 2冊 365頁

2437 新社會之建造（第二講）——戰爭之廢除（二） 華德講 簡又文譯述 1925年4月13日 2冊 373頁

2438 新社會之建造（第三講）——經濟的公道（一） 華德講 簡又文譯述 1925年5月2日 3冊 15頁

2439 新社會之建造（第三講）——經濟的公道（二） 華德講 簡又文譯

述　1925年5月3日　3册　23頁

2440　新社會之建造（第三講）——經濟的公道（三）　華德講　簡又文譯
述　1925年5月4日　3册　32頁

2441　新社會之建造（第四講）——私立之廢除（一）　華德講　簡又文譯
述　1925年5月10日　3册　79頁

2442　新社會之建造（第四講）——私立之廢除（二）　華德講　簡又文譯
述　1925年5月11日　3册　90頁

2443　新社會之建造（第四講）——私立之廢除（三）　華德講　簡又文譯
述　1925年5月12日　3册　95頁

2444　新社會之建造（第四講）——私立之廢除（四）　華德講　簡又文譯
述　1925年5月14日　3册　111頁

2445　新社會之建造（第五講）——全世界之合作（一）　華德講　簡又文譯
述　1925年5月19日　3册　151頁

2446　新社會之建造（第五講）——全世界之合作（二）　華德講　簡又文譯
述　1925年5月20日　3册　159頁

2447　新社會之建造（第五講）——全世界之合作（三）　華德講　簡又文譯
述　1925年5月21日　3册　167頁

2448　新社會之建造（第六講）——俄羅斯之大試驗（一）　華德講　簡又文譯
述　1925年5月26日　3册　207頁

2449　新社會之建造（第六講）——俄羅斯之大試驗（二）　華德講　簡又文譯
述　1925年5月27日　3册　215頁

2450　新社會之建造（第六講）——俄羅斯之大試驗（三）　華德講　簡又文譯
述　1925年5月28日　3册　223頁

2451　新詩與國家主義　江　1925年7月30日　3册　734頁

2452　"新新中外合璧男女分字百家姓"的要求　健攻　1925年1月30日　1
册　373頁

2453　新性道德的討論——讀陳伯年先生的《一夫多妻的新護符》的感想　許言
午　1925年4月16日　2册　403頁

2454　新中國的柱石七個半　李振翩　1926年2月9日　6册　78頁

2455　新中國柱石十人（兩個月徵求的結果）　記者　1926 年 3 月 11 日　6 册　288 頁

2456　新中國柱石只有三人　金滿成　1926 年 3 月 9 日　6 册　271 頁

2457　信　杜若　1925 年 10 月 25 日　4 册　717 頁

2458　星孩（一）（英）Oscar Wilde 著　沈召棠譯　1925 年 3 月 26 日　2 册　211 頁

2459　星孩（二）（英）Oscar Wilde 著　沈召棠譯　1925 年 3 月 27 日　2 册　217 頁

2460　星孩（三）（英）Oscar Wilde 著　沈召棠譯　1925 年 3 月 29 日　2 册　236 頁

2461　星孩（四）（英）Oscar Wilde 著　沈召棠譯　1925 年 3 月 30 日　2 册　243 頁

2462　星孩（五）（英）Oscar Wilde 著　沈召棠譯　1925 年 3 月 31 日　2 册　249 頁

2463　行政委員制與中國　高一涵講　馬志振記　1926 年 1 月 16 日　5 册　589 頁

2464　兄弟十個扛金鐘　俞念遠　1925 年 7 月 11 日　3 册　582 頁

2465　兄弟姊妹　衣萍　1925 年 1 月 18 日　1 册　325 頁

2466　虛僞的頸圈　（丹麥）安徒生著　陳永森譯　1925 年 11 月 27 日　5 册　216 頁

2467　虛僞的人生　愚公　1925 年 3 月 18 日　2 册　147 頁

2468　徐志摩先生的常識　非子　1925 年 3 月 7 日　2 册　59 頁

2469　徐志摩先生的耳朵及其他　小郎　1925 年 2 月 26 日　1 册　588 頁

2470　徐州人的主張　王銘巖　1925 年 11 月 4 日　5 册　37 頁

2471　續“玩”　尚木　1925 年 4 月 20 日　2 册　436 頁

2472　續女師大大改革論　衣錦　1925 年 8 月 5 日　4 册　40 頁

2473　宣言　羅素好　1925 年 6 月 29 日　3 册　481 頁

2474　“玄背社”的“玄背”　玄背　1926 年 4 月 18 日　6 册　576 頁

2475　靴子　（俄）柴霍甫著　怡廬譯　1924 年 12 月 13 日　1 册　71 頁

2476　“學風”之別解　董秋芳　1926 年 3 月 14 日　6 册　306 頁

2477 學風之負責者 張友仁 1925 年 11 月 20 日 5 册 165 頁

2478 學父親的兒子！（攝影並序） 舒新城 1925 年 10 月 17 日 4 册 648 頁

2479 學生應有的精神 陶知行講 黎翼記 1926 年 4 月 24 日 6 册 622 頁

2480 學術應有的對象 徐炳昶講 文偉記 1925 年 10 月 16 日 4 册 639 頁

2481 學者說話不會錯？ 江震亞 1925 年 1 月 15 日 1 册 303 頁

2482 "學者說話不會錯？" ？ 胡崇軒 1925 年 1 月 17 日 1 册 318 頁

2483 學者說話會錯不會錯？——答胡崇軒 江震亞 1925 年 1 月 20 日 1 册 342 頁

2484 學者態度 蔣傳官 1925 年 10 月 22 日 4 册 694 頁

2485 學者與教科書 培良 1925 年 10 月 24 日 4 册 709 頁

2486 學者與通史 彤符 1925 年 10 月 27 日 4 册 734 頁

2487 學制再改革的感想 汪震 1925 年 11 月 21 日 5 册 174 頁

2488 雪地裏 學昭 1926 年 2 月 20 日 6 册 122 頁

2489 雪霽 徐芳 1925 年 1 月 22 日 1 册 358 頁

2490 雪女王（一）（丹麥）安徒生著 林蘭女士譯 1925 年 7 月 10 日 3 册 573 頁

2491 雪女王（二）（丹麥）安徒生著 林蘭女士譯 1925 年 7 月 11 日 3 册 577 頁

2492 雪女王（三）（丹麥）安徒生著 林蘭女士譯 1925 年 7 月 14 日 3 册 602 頁

2493 雪女王（四）（丹麥）安徒生著 林蘭女士譯 1925 年 7 月 16 日 3 册 618 頁

2494 雪女王（五）（丹麥）安徒生著 林蘭女士譯 1925 年 7 月 20 日 3 册 652 頁

2495 雪女王（六）（丹麥）安徒生著 林蘭女士譯 1925 年 7 月 21 日 3 册 659 頁

2496 雪女王（七）（丹麥）安徒生著 林蘭女士譯 1925 年 7 月 23 日 3 册 676 頁

2497 雪女王（八）（丹麥）安徒生著 林蘭女士譯 1925 年 7 月 24 日 3

册 682 頁

2498 雪女王（九）（丹麥）安徒生著 林蘭女士譯 1925 年 7 月 25 日 3
册 693 頁

2499 雪女王（十）（丹麥）安徒生著 林蘭女士譯 1925 年 7 月 27 日 3
册 706 頁

2500 雪女王（十一）（丹麥）安徒生著 林蘭女士譯 1925 年 7 月 28 日 3
册 715 頁

2501 雪女王（十二）（丹麥）安徒生著 林蘭女士譯 1925 年 7 月 30 日 3
册 729 頁

2502 雪女王（十三）（丹麥）安徒生著 林蘭女士譯 1925 年 7 月 31 日 3
册 739 頁

2503 雪楊之畫 汪震 1925 年 1 月 13 日 1 册 285 頁

2504 “雪夜” 北朋 1925 年 11 月 11 日 5 册 92 頁

2505 雪中 張文蔚 1925 年 11 月 15 日 5 册 122 頁

2506 血滴 董作賓 1925 年 1 月 30 日 1 册 372 頁

2507 血染執政府見聞録 空了 1926 年 3 月 20 日 6 册 355 頁

2508 血屍 評梅 1926 年 3 月 22 日 6 册 369 頁

2509 訊章 累 1925 年 8 月 28 日 4 册 223 頁

Y

2510 鴉片戰争 無悔 1925 年 6 月 28 日 3 册 478 頁

2511 壓迫同性之卑劣手段 靜農 1925 年 5 月 24 日 3 册 196 頁

2512 胭脂盒 吳隼 1924 年 12 月 22 日 1 册 144 頁

2513 烟臺的印象 龍冠海 1925 年 8 月 28 日 4 册 227 頁

2514 烟霞伴侶（一） 學昭 1925 年 5 月 2 日 3 册 18 頁

2515 烟霞伴侶（二） 學昭 1925 年 5 月 3 日 3 册 28 頁

2516 烟霞伴侶（三） 學昭 1925 年 5 月 4 日 3 册 34 頁

2517 烟霞伴侶（四） 學昭 1925 年 5 月 5 日 3 册 40 頁

2518 烟霞伴侶（五） 學昭 1925 年 5 月 7 日 3 册 57 頁

2519　烟霞伴侣（六）　學昭　1925 年 5 月 8 日　3 册　68 頁

2520　烟霞伴侣（七、八）　學昭　1925 年 5 月 16 日　3 册　130 頁

2521　烟霞伴侣（九、十）　學昭　1925 年 5 月 25 日　3 册　203 頁

2522　烟霞伴侣（十一）　學昭　1925 年 5 月 28 日　3 册　228 頁

2523　烟霞伴侣（十二）　學昭　1925 年 6 月 2 日　3 册　278 頁

2524　烟霞伴侣（十三）　學昭　1925 年 7 月 10 日　3 册　573 頁

2525　烟霞伴侣（十四）　學昭　1925 年 7 月 16 日　3 册　620 頁

2526　烟霞伴侣（十五）　學昭　1925 年 7 月 24 日　3 册　683 頁

2527　烟霞伴侣（十六）　學昭　1925 年 7 月 25 日　3 册　693 頁

2528　烟霞伴侣（十七）　學昭　1925 年 7 月 28 日　3 册　716 頁

2529　烟霞伴侣（十八）　學昭　1925 年 7 月 30 日　3 册　730 頁

2530　烟霞伴侣（海邊）（一至三）　學昭　1925 年 9 月 25 日　4 册　453 頁

2531　烟霞伴侣（海邊）（四、五）　學昭　1925 年 9 月 28 日　4 册　478 頁

2532　烟霞伴侣（海邊）（六至八）　學昭　1925 年 9 月 30 日　4 册　496 頁

2533　烟霞伴侣（海邊）（九）　學昭　1925 年 10 月 4 日　4 册　522 頁

2534　烟霞伴侣（湖上）（一、二）　學昭　1925 年 8 月 5 日　4 册　44 頁

2535　烟霞伴侣（湖上）（三、四）　學昭　1925 年 8 月 7 日　4 册　58 頁

2536　烟霞伴侣（湖上）（五）　學昭　1925 年 8 月 11 日　4 册　92 頁

2537　烟霞伴侣（湖上）（六）　學昭　1925 年 8 月 14 日　4 册　117 頁

2538　烟霞伴侣（湖上）（七）　學昭　1925 年 8 月 21 日　4 册　173 頁

2539　烟霞伴侣（湖上）（八）　學昭　1925 年 8 月 22 日　4 册　180 頁

2540　烟霞伴侣（湖上）（九、十）　學昭　1925 年 8 月 26 日　4 册　211 頁

2541　烟霞伴侣（湖上）（十一）　學昭　1925 年 8 月 28 日　4 册　225 頁

2542　烟霞伴侣（湖上）（十二）　學昭　1925 年 8 月 29 日　4 册　234 頁

2543　烟霞伴侣（湖上）（十三、十四）　學昭　1925 年 9 月 5 日　4 册　296 頁

2544　烟霞伴侣（湖上）（十五、十六）　學昭　1925 年 9 月 8 日　4 册　320 頁

2545　烟霞伴侣（湖上）（十七）　學昭　1925 年 9 月 15 日　4 册　376 頁

2546　烟霞伴侣（湖上）（十八）　學昭　1925 年 9 月 16 日　4 册　382 頁

2547　烟霞伴侣（湖上）（十九、二十）　學昭　1925 年 9 月 18 日　4 册　399 頁

2548　煙霧慘淡之中（上）　健希　1925 年 9 月 26 日　4 冊　461 頁

2549　煙霧慘淡之中（中）　健希　1925 年 9 月 28 日　4 冊　481 頁

2550　煙霧慘淡之中（下）　健希　1925 年 9 月 29 日　4 冊　486 頁

2551　燕大與反帝國主義運動　焦菊隱　1925 年 6 月 4 日　3 冊　290 頁

2552　《燕風》發刊詞　1924 年 12 月 22 日　1 冊　145 頁

2553　言論界之分野　辛民　1925 年 8 月 21 日　4 冊　168 頁

2554　嚴寒中的春意　羅漢　1925 年 9 月 4 日　4 冊　287 頁

2555　雁聲　伍誠周　1925 年 5 月 6 日　3 冊　53 頁

2556　洋官（獨幕寫實劇）　賀自昭　1925 年 6 月 8 日　3 冊　326 頁

2557　洋鐵水壺與通緝令　豈明　1926 年 4 月 7 日　6 冊　491 頁

2558　陽春非不老　琴心　1925 年 2 月 9 日　1 冊　460 頁

2559　楊鴻烈先生的邏輯　汪震　1925 年 2 月 6 日　1 冊　437 頁

2560　楊小樓與醫生　風光　1925 年 9 月 18 日　4 冊　402 頁

2561　楊蔭榆開除學生黑幕之一角　金仲芸　1925 年 6 月 4 日　3 冊　294 頁

2562　楊袁昌英的《玫君》讀後感　鷟嗔女士　1925 年 4 月 24 日　2 冊　468 頁

2563　搖椅（一）　欽文　1925 年 2 月 23 日　1 冊　562 頁

2564　搖椅（二）　欽文　1925 年 2 月 24 日　1 冊　569 頁

2565　遙望處　王蓮友　1925 年 11 月 3 日　5 冊　30 頁

2566　咬嚼未始“乏味”　魯迅　1925 年 2 月 10 日　1 冊　469 頁

2567　咬嚼之乏味　潛源　1925 年 2 月 4 日　1 冊　420 頁

2568　咬嚼之餘　魯迅　1925 年 1 月 22 日　1 冊　360 頁

2569　咬文嚼字（一）　魯迅　1925 年 1 月 11 日　1 冊　272 頁

2570　咬文嚼字（二）　魯迅　1925 年 2 月 12 日　1 冊　485 頁

2571　咬文嚼字（三）　魯迅　1925 年 6 月 7 日　3 冊　317 頁

2572　“咬文嚼字”是“濫調”　潛源　1925 年 1 月 20 日　1 冊　343 頁

2573　要來做執政府顧問的辜顯榮君究竟是個甚麼東西？　李雪峰　1925 年 5 月 28 日　3 冊　230 頁

2574　要這樣救國！　天怡　1925 年 7 月 9 日　3 冊　565 頁

2575　耶穌的革命精神（一）　華德講　簡又文譯述　1925 年 5 月 30 日　3

册　239 頁

2576　耶穌的革命精神（二）　華德講　簡又文譯述　1925 年 5 月 31 日　3
册　247 頁

2577　耶穌的主張　張欽士　1925 年 12 月 25 日　5 册　439 頁

2578　揶揄　羅學濂　1925 年 12 月 7 日　5 册　296 頁

2579　揶揄　聞國新　1925 年 6 月 5 日　3 册　298 頁

2580　也怪不得班君生氣　李江安　1925 年 1 月 15 日　1 册　303 頁

2581　也許（爲一個苦命的夭折的少女而作）　聞一多　1925 年 7 月 3 日　3
册　522 頁

2582　也儘有"一而二二而一"的"冒充"　閻劍民　1926 年 3 月 4 日　6
册　232 頁

2583　也算是劇評　李治璞　1926 年 2 月 24 日　6 册　156 頁

2584　野草（一）（丹麥）愛華耳特著　李小峰譯　1925 年 8 月 4 日　4 册　35 頁

2585　野草（二）（丹麥）愛華耳特著　李小峰譯　1925 年 8 月 5 日　4 册　42 頁

2586　"野火燒不盡"——告《盲目的讀者》的作者　鐃孟侃　1925 年 3 月 21
日　2 册　173 頁

2587　野山查　杜若　1925 年 9 月 5 日　4 册　298 頁

2588　夜半的祈禱　杜若　1925 年 9 月 3 日　4 册　280 頁

2589　夜靜　徐芳　1924 年 12 月 22 日　1 册　145 頁

2590　夜闌　韻笙　1925 年 1 月 30 日　1 册　373 頁

2591　夜鶯之美睡　昕初　1925 年 11 月 7 日　5 册　60 頁

2592　夜之歌女　昕初　1925 年 4 月 29 日　2 册　507 頁

2593　一百五十歲的帝國主義國家和十五歲的次殖民地國家今昔與將來之衝
突　王季高　1926 年 4 月 15 日　6 册　545 頁

2594　一本規模不很小的學報　立也　1926 年 3 月 19 日　6 册　349 頁

2595　一場試驗　黎錦明　1925 年 9 月 23 日　4 册　440 頁

2596　一點小玩意兒　盧枝　1925 年 6 月 27 日　3 册　472 頁

2597　一段小翻譯　君珍　1925 年 11 月 25 日　5 册　200 頁

2598　一堆閒話（一）　趙瑞生　1926 年 1 月 21 日　5 册　630 頁

2599 一堆閒話（二）　趙瑞生　1926 年 1 月 24 日　5 冊　655 頁

2600 一對致友人饒孟侃的公開信　朱湘　1925 年 3 月 28 日　2 冊　225 頁

2601 一封不敢發的信　寒光　1925 年 2 月 15 日　1 冊　497 頁

2602 一封青年苦悶自殺的絕命書　劉任貴　1925 年 3 月 14 日　2 冊　116 頁

2603 一封使人安慰的來信　量之　1924 年 12 月 20 日　1 冊　129 頁

2604 一封書　滄波　1925 年 10 月 29 日　4 冊　748 頁

2605 一封書　王竹樵　1926 年 3 月 27 日　6 冊　414 頁

2606 一封通信　侯兆麟　1926 年 4 月 19 日　6 冊　582 頁

2607 一封信——摘録自悲秋的日記　蹇先艾　1925 年 5 月 17 日　3 冊　139 頁

2608 一個 "非自由論" 的著作家　梁佩袞　1925 年 12 月 12 日　5 冊　333 頁

2609 一個半演員的戲劇　培良　1926 年 1 月 11 日　5 冊　553 頁

2610 一個傍晚　大澄　1925 年 8 月 1 日　4 冊　9 頁

2611 一個大廈大學學生被難後的報告　杏村　1925 年 6 月 16 日　3 冊　392 頁

2612 一個對於外捕槍殺華人的切實辦法　莊澤宣　1925 年 6 月 8 日　3 冊　321 頁

2613 一個寒假的最好消遣法——代 "優種社" 同人啟事　張競生　1926 年 2 月 2 日　6 冊　20 頁

2614 一個極誠懇的要求　徐繼森　1925 年 12 月 11 日　5 冊　332 頁

2615 一個極小的問題　劉鄧安　1926 年 2 月 27 日　6 冊　181 頁

2616 一個節日　春臺　1925 年 10 月 10 日　4 冊　592 頁

2617 一個批評家的 "千慮一失"　高佩琅　1924 年 12 月 6 日　1 冊　11 頁

2618 一個上海大學學生親嘗此次慘劇的報告　德馨　1925 年 6 月 12 日　3 冊　360 頁

2619 一個外交的策略　陳均　1925 年 7 月 19 日　3 冊　642 頁

2620 一個問題　蓀　1925 年 2 月 23 日　1 冊　566 頁

2621 一個小學生的愛國熱忱　滕國華　1925 年 6 月 30 日　3 冊　494 頁

2622 一個新的方向？——評余上沅的《白鴿》　培良　1925 年 12 月 14 日　5 冊　354 頁

2623 一個選 "國學討論集" 的計畫書　王鑑　1925 年 5 月 5 日　3 冊　44 頁

2624 一個疑問的人（一） 翠生 1925 年 12 月 15 日 5 册 360 頁

2625 一個疑問的人（二） 翠生 1925 年 12 月 16 日 5 册 370 頁

2626 一個疑問的人（三） 翠生 1925 年 12 月 17 日 5 册 377 頁

2627 一個藝術家自殺了 壽明齋 1926 年 1 月 16 日 5 册 589 頁

2628 一個用力少而收效大的國外宣傳方法 孫景章 1925 年 7 月 2 日 3 册 516 頁

2629 一九二〇年來中國之勞動運動 大通 1925 年 5 月 1 日 3 册 13 頁

2630 一九二六新年本刊徵求新中國之柱石十人 伏園 1926 年 1 月 4 日 5 册 491 頁

2631 一九二四年丹麥之文學 畢樹棠 1925 年 7 月 10 日 3 册 567 頁

2632 一九二五年國語界“防禦戰”紀略 黎錦熙 1926 年 2 月 5 日 6 册 39 頁

2633 一九二五新年本刊之二大徵求 1925 年 1 月 5 日 1 册 224 頁

2634 一九二五新年本刊之二大徵求 1925 年 1 月 6 日 1 册 232 頁

2635 一九二五新年本刊之二大徵求 記者 1925 年 1 月 4 日 1 册 209 頁

2636 一幕的疑問 寒光 1925 年 7 月 8 日 3 册 554 頁

2637 一年來故宮經過與工作之我觀 石曾 1925 年 11 月 5 日 5 册 39 頁

2638 一年來國內定期出版界略述補（一） 伏園 1926 年 1 月 18 日 5 册 604 頁

2639 一年來國內定期出版界略述補（二） 伏園 1926 年 1 月 19 日 5 册 613 頁

2640 一年來國內定期出版界略述補（三） 伏園 1926 年 1 月 22 日 5 册 637 頁

2641 一年來國內定期出版界略述補（四） 伏園 1926 年 1 月 26 日 5 册 674 頁

2642 一年來國內定期出版界略述補（五） 伏園 1926 年 1 月 27 日 5 册 681 頁

2643 一年來國內定期出版界略述補（六） 伏園 1926 年 1 月 30 日 5 册 706 頁

2644 一年來國內定期出版界略述補（七） 伏園 1926 年 1 月 31 日 5

册　713頁

2645　一年來之本刊（攝影）　1925年12月5日　5册　291頁

2646　一偏之見　鏡人　1925年2月23日　1册　565頁

2647　一篇日記　艾孺鄰　1926年1月18日　5册　608頁

2648　一片樹葉和我　王蓮友　1925年9月19日　4册　410頁

2649　一切都過去了　莫泊桑著　尚鉞譯　1925年8月24日　4册　192頁

2650　一切都是灰色的（通信）　劉炳藜、舒新城　1925年8月11日　4册　93頁

2651　一群小天使（圖並跋）　彭基相　1925年11月18日　5册　145頁

2652　一是一,二是二,敬答闇先生　高佩琅　1926年3月1日　6册　206頁

2653　一息尚存一息不懈　平伯　1925年6月20日　3册　421頁

2654　一夜　ＣＰ　1924年12月28日　1册　177頁

2655　一夜　綠藻　1926年1月9日　5册　537頁

2656　《一夜北風緊》裏的我　拂嵐　1924年12月6日　1册　17頁

2657　《一隻馬蜂》在舞臺上的成績並質西林先生　琴心　1925年3月31日　2
册　252頁

2658　一致對外聲中　伯山　1925年7月20日　3册　654頁

2659　一致反日　董秋芳　1926年3月18日　6册　337頁

2660　一抓葡萄　法郎士著　金滿成譯　1925年4月28日　2册　495頁

2661　衣銀姑娘的死　小酩　1924年12月9日　1册　39頁

2662　依違（一）　培良　1925年4月8日　2册　335頁

2663　依違（二、三）　培良　1925年4月9日　2册　344頁

2664　依違（四）　培良　1925年4月10日　2册　351頁

2665　醫大風潮與將來的校長　劉運焱　1925年11月3日　5册　26頁

2666　醫院　素蕙　1926年4月10日　6册　508頁

2667　遺憾　欽文　1924年12月27日　1册　167頁

2668　以填夢裏的空白　謝草厂　1925年5月19日　3册　156頁

2669　異曲同工　有麟　1925年12月15日　5册　364頁

2670　異哉,關稅法權會議美國全權代表司注恩氏之演辭　卿汝楫　1925年12
月21日　5册　405頁

2671 異哉，僞憲法在初中公民教育裏竟發生了效力！——評中華教育改進社叢書第五種《初中公民教本》（一）何呈錡 1925 年 2 月 27 日 1 冊 593 頁

2672 異哉，僞憲法在初中公民教育裏竟發生了效力！——評中華教育改進社叢書第五種《初中公民教本》（二）何呈錡 1925 年 2 月 28 日 1 冊 601 頁

2673 意外的函件（一）春芝 1926 年 4 月 17 日 6 冊 562 頁

2674 意外的函件（二）春芝 1926 年 4 月 18 日 6 冊 573 頁

2675 意外的函件（三）春芝 1926 年 4 月 19 日 6 冊 579 頁

2676 《憶》學昭 1926 年 1 月 31 日 5 冊 710 頁

2677 《憶》的裝訂 豈明 1926 年 2 月 19 日 6 冊 113 頁

2678 憶道村之夏夜 學昭 1926 年 2 月 28 日 6 冊 189 頁

2679 憶——君 培良 1925 年 10 月 23 日 4 冊 697 頁

2680 憶亡兒 雪村 1925 年 10 月 10 日 4 冊 591 頁

2681 藝術與人生 錢鑄九 1925 年 9 月 14 日 4 冊 369 頁

2682 藝術院 佟晶心 1926 年 3 月 6 日 6 冊 248 頁

2683 譯丁尼孫詩（自《Idylls of the king》）楊天木譯 1925 年 2 月 2 日 1 冊 405 頁

2684 譯名疑義舉例 喜旺木 1925 年 2 月 22 日 1 冊 556 頁

2685 譯詩 慧茵 1925 年 11 月 30 日 5 冊 244 頁

2686 譯英詩兩首 天心 1925 年 3 月 28 日 2 冊 224 頁

2687 因果律與反帝國主義運動（一）莫震旦 1924 年 12 月 12 日 1 冊 59 頁

2688 因果律與反帝國主義運動（二）莫震旦 1924 年 12 月 13 日 1 冊 67 頁

2689 因果律與反帝國主義運動（三）莫震旦 1924 年 12 月 14 日 1 冊 75 頁

2690 因果律與反帝國主義運動（四）莫震旦 1924 年 12 月 16 日 1 冊 93 頁

2691 銀蓮（銅版）1925 年 12 月 30 日 5 冊 476 頁

2692 銀樣蠟鎗頭！李繼宣 1925 年 11 月 25 日 5 冊 205 頁

2693 印花布棉被 欽文 1925 年 2 月 14 日 1 冊 489 頁

2694 英國工黨工聯和華僑工團攜手 童冠賢 1926 年 4 月 13 日 6 冊 529 頁

2695 英日暴動事件中我們第一件要做的事 常燕生 1925 年 6 月 7 日 3 冊 315 頁

2696 英日貨品的商標（一） 振武 1925 年 6 月 21 日 3 冊 431 頁

2697 英日貨品的商標（二） 振武 1925 年 6 月 24 日 3 冊 455 頁

2698 英日貨品的商標（三） 振武 1925 年 6 月 29 日 3 冊 487 頁

2699 英日貨品的商標（四） 振武 1925 年 6 月 30 日 3 冊 495 頁

2700 英日貨品的商標（五） 振武 1925 年 7 月 2 日 3 冊 517 頁

2701 英日貨品的商標（六） 振武 1925 年 7 月 7 日 3 冊 549 頁

2702 英日侵略我國的過去 羅懋德 1925 年 6 月 14 日 3 冊 374 頁

2703 英使館罷工的意義與價值及其善後問題 周倫超 1925 年 8 月 16 日 4 冊 127 頁

2704 "英使館工人真不該罷工"！ 樂水 1925 年 8 月 16 日 4 冊 129 頁

2705 嬰孩同情心的發見（一） 張雪門 1926 年 2 月 1 日 6 冊 13 頁

2706 嬰孩同情心的發見（二） 張雪門 1926 年 2 月 8 日 6 冊 67 頁

2707 嬰孩同情心的發見（三） 張雪門 1926 年 2 月 19 日 6 冊 116 頁

2708 嬰孩同情心的發見（四） 張雪門 1926 年 2 月 20 日 6 冊 123 頁

2709 嬰孩同情心的發見（五） 張雪門 1926 年 2 月 21 日 6 冊 131 頁

2710 嬰孩同情心的發見（六） 張雪門 1926 年 2 月 23 日 6 冊 145 頁

2711 嬰孩同情心的發見（七） 張雪門 1926 年 2 月 25 日 6 冊 164 頁

2712 嬰孩同情心的發見（八） 張雪門 1926 年 2 月 26 日 6 冊 172 頁

2713 嬰孩同情心的發見（九） 張雪門 1926 年 2 月 27 日 6 冊 180 頁

2714 螢 秉雄 1925 年 8 月 20 日 4 冊 163 頁

2715 影的苦悶 李遇安 1925 年 1 月 16 日 1 冊 310 頁

2716 永久的救國事業的真實基礎 無悔 1925 年 9 月 13 日 4 冊 355 頁

2717 永平十年以前流入中國之佛教（一） 鄭孝觀 1925 年 2 月 5 日 1 冊 423 頁

2718 永平十年以前流入中國之佛教（二） 鄭孝觀 1925 年 2 月 6 日 1 冊 431 頁

2719 永壽宮後庫前院點還清室庫銀時之鹿鍾麟總司令（插圖） 1925 年 11 月 5 日 5 冊 41 頁

2720 用畫筆以代刀劍 壽明齋 1926 年 1 月 19 日 5 冊 612 頁

2721　由家鄉說到國中　精鋼　1926 年 4 月 3 日　6 冊　466 頁

2722　油漆匠　寶賢　1924 年 12 月 21 日　1 冊　135 頁

2723　遊行示威以後　伏園　1925 年 6 月 5 日　3 冊　303 頁

2724　遊行之後　陳銓　1925 年 6 月 16 日　3 冊　391 頁

2725　遊妙峰山雜記　顧頡剛　1925 年 8 月 27 日　4 冊　217 頁

2726　遊明陵歸後　墨卿　1925 年 11 月 8 日　5 冊　69 頁

2727　遊絲　張定璜　1925 年 10 月 10 日　4 冊　602 頁

2728　遊圓明園（附西洋樓攝影四幅）　毛坤　1925 年 12 月 9 日　5 冊　309 頁

2729　遊子的夢　張權　1925 年 1 月 4 日　1 冊　214 頁

2730　游離（一）　長虹　1926 年 3 月 1 日　6 冊　203 頁

2731　游離（二）　長虹　1926 年 3 月 2 日　6 冊　214 頁

2732　游離（三）　長虹　1926 年 3 月 3 日　6 冊　221 頁

2733　游離（四）　長虹　1926 年 3 月 4 日　6 冊　228 頁

2734　游離（五）　長虹　1926 年 3 月 5 日　6 冊　236 頁

2735　游離（六）　長虹　1926 年 3 月 7 日　6 冊　252 頁

2736　游離（七）　長虹　1926 年 3 月 8 日　6 冊　260 頁

2737　游離（八）　長虹　1926 年 3 月 9 日　6 冊　268 頁

2738　游離（九）　長虹　1926 年 3 月 10 日　6 冊　278 頁

2739　游離（十）　長虹　1926 年 3 月 11 日　6 冊　282 頁

2740　有鼻子的人留心　蕭度　1925 年 4 月 8 日　2 冊　339 頁

2741　有情眷屬的說明　秋花　1926 年 3 月 15 日　6 冊　319 頁

2742　有憶　朱湘　1925 年 7 月 18 日　3 冊　635 頁

2743　有志研究中國史的青年可備閱覽書十四種　伏園　1925 年 3 月 1 日　2 冊　13 頁

2744　又查各處女生麼?　東禪　1925 年 8 月 26 日　4 冊　212 頁

2745　又多一番創痛之六三　伏園　1925 年 6 月 3 日　3 冊　288 頁

2746　"又開會哪?！"　冰川　1925 年 8 月 23 日　4 冊　189 頁

2747　又是一棵小小的臭草　刘丁　1925 年 5 月 7 日　3 冊　59 頁

2748　又是一幕　有麟　1925 年 12 月 7 日　5 冊　299 頁

2749 "又是一年春去也" 建功 1925 年 1 月 29 日 1 册 362 頁

2750 又一個不平鳴 琴心 1925 年 4 月 14 日 2 册 387 頁

2751 又一件慘苦事 佩瑩 1925 年 3 月 11 日 2 册 93 頁

2752 又引起了我的疑惑 席明 1925 年 4 月 4 日 2 册 316 頁

2753 又有兩個疑問 李君度 1925 年 1 月 10 日 1 册 264 頁

2754 誘惑 聞國新 1925 年 8 月 15 日 4 册 122 頁

2755 誘引 培良 1925 年 11 月 26 日 5 册 210 頁

2756 于是劇社第一次向大家的表白 1925 年 12 月 27 日 5 册 452 頁

2757 于卓的日記（一） 欽文 1925 年 1 月 6 日 1 册 229 頁

2758 于卓的日記（二） 欽文 1925 年 1 月 7 日 1 册 236 頁

2759 于卓的日記（三） 欽文 1925 年 1 月 8 日 1 册 244 頁

2760 余名"疑今" 疑今 1925 年 3 月 15 日 2 册 123 頁

2761 愚問之一 乙徑 1925 年 7 月 1 日 3 册 510 頁

2762 愚問之二 曳脛 1925 年 7 月 16 日 3 册 621 頁

2763 漁人之妻（採自 Grimm's Fairy Tales）（一） 畢樹棠譯 1925 年 2 月 1 日 1 册 397 頁

2764 漁人之妻（採自《Grimm's Fairy Tales》）（二） 畢樹棠譯 1925 年 2 月 2 日 1 册 403 頁

2765 "輿論是怎樣的一種東西"？ 宋振桀 1925 年 12 月 22 日 5 册 414 頁

2766 予亦名"疑古" 錢玄同 1925 年 3 月 13 日 2 册 109 頁

2767 雨 CCW 1925 年 7 月 30 日 3 册 731 頁

2768 雨聲 胡然 1925 年 7 月 21 日 3 册 656 頁

2769 雨夜 蕭元璋 1925 年 5 月 27 日 3 册 219 頁

2770 雨夜 昕初 1925 年 3 月 24 日 2 册 196 頁

2771 雨夜懷先艾琼本 聞國新 1925 年 4 月 26 日 2 册 482 頁

2772 與班延兆君討論 楊天木 1925 年 1 月 4 日 1 册 214 頁

2773 與黃建中先生論西洋最近哲學趨勢 余文偉 1925 年 11 月 21 日 5 册 167 頁

2774 與鄰邦之友 陸鼎蕃譯 1926 年 2 月 22 日 6 册 135 頁

2775 與彭基相論平民教育 楊廉 1925 年 3 月 25 日 2 冊 203 頁

2776 與延齡先生論炕 湛廬 1925 年 1 月 29 日 1 冊 368 頁

2777 與疑古玄同先生談"人" 有麟 1925 年 11 月 12 日 5 冊 98 頁

2778 與友人論章楊書 周作人 1925 年 8 月 12 日 4 冊 95 頁

2779 與湛廬先生論炕 周素倩 1925 年 2 月 5 日 1 冊 430 頁

2780 與周作人先生論事實 張崧年 1925 年 8 月 31 日 4 冊 247 頁

2781 《語絲》的作風 尚惜凡 1925 年 1 月 12 日 1 冊 279 頁

2782 《語絲》的解說 沙灘 1925 年 3 月 23 日 2 冊 185 頁

2783 《玉君》 伏園 1925 年 4 月 3 日 2 冊 304 頁

2784 預告 編者 1925 年 5 月 29 日 3 冊 238 頁

2785 冤枉 王天驥 1925 年 1 月 15 日 1 冊 302 頁

2786 元夜 學昭 1926 年 3 月 2 日 6 冊 213 頁

2787 "原來就是你!" 欽文 1925 年 1 月 31 日 1 冊 379 頁

2788 原來這就叫作"革命領袖"! ——嚼蠟之三 兩疑 1925 年 8 月 8 日 4 冊 68 頁

2789 原文不如此 李君度 1925 年 1 月 17 日 1 冊 319 頁

2790 援助滬案反抗英日的根本條件(上) 王造時 1925 年 6 月 13 日 3 冊 361 頁

2791 援助滬案反抗英日的根本條件(下) 王造時 1925 年 6 月 17 日 3 冊 393 頁

2792 圓明園中殘存石刻(插圖) 無悔 1925 年 9 月 7 日 4 冊 309 頁

2793 願全國人民作更進一步的救國運動 蔭 1925 年 6 月 19 日 3 冊 412 頁

2794 願制育社復活 礑礑 1925 年 2 月 15 日 1 冊 500 頁

2795 願意墮落的青年 TC 1925 年 3 月 2 日 2 冊 21 頁

2796 願與記者訂文字交 ＣＷ 1925 年 2 月 25 日 1 冊 581 頁

2797 月下的戰場 周開慶 1925 年 12 月 24 日 5 冊 433 頁

2798 芸窗風雨(一) 王達文 1926 年 4 月 2 日 6 冊 461 頁

2799 芸窗風雨(二) 王達文 1926 年 4 月 3 日 6 冊 468 頁

2800 芸窗風雨(三) 王達文 1926 年 4 月 10 日 6 冊 511 頁

2801　雲南起義的意義　伏園　1925 年 12 月 25 日　5 冊　437 頁

2802　雲雀與水蓮的故事——送天心南行　露茜　1925 年 4 月 17 日　2 冊　409 頁

2803　運河之蛙　谷鳳田　1925 年 8 月 15 日　4 冊　125 頁

2804　運命　人仇　1926 年 3 月 31 日　6 冊　447 頁

Z

2805　雜拌的信　胡光有　1926 年 2 月 18 日　6 冊　104 頁

2806　雜感四則　顯運　1925 年 6 月 23 日　3 冊　447 頁

2807　再報周作人先生　張崧年　1925 年 8 月 26 日　4 冊　208 頁

2808　再駁蠻不講理的第二次"使團覆文"　王造時　1925 年 6 月 9 日　3
冊　329 頁

2809　再答楊鴻烈先生　汪震　1925 年 2 月 7 日　1 冊　445 頁

2810　再答張崧年先生　周作人　1925 年 8 月 26 日　4 冊　209 頁

2811　再怪沒有了！　枕歐　1925 年 2 月 20 日　1 冊　541 頁

2812　再關於徐伯蓀先生的兄弟們　樸士　1926 年 3 月 24 日　6 冊　391 頁

2813　再介紹日本人的謬論　凱明　1925 年 5 月 5 日　3 冊　44 頁

2814　再論打倒帝國主義　周倫超　1925 年 8 月 9 日　4 冊　71 頁

2815　再論救國與工作　無悔　1925 年 10 月 5 日　4 冊　530 頁

2816　再論收回領事裁判權　羅懋德　1925 年 6 月 11 日　3 冊　350 頁

2817　再論思想革命　董秋芳　1926 年 2 月 23 日　6 冊　143 頁

2818　再評玉君並答琴心女士　培良　1925 年 4 月 11 日　2 冊　362 頁

2819　再說幾句"沒有仔細研究"的話　余文偉　1926 年 1 月 5 日　5 冊　502 頁

2820　再說幾句罷　歐陽蘭　1925 年 2 月 14 日　1 冊　493 頁

2821　再談馬幼漁先生的選書　梅羹　1925 年 3 月 15 日　2 冊　123 頁

2822　再談一次"半臂"　孫景章　1925 年 5 月 20 日　3 冊　166 頁

2823　再談制育　張競生　1925 年 2 月 9 日　1 冊　461 頁

2824　在安琪小姐的客廳裏（獨幕喜劇）　李開先　1926 年 3 月 17 日　6 冊　329 頁

2825　在北方雪光裏　潘訓　1925 年 3 月 2 日　2 冊　19 頁

2826　在燈下（古廟通信之一）　衣萍　1925 年 5 月 14 日　3 冊　114 頁

2827　在江南第一樓（一）　欽文　1924 年 12 月 7 日　1 册　24 頁

2828　在江南第一樓（二）　欽文　1924 年 12 月 8 日　1 册　33 頁

2829　在遼河岸上（一）　王蓮友　1926 年 2 月 22 日　6 册　140 頁

2830　在遼河岸上（二）　王蓮友　1926 年 2 月 26 日　6 册　172 頁

2831　"在邏輯未見精當"　汪震　1925 年 9 月 12 日　4 册　354 頁

2832　在墓前　劉廷蔚　1925 年 12 月 4 日　5 册　283 頁

2833　在墓前　徐丹歌　1925 年 5 月 20 日　3 册　163 頁

2834　在青春的夢裏　王蓮友　1925 年 5 月 12 日　3 册　99 頁

2835　在外國的中國人與其勢力　無悔　1925 年 8 月 16 日　4 册　132 頁

2836　在夕陽裏　王蓮友　1925 年 12 月 2 日　5 册　266 頁

2837　在西北的一星期　董時進　1925 年 12 月 2 日　5 册　261 頁

2838　在野地裏　王蓮友　1925 年 9 月 16 日　4 册　384 頁

2839　在中國的外國人與其勢力　無悔　1925 年 7 月 26 日　3 册　699 頁

2840　在中國的洋商　馬寅初講　董秋芳譯　1926 年 3 月 6 日　6 册　241 頁

2841　在中國作人眞難　有麟　1925 年 8 月 25 日　4 册　205 頁

2842　咱們自己站起　平伯　1925 年 6 月 22 日　3 册　440 頁

2843　暫霽　朱湘　1925 年 8 月 4 日　4 册　35 頁

2844　造謠的又失敗了！　玉照　1926 年 1 月 18 日　5 册　610 頁

2845　怎麼還不對英宣戰！？　胡廷玉　1925 年 7 月 26 日　3 册　695 頁

2846　怎樣對英日兩國實行經濟絕交　董承顯　1925 年 6 月 19 日　3 册　409 頁

2847　怎樣救國？　徐秀之女士　1925 年 7 月 15 日　3 册　613 頁

2848　怎樣援助滬案　陶葆楷　1925 年 6 月 8 日　3 册　323 頁

2849　曾（國藩）選"後學不可不讀書"七部　徐彬彬　1925 年 2 月 20 日　1 册　542 頁

2850　贈答　竹影、學昭　1925 年 10 月 30 日　4 册　757 頁

2851　贈死（上）　徐丹歌　1925 年 12 月 13 日　5 册　341 頁

2852　贈死（下）　徐丹歌　1925 年 12 月 14 日　5 册　349 頁

2853　沾沾自喜　（日）鶴見祐輔著　魯迅譯　1925 年 4 月 14 日　2 册　381 頁

2854　瞻望故鄉——接到了"人世地獄"的消息以後　張光人　1925 年 8 月 8

日　4 冊　69 頁

2855　戰顫　昕初　1925 年 5 月 25 日　3 冊　205 頁

2856　醮在汾酒中　長虹　1926 年 4 月 11 日　6 冊　515 頁

2857　章士釗——陳獨秀——梁啟超　稚暉　1926 年 1 月 23 日　5 冊　643 頁

2858　章士釗是什麼　信明　1925 年 8 月 31 日　4 冊　249 頁

2859　章士釗與沈潤身　錦明　1925 年 9 月 26 日　4 冊　465 頁

2860　章士釗與王九齡　太愚　1925 年 8 月 24 日　4 冊　191 頁

2861　章士釗欲何爲?　不死　1926 年 3 月 23 日　6 冊　384 頁

2862　張冠李戴　謝行暉　1925 年 4 月 27 日　2 冊　491 頁

2863　張靜廬君的單戀集　沅君　1924 年 12 月 8 日　1 冊　34 頁

2864　"張之江電報問題"　哲生　1926 年 3 月 16 日　6 冊　328 頁

2865　張之江與整頓學風　徐瓊英　1926 年 3 月 14 日　6 冊　307 頁

2866　朝霧　滄波　1925 年 8 月 25 日　4 冊　202 頁

2867　招　朱湘　1926 年 1 月 11 日　5 冊　554 頁

2868　招牌換了　晶清　1925 年 12 月 19 日　5 冊　395 頁

2869　趙恆惕曬日頭　鄧中　1925 年 9 月 1 日　4 冊　266 頁

2870　趙匡胤的故事　俞琴　1925 年 7 月 27 日　3 冊　709 頁

2871　這次救國運動中可樂觀的幾點　敷榮　1925 年 6 月 24 日　3 冊　450 頁

2872　這都是羊牽出來的　桂枝　1926 年 2 月 19 日　6 冊　116 頁

2873　這三天所見　玄同　1925 年 3 月 28 日　2 冊　230 頁

2874　這是什麼意思　朱湘　1925 年 4 月 11 日　2 冊　363 頁

2875　這是這麼一個意思　魯迅　1925 年 4 月 3 日　2 冊　306 頁

2876　這一回　盧公義　1926 年 4 月 12 日　6 冊　521 頁

2877　浙江的復古偉業　文元　1925 年 9 月 16 日　4 冊　386 頁

2878　浙江人的毛病　普照　1925 年 3 月 13 日　2 冊　109 頁

2879　蔗汁　孫景章　1925 年 2 月 15 日　1 冊　501 頁

2880　眞是試不得嗎?　文福田　1925 年 2 月 2 日　1 冊　405 頁

2881　眞正新青年必讀書十種　萬力　1925 年 3 月 12 日　2 冊　102 頁

2882　眞正英國留學生　伯山　1925 年 8 月 24 日　4 冊　192 頁

2883 賑災 青雨 1925 年 11 月 30 日 5 冊 241 頁

2884 爭報面（一） 有麟 1925 年 7 月 27 日 3 冊 710 頁

2885 爭報面（二） 有麟 1925 年 7 月 28 日 3 冊 718 頁

2886 政府宜即日設立中英交涉委員會 楊劼弦 1925 年 6 月 20 日 3 冊 417 頁

2887 政府應即派兵入英日租界保護中國國民——同英日派兵來華一樣的理
由 直民 1925 年 6 月 17 日 3 冊 398 頁

2888 政府應有之最後準備 輝訓 1925 年 8 月 30 日 4 冊 242 頁

2889 政局的變化 彭學沛 1926 年 4 月 12 日 6 冊 523 頁

2890 政治生活與王家三阿嫂（一） 徐志摩 1925 年 1 月 4 日 1 冊 209 頁

2891 政治生活與王家三阿嫂（二） 徐志摩 1925 年 1 月 5 日 1 冊 217 頁

2892 政治生活與王家三阿嫂（三） 徐志摩 1925 年 1 月 6 日 1 冊 225 頁

2893 鄭振鐸君錯了 荊有麟 1925 年 1 月 30 日 1 冊 374 頁

2894 只悄悄地獨自呻吟 琴心 1925 年 3 月 4 日 2 冊 37 頁

2895 知行合一的人格教育（一） 楊廉 1925 年 2 月 8 日 1 冊 447 頁

2896 知行合一的人格教育（二） 楊廉 1925 年 2 月 9 日 1 冊 455 頁

2897 知行合一的人格教育（三） 楊廉 1925 年 2 月 10 日 1 冊 463 頁

2898 知行合一的人格教育（四） 楊廉 1925 年 2 月 11 日 1 冊 471 頁

2899 知行合一的人格教育（五） 楊廉 1925 年 2 月 12 日 1 冊 479 頁

2900 知乎？行乎？ 彭基相 1925 年 6 月 2 日 3 冊 274 頁

2901 知識階級之將來 華德講 簡又文譯述 1925 年 6 月 27 日 3 冊 466 頁

2902 值得紀念的一天（一） ＴＰ 1925 年 4 月 23 日 2 冊 458 頁

2903 值得紀念的一天（二） ＴＰ 1925 年 4 月 24 日 2 冊 467 頁

2904 值得紀念的四月十日 柏生 1926 年 4 月 11 日 6 冊 513 頁

2905 執旗者與剪髮者 誌照 1926 年 3 月 28 日 6 冊 424 頁

2906 執政府的衛兵 穉園 1925 年 8 月 25 日 4 冊 206 頁

2907 植樹有益 伏園 1926 年 4 月 5 日 6 冊 487 頁

2908 止水的下層 西諦 1925 年 9 月 13 日 4 冊 360 頁

2909 徵求性史的討論 行者、金滿成、張競生 1926 年 2 月 22 日 6 冊 141 頁

2910 制育的理論與實際 磑磑 1925 年 2 月 5 日 1 冊 425 頁

2911 治外法權與領事裁判權　尚素　1925 年 7 月 26 日　3 册　700 頁

2912 致行知社的一封公開信　余文偉　1925 年 6 月 2 日　3 册　273 頁

2913 致魯迅　胡曾三　1926 年 2 月 11 日　6 册　93 頁

2914 致汪懋祖先生書　劉亞雄　1925 年 6 月 7 日　3 册　318 頁

2915 致戲劇的演者　培良　1925 年 3 月 24 日　2 册　196 頁

2916 致趙景深君論徐文長故事　鍾敬文　1925 年 11 月 14 日　5 册　117 頁

2917 致趙元任君書　羅素　1925 年 1 月 11 日　1 册　265 頁

2918 智識階級應當怎樣救國？　張蔭麟　1925 年 6 月 10 日　3 册　339 頁

2919 製罐頭的理由還充足些兒　瘋子　1926 年 3 月 23 日　6 册　381 頁

2920 質張式銘先生　王名山　1925 年 11 月 11 日　5 册　94 頁

2921 中等學校國文教學的商榷（一）　王森然　1925 年 5 月 2 日　3 册　17 頁

2922 中等學校國文教學的商榷（二）　王森然　1925 年 5 月 3 日　3 册　25 頁

2923 中等學校國文教學的商榷（三）　王森然　1925 年 5 月 6 日　3 册　50 頁

2924 中等學校國文教學的商榷（四）　王森然　1925 年 5 月 7 日　3 册　56 頁

2925 中等學校國文教學之商榷（五）　王森然　1925 年 5 月 8 日　3 册　66 頁

2926 中等學校國文教學之商榷（六）　王森然　1925 年 5 月 9 日　3 册　74 頁

2927 中等學校國文教學之商榷（七）　王森然　1925 年 5 月 11 日　3 册　89 頁

2928 中等學校國文教學之商榷（八）　王森然　1925 年 5 月 12 日　3 册　99 頁

2929 中等學校國文教學之商榷（九）　王森然　1925 年 5 月 15 日　3 册　120 頁

2930 中等學校國文教學之商榷（十）　王森然　1925 年 5 月 20 日　3 册　160 頁

2931 中等學校國文教學之商榷（十一）　王森然　1925 年 5 月 21 日　3 册　170 頁

2932 中等學校國文教學之商榷（十二）　王森然　1925 年 5 月 22 日　3 册　178 頁

2933 中等學校國文教學之商榷（十三）　王森然　1925 年 5 月 24 日　3 册　192 頁

2934 中等學校國文教學之商榷（十四）　王森然　1925 年 5 月 26 日　3 册　209 頁

2935 中等學校國文教學之商榷（十五）　王森然　1925 年 5 月 27 日　3

　　　　　册　218頁

2936　中等學校國文教學之商榷（十六）　王森然　1925年5月28日　3
　　　　　册　225頁

2937　中等學校國文教學之商榷（十七）　王森然　1925年5月30日　3
　　　　　册　240頁

2938　中等學校國文教學之商榷（十八）　王森然　1925年5月31日　3
　　　　　册　249頁

2939　中等學校國文教學之商榷（十九）　王森然　1925年6月1日　3册　266頁

2940　中等學校國文教學之商榷（二十）　王森然　1925年6月2日　3册　276頁

2941　中國財政之紊亂──在上海職工教育館講　馬寅初　1925年9月21日　4
　　　　　册　422頁

2942　中國鹽業史大綱　陳香貽　1925年3月9日　2册　72頁

2943　中國的到自由的路　羅素著　錢星海譯　1925年2月22日　1册　551頁

2944　中國的個半男性的男子　高佩琅　1926年2月20日　6册　125頁

2945　中國的女修道院（一）──畸人語之十三　金滿成　1925年8月17日　4
　　　　　册　136頁

2946　中國的女修道院（二）──畸人語之十三　金滿成　1925年8月18日　4
　　　　　册　147頁

2947　中國的女修道院（三）──畸人語之十三　金滿成　1925年8月19日　4
　　　　　册　157頁

2948　中國的女子　董秋芳　1925年12月19日　5册　394頁

2949　中國的前途（一）　有麟　1925年10月1日　4册　508頁

2950　中國的前途（二）　有麟　1925年10月8日　4册　553頁

2951　中國的前途（三）　有麟　1925年10月13日　4册　615頁

2952　中國的前途（四）　有麟　1925年10月14日　4册　625頁

2953　中國的前途（五）　有麟　1925年10月27日　4册　727頁

2954　中國的前途（六）　有麟　1925年11月2日　5册　15頁

2955　中國的前途（七）　有麟　1925年11月8日　5册　65頁

2956　中國的前途（八）　有麟　1925年11月19日　5册　157頁

2957　中國的前途（九）　有麟　1925 年 11 月 17 日　5 冊　137 頁

2958　中國的前途（十）　有麟　1925 年 11 月 25 日　5 冊　199 頁

2959　中國的前途（十一）　有麟　1925 年 12 月 7 日　5 冊　295 頁

2960　中國的前途（十二）　有麟　1925 年 12 月 11 日　5 冊　327 頁

2961　中國的前途（十三）　有麟　1925 年 12 月 12 日　5 冊　339 頁

2962　中國的前途（十四）　有麟　1925 年 12 月 18 日　5 冊　381 頁

2963　中國的前途（十五）　有麟　1926 年 1 月 8 日　5 冊　523 頁

2964　中國的前途（十六）　有麟　1926 年 1 月 13 日　5 冊　563 頁

2965　中國的天安門和外國的天安門　彭學沛　1926 年 2 月 6 日　6 冊　47 頁

2966　中國的危機　武旭如　1925 年 7 月 15 日　3 冊　611 頁

2967　中國官僚一般之見識　S J　1925 年 6 月 4 日　3 冊　291 頁

2968　中國和印度聯合起來做這神聖的事業（附原文）（印度）Singh 講　尚素
　　　譯　1925 年 7 月 13 日　3 冊　596 頁

2969　中國畫學　金拱北講　其凉記　1925 年 4 月 11 日　2 冊　357 頁

2970　中國科學之過去與將來　張式銘　1925 年 11 月 1 日　5 冊　7 頁

2971　中國沒有時辰鐘!　吳承宣　1925 年 11 月 30 日　5 冊　246 頁

2972　中國人的中國　金滿成　1925 年 8 月 9 日　4 冊　77 頁

2973　中國人與日本人之革命思想　李劍華　1925 年 7 月 3 日　3 冊　519 頁

2974　中國人之政治思想　李劍華　1925 年 7 月 6 日　3 冊　537 頁

2975　中國文學觀念的進化（一）　楊鴻烈　1924 年 12 月 5 日　1 冊　5 頁

2976　中國文學觀念的進化（二）　楊鴻烈　1924 年 12 月 6 日　1 冊　12 頁

2977　中國文學觀念的進化（三）　楊鴻烈　1924 年 12 月 7 日　1 冊　21 頁

2978　中國文學觀念的進化（四）　楊鴻烈　1924 年 12 月 8 日　1 冊　30 頁

2979　中國文學觀念的進化（五）　楊鴻烈　1924 年 12 月 9 日　1 冊　36 頁

2980　中國虛字變遷考　劉澤民　1925 年 7 月 3 日　3 冊　520 頁

2981　中國之夜　孫福熙　1926 年 2 月 12 日　6 冊　95 頁

2982　中華老人　桂生　1925 年 6 月 16 日　3 冊　390 頁

2983　中華民國是個大笑話　陳石孚　1925 年 10 月 10 日　4 冊　604 頁

2984　中流社會那裏去了?　柏生　1924 年 12 月 18 日　1 冊　114 頁

2985 中日文化關係之歷史的研究（一） 李劍華 1925 年 5 月 21 日 3 冊 169 頁

2986 中日文化關係之歷史的研究（二） 李劍華 1925 年 5 月 22 日 3 冊 176 頁

2987 中日文化事業委員會爲甚還不解散？ 豈明 1926 年 1 月 14 日 5 冊 571 頁

2988 中山先生少年時遺著 吳稚暉 1925 年 4 月 1 日 2 冊 285 頁

2989 中山先生遺墨又一篇 簡又文 1925 年 5 月 10 日 3 冊 81 頁

2990 中山先生週年祭日感想 彭基相 1926 年 3 月 14 日 6 冊 309 頁

2991 中山主義永遠存在 西西 1926 年 3 月 12 日 6 冊 294 頁

2992 中山主義與現在的中國 伏園 1926 年 3 月 12 日 6 冊 289 頁

2993 中學教育 吳稚暉講 朱湘記意 1925 年 9 月 1 日 4 冊 259 頁

2994 中學生的眼光——在適存中學講演 伏園 1925 年 9 月 24 日 4 冊 443 頁

2995 中學校的幾個問題（在適存中學講演） 李小峰 1925 年 11 月 14 日 5 冊 113 頁

2996 中央觀象臺記遊 孫福熙 1925 年 12 月 1 日 5 冊 259 頁

2997 中英關係與經濟絕交 葛揚煥 1925 年 7 月 2 日 3 冊 511 頁

2998 中英關係之一瞥 林天樞 1925 年 6 月 30 日 3 冊 491 頁

2999 中英日之經濟的關係 馬寅初 1925 年 6 月 14 日 3 冊 369 頁

3000 忠告回籍的學生 陳質 1925 年 6 月 28 日 3 冊 475 頁

3001 忠告溥儀和溥儀的保皇黨 王鐵肩 1925 年 1 月 11 日 1 冊 270 頁

3002 忠告私立各校聯合會 普照 1925 年 3 月 10 日 2 冊 85 頁

3003 忠告政府當局 周倫超 1925 年 7 月 26 日 3 冊 698 頁

3004 忠告中國軍人——軍人對於滬案的責任 柳 1925 年 6 月 10 日 3 冊 344 頁

3005 忠厚的胡博士 星命 1925 年 8 月 18 日 4 冊 143 頁

3006 忠厚的星命先生 空言 1925 年 8 月 25 日 4 冊 205 頁

3007 終於投一票 張申府 1926 年 2 月 10 日 6 冊 84 頁

3008 “仲伙”是不是這樣解釋 新城 1925 年 7 月 17 日 3 冊 630 頁

3009　咒"聖誕節"　張天廬　1925 年 12 月 25 日　5 册　438 頁

3010　朱元璋少年時代的故事　許黛心　1925 年 7 月 9 日　3 册　564 頁

3011　諸葛亮的故事　姜華　1925 年 8 月 22 日　4 册　181 頁

3012　竹青的死　欽文　1924 年 12 月 28 日　1 册　174 頁

3013　主張與英絕交　呂其光　1925 年 6 月 29 日　3 册　481 頁

3014　柱石外的柱石　記者　1926 年 3 月 15 日　6 册　320 頁

3015　柱石外之問題　稚暉　1926 年 2 月 24 日　6 册　151 頁

3016　祝世界和平會　有麟　1925 年 9 月 8 日　4 册　315 頁

3017　轉圈　賞目　1925 年 4 月 15 日　2 册　396 頁

3018　裝訂書籍的美醜問題　琴　1926 年 3 月 1 日　6 册　208 頁

3019　"裝飾化妝與美"　革老觀　1925 年 2 月 10 日　1 册　467 頁

3020　裝死　非非　1926 年 1 月 15 日　5 册　579 頁

3021　"壯遊團"啟事　張競生　1925 年 11 月 13 日　5 册　110 頁

3022　追悼荷耳　許壽裳　1924 年 12 月 28 日　1 册　171 頁

3023　錐心飲血（上）　徐丹歌　1925 年 12 月 1 日　5 册　255 頁

3024　錐心飲血（下）　徐丹歌　1925 年 12 月 2 日　5 册　262 頁

3025　捉蟈蟈　湘貞　1925 年 8 月 25 日　4 册　200 頁

3026　資本家的家屬　（希伯萊）泰夷琪著　魯彥譯　1925 年 7 月 9 日　3 册　561 頁

3027　姊妹　俾萊芝著　魯彥譯　1925 年 7 月 28 日　3 册　714 頁

3028　紫虹龍（銅版）　1925 年 12 月 30 日　5 册　473 頁

3029　自白　張崧年　1926 年 3 月 14 日　6 册　310 頁

3030　自然夫人（劇本）（一）　俞宗杰　1926 年 4 月 20 日　6 册　589 頁

3031　自然夫人（二）　俞宗杰　1926 年 4 月 21 日　6 册　595 頁

3032　自然夫人（三）　俞宗杰　1926 年 4 月 22 日　6 册　603 頁

3033　自然夫人（四）　俞宗杰　1926 年 4 月 24 日　6 册　622 頁

3034　自是與盲從——讀申府先生論生計而作　汪柱中　1925 年 10 月 30 日　4 册　757 頁

3035　自由貿易說與保護貿易說之比較觀（上）　周倫超　1925 年 11 月 8 日　5

册　63頁

3036　自由貿易說與保護貿易說之比較觀（下）　周倫超　1925 年 11 月 9 日　5
册　71頁

3037　自由思想和官方的宣傳（一）（英）羅素著　余文偉譯　1925 年 8 月 4
日　4 册　31頁

3038　自由思想和官方的宣傳（二）（英）羅素著　余文偉譯　1925 年 8 月 5
日　4 册　41頁

3039　自由思想和官方的宣傳（三）（英）羅素著　余文偉譯　1925 年 8 月 6
日　4 册　50頁

3040　自由思想和官方的宣傳（四）（英）羅素著　余文偉譯　1925 年 8 月 8
日　4 册　64頁

3041　自由思想和官方的宣傳（五）（英）羅素著　余文偉譯　1925 年 8 月 10
日　4 册　81頁

3042　自由思想和官方的宣傳（六）（英）羅素著　余文偉譯　1925 年 8 月 11
日　4 册　87頁

3043　"自作聰明"的咬嚼——爲評《沙樂美》事答田壽昌先生　宗璠　1925 年
11 月 16 日　5 册　127頁

3044　字紙簍裡的蔗渣　弗里曼　1925 年 2 月 27 日　1 册　597頁

3045　棕櫚拂塵（銅版）1925 年 12 月 30 日　5 册　476頁

3046　走錯了路　曙天女士　1925 年 3 月 26 日　2 册　214頁

3047　租界的起源及其弊害　夏葵如　1925 年 8 月 2 日　4 册　20頁

3048　祖國　文剛　1925 年 9 月 20 日　4 册　417頁

3049　組織募捐團　崔龍光　1925 年 6 月 13 日　3 册　365頁

3050　組織小家庭無暇參政　樊伯山　1925 年 10 月 17 日　4 册　653頁

3051　最後的詩　（英）濟慈著　朱湘譯　1925 年 7 月 30 日　3 册　730頁

3052　最後的一夜（紀念我的父親）　培良　1925 年 11 月 14 日　5 册　114頁

3053　最後的著作（上）　長虹　1926 年 4 月 8 日　6 册　500頁

3054　最後的著作（下）　長虹　1926 年 4 月 10 日　6 册　509頁

3055　最近的廣東　葉坤講　章淵若記　1926 年 3 月 30 日　6 册　434頁

3056　罪言　無悔　1925 年 10 月 5 日　4 册　527 頁

3057　尊重女子的中國　義阱　1925 年 4 月 10 日　2 册　351 頁

3058　昨天　松烟　1926 年 4 月 17 日　6 册　564 頁

3059　昨夜獨步——讀《志摩的詩》以後　尚鉞　1925 年 9 月 28 日　4 册　480 頁

3060　作戰　馮文炳　1925 年 12 月 31 日　5 册　483 頁

3061　做詩之序次　汪靜之　1925 年 7 月 31 日　3 册　735 頁

《京報副刊》作者索引

編製說明：

1. 本索引將《京報副刊》中所有的署名文章，按發表時的著者、譯者姓名（含筆名）的漢語拼音順序排列。

2. 著者、譯者姓名後的號碼對應的是篇名索引中各篇文章的順序號。

3. 外國人名，凡有中文譯名的，按中文譯名排序。無中文譯名的，則按其姓名（姓在前，名在後）的西文字母順序排列。

A. A.　0059

Berton, Rene　2400

B. U.　1752

CCW　2767

C L　1273

Coleridge, Mary E.　0783–0785

C P　2654

C W　2796

Drever, James　1822–1826

Garboriau, H.　1522–1530

Gould, F. J.　1712–1714

Hinkle, Beatrice M.　0543–0544

Kandel, I. L.　1006–1008

K Y　0697

L M　0788

Mcmurry, Charles A.　1207–1212

M M　2057

Mosher, C. D.　0940–0943

Moss, F. A.　0386–0390

Multatuli　0570, 2249

S J　0315, 2217, 2967

Singh　2968

Spingarn, Ioel Ellas　2170

SST　1749

T C　2795

T P　2902–2903

T. T.　1198

Verlaine　1709

Wells, H. G.　2242–2244

Wheeler, Raymond Holder　2346–2348

Wilde, Oscar　2458–2462

Z. M.　1271

ㄌㄧㄅㄛㄅㄧㄣ 2061

A

阿囊 1867

艾孺鄰 2647

愛耳華特（愛華耳特） 1937，2584–2585

愛吾 1547

愛芝 1677

安赤生 0423

安世徽 1651

安徒生 2466，2490–2502

B

白滁洲 0685

白立阿 0173–0179

白蘋 0475

白云生 1133

柏 0331

柏生 0629，0805，0912，1188，1193，1251，1311，1669，1674，1903，1911，1936，2203，2308，2352，2904，2984

班延兆 0303，0402，1048，1510

寶韓 1710，1711，0534，2722

鮑文蔚 2381–2382，2419

北斗 2402

北觀別墅 1128–1129

北朋 2504

俾萊芝 0965，3027

畢樹棠 0008，0365，0372，0586，0997，1319，1514，1533，2631，2763–2764

璧菲 0971

編者 2784

賓斯奇 0045

冰川 2746

丙丁 0424，1794，2036

丙種 0342

秉雄 2018，2714

波爾罕 0809–0810

波特萊耳（爾） 0569，0950，0594，0600

伯群 1088

伯山 0113，0769，2658，2882

柏克赫司（斯）特 0681，0358–0364

卜士 2410–2413

逋客 1250，1545

不平 1176

不死 2861

步虛 0908

C

采眞 2168–2169

蔡元培 0157，1989

慘 0776

滄波 0026，0750，2604，2866

曹霄青 0128

曹智官　0100，2388

岑克明　0088

曾慶鑄　1602

曾曉淵　0764-0766

柴霍甫　2475

柴門霍甫　0601

長弓　1223

長虹　0165-0166，0168-0169，0234，
　0237-0246，0508-0513，0525，
　0693，0838，0927，1398，1781-
　1790，1870，2084-2094，2403，
　2730-2739，2856，3053-3054

常維鈞　1637

常燕生　1638，2695

超然　2233

辰夫　0404，0680，1841

陳寶鍔　0993

陳彬龢　0956

陳成　0669

陳國華　0328

陳翰笙　2082

陳黃生　0109

陳劍非　1165

陳均　2619

陳醴泉　2229

陳啟修　1967，0668

陳銓　0273，1738，2047，2724

陳石孚　2983

陳萬里　1681，1682，2283

陳香貽　2942

陳朽木　2129

陳毅　0306

陳永森　0186，2466

陳俞廷　1360

陳垣　0029

陳雲豹　2125-2126

陳展雲　0995

陳彰衡　1959

陳震異　0295，2414

陳志遠　0355

陳治安　0432

陳質　2206，3000

陳忠範　0374

陳鍾琴　2132

陳仲益　0005，0189，1479

承仕　0689

承志　1402

程建磐　0368

程坤一　1668

誠之　1046

崇軒　0162-0164

廚川白村　0212-0227，0289-0293，
　0698-0702

川島　1498

春苔　0265，0868，1960

春臺　0229，0261，0321，0709-0749，
　0857，0895，1010，1684，2187，
　2398，2616

春芝　1773–1774，2673–2675

椿齡　2215

刺心　0897

從周　0488

崔龍光　3049

崔漁汀　1505

翠生　1191，2624–2626

D

大澄　2610

大村西崖　0529

大通　2271，2629

大枬　0637

戴電原　0562

戴景雲　1736，2143–2146

戴修駿　0834

德馨　0885，2618

鄧臯生　1621

鄧以蟄　0412

鄧中　2869

狄更生　2313–2339

滌寰　1664

丁謇　2356

丁夢賢　1653

丁尼孫　0230，2136，2273，2683

丁文江　2429

丁曉先　1732

丁一　1894，1964，2096

冬芬　0191，0414

東璧　1804

東禪　0824，2744

東阜　1725

東苦　1757

董承顯　1002，2846

董亨　1486

董魯安　1643，2111

董秋芳　0304，0329，0380，0840，
　　1385，1540，1951，2430，2476，
　　2659，2817，2840，2948，2379

董時進　2837

董威　1141

董作賓　2506

闍比爾　1153

杜若　0039，1481，1487，1910，1919，
　　1938，2023，2394，2457，2587–
　　2588

杜威　0481–0482

段思召　0427，1908，2261

段易　2359

F

法郎士　0527，1181，1949，2660，0007

樊伯山　3050

璠瑄　2136，2273

反動　1286

范愛湖　0156

梵心　1495

範蘇　0011

方乘　0938

芳子　1225

非非　3020

非心　0098

非子　2468

風光　0106，0137，1387，2560，1515

瘋子　2919

馮文炳　0298，0332，0477，0592，0599，
　　0630，0635，1401，1543，3060

敷榮　2871

弗里曼　3044

伏寐　0600

伏睡　0569，0594，0950，1153

伏園　0003，0133，0167，0188，0195，
　　0269，0400，0607，0631，0795，
　　0806，0887，0947–0948，0983，
　　1005，1018，1036，1060，1092，
　　1109，1123，1144，1158，1551，
　　1576，1689，1700，1759，1803，
　　1916–1917，1924，1983，2095，
　　2213，2390，2630，2638–2644，
　　2723，2743，2745，2783，2801，
　　2907，2992，2994

芙蓉子　1448

拂嵐　2098，2656

浮生　1718

符業祺　1219

符致逵　2193

G

甘人　0249，0674，0898，2112–2118，
　　2342

甘蟄仙　0430

高佩琅　0492，2617，2652，2944

高一涵　1366，2463

革老觀　3019

葛揚煥　1252，2997

耕三　1535

宮天憫　1231

龔家珍　1688

龔珏　0708，0752–0754，1792，2222，
　　2250

龔漱滄　0335

孤憤　2240

古淵　2355

谷鳳田　1472，2803

谷萬川　1177

顧千里　0233，0853–0856

顧頡剛　0076，0094–0095，0660，0686，
　　1130，1458–1461，1464–1465，
　　1626，1728，1796，1805，1882，
　　2343，2725

關璞田　1455

冠海　1827

光君　1388

光榮　1561

光照　0663

桂生　2982

桂枝　2872

郭歌里　0433-0443

H

海嘯　0476

寒光　1570，2601，2636

韓敖　0703，1296-1310

韓德　1418

韓介生　1613

韓介軒　1923

行者　2909

何曾亮　0049-0052

何呈錡　2671-2672

何衡　2355

何競　1478

何墨　1115

何蔚然　0345

何一公　1799-1801，2108

何義均　1754

河口慧海　2290-2294

賀凱　1014-1016，1978

賀自昭　2556

鶴見祐輔　2081，2853

恨吾　0514，1053

宏斯民　0826

洪栖　1722

侯楚　0384

侯聖麟　2171

侯兆麟　2606

呼圖　0062

胡寶淥　2194

胡曾三　0136，2913

胡崇軒　1182，2482

胡光有　0053，2805

胡侯楚　0105，2044

胡家枚　2221

胡其清　0657

胡勤業　0779

胡清泉　2021

胡然　2768

胡適（胡適之）　0429，1585

胡廷玉　2845

胡治文　1945

胡自桂　0658-0659

花　1234

華德　0478-0480，0559，0581-0585，
　　0610-0627，2434-2450，2575-
　　2576，2901

華魂　0572，0811

華林　2197

懷奇　0099

懷西　0204

幻林　0118，0859

幻鄰　1125

黃積之　1648

黃仁昌　0883

黃生　0181-0184

黄文弼　0506

黄耀五　0782

黄育熙　1558

輝訓　2888

慧劍　1180

慧因　0264

慧茵　2685

霍邱目寒　2354

J

基　0330

基相　0678

吉卜生　0926

季谷　2137

季志仁　0495，1522-1530，1900

紀小鷺　1931

記者　0093，0987，0992，1035，1113，
　　1116-1117，1194，1578-1581，
　　2019-2020，2455，2635，3014

濟慈　3051

繼先　0129

霽眺　0468，0558

霽野　1954-1956

假紳　0770

蹇先艾　0541，1567，2607

簡又文　0478-0480，0581-0585，0610-
　　0627，2026，2071-2073，2434-
　　2450，2575-2576，2901，2989

建功　2749

建南　1807

健攻　0058，0768，0982，1126，2452

健君　0790

健希　1829，1830，1831，2548-2550

江　2451

江波　0474

江紹原　0063，1199-1205，1440，1592

江問漁　1274，1679-1680

江頤　0587

江震亞　2252，2481，2483

姜公偉　0405-0406，0632

姜華　1708，2003，2201，3011

蔣傳官　2484

蔣鴻年　1506

蔣鑑　0350

蔣廷黻　1550

蔣曉海　0505，1965

焦菊隱　0272，0491，0707，0787，
　　0886，0914，1819，2351，2551

焦有功　1490

節日　0825

金秉和　0347

金拱北　2969

金魯章　1044

金滿成　0007，0187，0489，0498，
　　0527，0888-0894，1181，1737，
　　1766，1780，1949，2045，2058，
　　2307，2405，2456，2660，2909，
　　2945-2947，2972

金仲芸　0905，1439，1857–1862，2561

錦明　0135，0877–0878，1235，1816–
　　1818，1847，1906，2859

晉之梅　1215

京紳　2282

荊有麟　0171，0504，0601，1009，
　　1160，2893

晶清　0909，1731，2868

精鋼　2721

景之　2205

敬仔　0967，1469，1494

靜芳　0915

靜農　2511

鏡人　2646

競之　2212

君魯　0937

君珍　2597

駿　2075

K

卡圖路斯　1794

開明　0301，0557，0994，1510，1748，
　　1791，1840，2062，2099，2263

凱明　0472，1038，1517，2813

康龍　0549

康橋　1958，2053

柯柏森　1544

克勞　0141

克里諾夫　0774

空了　0907，1003，1828，1848，2063–
　　2065，2507

空言　3006

孔憲成　2042

孔炤　1119

L

來蘇　0823

瀨得瀨夫　2130

蘭敏　1475

廊蕭　2107

樂水　1054–1059，2216，2704

雷淑　0119

雷瑜　0602

雷助翔　1485

累　2509

黎錦暉　1604，1729，2407

黎錦明　0309，0547，0563，0670，
　　0798，0968，1111–1112，1168，
　　1227，1404–1406，1730，1868，
　　2363–2365，2595

黎錦熙　2632

黎性波　1647

李秉之　0433–0443，1970

李慈良　1603

李穀詒　0327

李鴻明　2153

李慧　1542

李繼宣　0324–0325，0791，1493，1712–

1714，1813，2209–2210，2692

李霽初　0090

李劍腸　0875

李劍華　2973–2974，2985–2986

李江安　2580

李駒　0556

李君度　2753，2789

李開先　2824

李破曼　0545

李璞　0314，1216

李朴園　0783–0785

李蔚潭　0471

李小峰　1392–1396，1588，1937，2154–
　　2165，2584–2585，2995

李玄伯　1715

李雪峰　2573

李宜春　1658

李蔭春　1869，1871，2432

李幼莽　1654

李餘生　0159

李遇安　2715

李裕增　1094–1099，1843，2079

李振翩　2454

李振時　0831

李治璞　2043，2583

李仲廣　1601

李宗武　0385，0574，1122，1468，
　　1723，1885，2266

立達　0411

立也　2594

歷陽　0286–0288，1775

良德馨　1683

良醫　0024，0945，1466

梁佩衰　1195–1196，1863，2190，2608

梁啟超（梁任公）　1586

梁問天　1657

兩疑　0962–0963，2219，2788

量之　2603

廖廸謙　1652

廖仲潛　0255–0260

林德懿　2218

林篤信　0386–0390

林華鈞　0270

林蘭　1162–1164，2490–2502

林娜　2025

林聲　0774，2103

林樹松　2077

林天樞　2998

林語（玉）堂　0064，0493，1269，
　　1290，1574，1596–1597，1701，1913

林毓德　1793

柳　3004

劉半儂　1501

劉炳藜　0316，0415，0416，0862，
　　1006–1008，1264–1266，1721，
　　1734–1735，1822–1826，2346–
　　2348，2650

劉勃　1223

劉大杰　1218

劉鄧安　2615

劉復　0533

劉惠　0023，1254，2408

劉侃元　0207–0209

劉夢葦　1659

劉奇　1642

劉清揚　2188

劉任責　2602

劉書韻　1645，1893

劉廷蔚　0262，2832

劉驤　1449–1454

劉亞雄　2914

劉毅甫　2133

劉予生　1484

劉運焱　2135，2665

劉澤民　2980

劉子雲　1610

劉祖沛　0235

劉作衡　2123

劉作人　1623

龍冠海　0841，2513

龍雲　1123

盧逮曾　0337，0338

盧公義　2876

盧之維　1105

魯少飛　0339

魯迅　0057，0103，0212–0227，0289–
　0293，0336，0570，0677，0698–

0702，0814–0822，1132，1169，1224，
　1521，1573，1594，1753，2052，
　2067，2081，2149，2195，2249，
　2566，2568–2571，2853，2875

魯彥　0045，0140，0591，0965，3026，
　3027

陸鼎蕃　1925–1929，2774

陸錫侯　1741–1747

露茜　2802

倫超　1089

羅德輝　1039，1639

羅登義　0845–0851

羅漢　2554

羅懋德　0117，0759，1473，1836，
　2702，2816

羅素　0356–0357，1417，2143–2146，
　2917，2943，3037–3042

羅素好　2473

羅文漢　1331–1359

羅學濂　0597，1444，2198，2578

羅庸　1632

呂其光　3013

呂蘊儒　1902

履霜　1905

綠藻　0751，1687，1703，2655

M

馬君武　1364

馬叔平　1124，1767

馬叙倫（馬夷初） 1631

馬寅初 0772，0996，1385，2840，
　　2941，2999

馬幼漁 1591

麥修斯 2168–2169

曼聲 2431

漫雲 2130

毛從周 0590

毛坤 1447，2728

毛麟閣 0796

毛士賢 0522

毛又新 1187，2192

茂林 1497

懋琳 2230

梅羹 0341，0398，2821，0605

孟菊安 0139

孟蘭 0487

孟士達 1416

孟體仁 0170

米先生 0397

冕 1914

明紀 1834，2245

明星 1041

冥行 0206

摩耳 0608–0609，0917–0925，1392–
　　1396，2154–2165

莫泊桑 2649

莫震旦 2687–2690

墨卿 0197，0228，0318，0366，0836–
　　0837，0860，0952–0953，1815，
　　2345，2726

默默 1397

木先生 2102

慕白 0421

慕陽 0844

穆木天 1283

N

南台 2255

鐃孟侃 2586

念珮 1622

牛淼泉 0667，2353

O

歐湘蘭 2362，0673，2231，2820

藕丹女士 0382

P

潘家洵 0004，1590

潘健卿 2393

潘訓 2825

潘瀛江 0546

培良 0294，0661，1289，1446，1548，
　　1553，1820，2131，2232，2312，
　　2361，2383–2386，2485，2609，
　　2622，2662–2664，2679，2755，
　　2818，2915，3052

培堯 0408

裴文中　0771

沛東孟　2069

佩心　2376

佩瑩　2751

朋其　0957–0961

彭澈清　1717

彭浩徐　0001，0865

彭基相　0319，0352，0356–0357，0467，
　0481–0482，0516，0604，1278–
　1280，1287，1293–1295，1312，
　1314–1318，1476–1477，1768，
　2185，2200，2309，2313–2339，
　2651，2900，2990

彭學沛　0271，0426，0565–0567，0863，
　1172–1173，1178，2078，2286，2889，
　2965

彭一賓　0371

彭珍　0691

彭重民　1508

蓬心　2399，2400

皮爾孫　0337，0338

飄萍　1566

朴烈　1577

平伯　2653，2842

平江　1121

平明　0964，1546，1873，2175

平平　1664，2341

平山　1922

萍若　0985

萍霞　0396，0399

評梅　2076，2508

蘋影　1849–1855

蘋子　1686

婆心　0198

普拉他潑　0004

普文　0830，0984

普照　2878，3002

樸士　2812

Q

乞明　0949

豈明　0067，0190，0317，0323，0343，
　0466，0688，1131，1192，1257，
　1277，1534，1907，1930，1932，
　2128，2557，2677，2987

契訶夫　1142，2103

棄予　0899

潛源　2567，2572

錢稻孫　1118

錢星海　0028，0842–0843，1417，2943

錢玄同　2766

錢鑄九　2681

喬迺　0664，1403，1727

秦黃胤　1641

秦蛻人　1640

秦齋　0628

秦志壬　1207–1212

琴　2366，3018

琴心　0134，0786，1272，1389，1474，
　　1496，1499，1539，1798，2223，
　　2285，2558，2657，2750，2894

青雨　0808，2883

卿汝楫　2670

秋芳　0333，1140，1399

秋花　2741

秋明　1572

瞿世莊　0211

瞿仲英　0036

曲廣均　0040，0575–0580，1442–1443

曲秋　0900

趣生　2254

全飛　1877–1880

泉心　0395

群　2207

R

然否　1881

冉廣文　1012，1921

饒子離　2147

人仇　2804

忍　0462

任昶　1606

容庚　0091

容肇祖　1361–1363，1463

榮公　1875–1876

如囚　0199–0203

茹素　1504

S

桑蒂　0444，0485

沙灘　2782

傷時　1260

賞目　3017

尚木　0112，2101，2471

尚素　0373，0758，1740，1915，2911，
　　2968

尚惜凡　0682，2781

尚鉞　0015–0017，0132，0367，0410，
　　1267，1842，1990，2151，2179–
　　2184，2649，3059

少東　1365

邵元沖　1627

申府　0296，0377，1520，1707，1991–
　　2001

申撫　0144

申無量　2396

沈兼士　1598

沈召棠　2458–2462

生爲　1554–1556

聖麟　0792，2170

石曾　2637

石佐　0116，0268

寔　1802

識因　2269，2272

史國綱　1812

仕俊　1835

壽昌　0976-0981

壽明齋　0704，2627，2720

叔衡　0111

淑　1984

淑和　1770

舒爾曼　0842-0843

舒新城　0681，1946，1948，2037-
　2038，2478，2650

曙天女士　0447-0458，1814，2377，
　3046

述之　0047

漱林　0369，0370

漱岩（嚴）　0131，1961，2024

水　1238

順風　1778

思英　0006

巳驚　0520

松雪　0422，1150

松烟　1952，2295，3058

松子　0896

嵩山　1806

宋介　1705

宋振榘　2765

蘇德煌　2220

蘇天行　1611

蘇耀祖　2199

蘇宗武　2395

素蕙　2666

素昧　0102

素石　0767

素園　1142，1821

隨衣　0593

孫寶墀　0308，0310

孫福熙　0025，0077，0079，0375，
　0379，0496-0497，0537-0538，
　0634，0636，0648，0797，0852，
　0990，1011，1037，1145，1228，
　1284，1575，1666，2029-2035，
　2097，2224，2281，2296-2306，
　2981，2996

孫幾伊　0989

孫景章　0046，0684，0803，2148，
　2628，2822，2879

孫竹生　1655

蓀　2620

梭羅古勃　1821

T

太虛和尚　1650

太愚　2860

泰戈爾　0523

泰夷琪　3026

譚慕愚　1488

譚仲逵　0974，1595，1940

湯鶴逸　2054，2066，2276-2278

湯鍾瑤　0515

唐光宙　0802

唐勞　0530-0531，1709

唐珊南　0787

唐雍獻　1662

陶葆楷　2848

陶世璿　0794

陶知行　2479

滕國華　2621

滕沁華　2246

天憨　1179

天廬　0143，0353，0542，1206，1323，
　　1966，2049

天幕　1672，2173

天南　2427-2428

天水　1236

天香　0344，2236

天心　0130，0247，0589，0789，1106，
　　1441，1500，1537，2105-2106，
　　2234，2239，2686

天怡　2574

田連渠　0829

田瑞璐　1259，1665

田問山　2189

田運渠　0954

田倬之　0507，0539，0906，1507

佟晶心　2682

彤符　2486

童冠賢　2694

童過西　0340，1511

痛　0571

屠哲隱　0560

土肥　0431，1256

W

萬力　2881

萬子常　1213

汪寶瑄　0926

汪奠基　1291，1324，2259

汪精衛　1633

汪靜之　3061

汪震　0483，0494，0828，0902-0904，
　　0973，1220，1270，1320，1612，
　　1671，1845，1939，2196，2487，
　　2503，2559，2809，2831

汪質　1532

汪柱中　3034

王伯强　2177

王達文　2798-2800

王代之　1230

王斧　2080，2109-2110

王復嶺　0858

王衡　1135-1139

王湖塵　0880

王化周　1325-1330

王季高　2593

王鑑　2623

王劼剛　1619

王捷三　0463-0465，0929-0935

王崑崙　1985-1986

王利貞　2344

王蓮友　0060–0061，0193，0210，0252，
　　0383，0524，0955，1765，1832–
　　1833，1865，2406，2565，2648，
　　2829–2830，2834，2836，2838

王良才　1663

王名山　2920

王銘巖　2470

王墨林　1739

“王母”　2050–2051

王培義　1733

王啟仁　0110

王森然　0161，1568，1761–1764，1866，
　　2921–2940

王施眞　0773，1052

王世杰　0065

王士倬　1809

王嗣順　0874

王松年　0297

王天驥　2785

王鐵肩　3001

王統照　1846

王維周　1895–1897

王文彬　1616

王文光　2056

王西徵　0348

王希曾　1000

王耘莊　0692

王造時　0084，0108，2420–2426，2790–
　　2791，2808

王竹樵　2605

王鑄　0677，0679，1043，1268，1944，
　　2055

王宗璠　0180，0418–0420，0500–0501，
　　1485

微塵　1288

韋爾斯　1736

韋青雲　1771

唯亭　2059

維嘉　0320

磴磴　2794，2910

衛士生　0760–0763，0972，2070

魏鶴軒　0205

魏建功　0446，0644–0647，1091，2004–
　　2016

溫長發　1174

溫克威　1565，1942

溫蔓菁　1386

文德　1159

文福田　2880

文剛　3048

文翰　0275–0285

文生　2257

文童　0867

文偉　1795

文元　2877

文運　2068

聞國新　0158，2579，2754，2771

聞一多　0326，1186，1419，2581

問星　0417

毋忘　0777

吳承仕　0672

吳承宣　0666，2971

吳敬恒　1769

吳鏡麈　0354，2274

吳鏡笁　1636

吳鏡堂　0532

吳克禮　0526

吳聯棟　0676，1217

吳少華　1605

吳隼　1918，1953，2512

吳西屏　2225-2228

吳熙成　1678

吳鉞　1492

吳稚暉　2988，2993

無不　0048

無悔　0120-0124，0127，0606，1063，
　　1087，1808，1810，2202，2208，
　　2214，2248，2510，2716，2792，
　　2815，2835，2839，3056

無可　1092

無名　0469

無偏　0551

伍誠周　0755，2555

伍風　2284

武旭如　2966

武者　2150

武者小路實篤　2054，2066，2276-

2278

X

西諦　2908

西和　0881-0882

西林　0311

西西　2991

西瀅　1101

西徵　1552

希生　0350

溪坡　0022

席明　2752

喜旺木　0138，1017，1047，1571，
　　2120，2684

俠客　0369，0370

夏葵如　0756，1090，1963，3047

夏士驚　0407

夏芝　2410-2413

仙舟　1042

顯運　2806

湘貞　3025

向培良　0145-0155

向雲龍　1509

蕭伯納夫人　0173-0179

蕭承慈　2409

蕭度　0030，1146，1166，1531，2152，
　　2740

蕭會極　1950

蕭蓬如　1661

蕭然　0695

蕭下　0559

蕭元璋　2769

小膽　0068

小峰　0917–0925

小吉司梯瑪威廉　1570

小郎　2469

小酩　0267，0879，2661

小亭　2340

效癡　1222

謝草厂　2668

謝茨安　1615

謝行暉　1607，2862

心柏　1980

辛民　2553

昕初　0928，1255，1480，1758，1892，
　1957，2397，2591–2592，2770，2855

新城　3008

新格　2381–2382

新銘　0969

信舫　1445

信明　2858

星命　3005

邢墨卿　0687

杏村　2611

荇生　1943

熊以謙　1569

虛枝　2596

須萊納爾　0542

徐愛波　1100

徐彬彬　2849

徐炳昶　2480

徐丹歌　0107，1872，2833，2851–2852，
　3023–3024

徐繼森　2614

徐克家　0002，2256

徐芴　2489，2589

徐潛庵　2387

徐瓊英　2865

徐秀之　2847

徐旭　1628，1883

徐益甫　0473

徐之予　1614

徐志摩　0142，0523，1170，1589，
　1673，2890–2892

許昂若　1660

許炳漢　0459

許超遠　2235

許黛心　1321，3010

許季黼　1635

許壽裳　3022

許言午　2453

許子　0540

玄背　2474

玄同　2873

懸瓠　0401

薛琪瑛　0173–0179

學昭　0041，0073，0075，0089，0248，

0250–0251, 0254, 0381, 0413,
0517, 0757, 0781, 0793, 0911,
0916, 0936, 0939, 1519, 2039,
2060, 2121, 2191, 2251, 2260,
2264, 2389, 2488, 2514–2547,
2676, 2678, 2786, 2850

雪村　2680

雪紋　2178，2349

Y

亞俠　2311

亞岩　1760

延齡　0603

閻劍民　1702，2582

閻宗臨　0428

嚴毅夫　1155–1157

彥白　2104

燕生　0037，1114

楊丙辰　2404

楊曾威　1981–1982

楊丹初　2172

楊果真　2213

楊行翁　0376

楊鴻烈　0305，1719，1837–1839，2134，
2975–2979

楊劼弦　1704，2886

楊立賢　0378

楊廉　0337，0338，0809–0810，2775，
2895–2899

楊明齋　1557

楊善南　1004

楊聲初　0986，1110，1962

楊四穆　1634

楊天木　1282，2683，2772

楊雲竹　1253

養和　1239，1968

養正　0104

姚宗賢　0114

野火　0799

野青　2041

野濤　2287–2289

曳脛　2762

葉坤　3055

葉潤皋　1864

一飛　0694

一平　2083

一擒　0528

衣錦　0519，2472

衣萍　0042–0043，0192，0638–0642，
0991，2391，2465，2826

揖敬　1979

夷斤　2074

怡庵　0869

怡京　0951

怡廬　2475

宜禁　1292

疑古　2174，0548，0550，0598，1884

疑今　0484，1175，2760，1134

儀京　1516

乙徑　2761

刈丁　1050，2747

亦荆　0196，2238

易金　0643

易墨　0263

易寅村　1599

益噤　2267

益清　0231

異襟　0044

義經　2166

義阱　3057

憶愚　0988，0999

懿吾　0032

蔭　2793

蔭麟　1811

欽文　0445，0813，0827，0870–0873，
　　1103，1675，1676，1776–1777，
　　1920，2563–2564，2667，2693，
　　2757–2759，2787，2827–2828，3012

銀十七　0804

英連　1214

英蓮　1237

鶯嗔女士　2562

郢　1898，2360

憂時　1947

由之　1093

有麟　0027，0080，0096，0172，0232，
　　0266，0553，1483，1670，1706，
　　1797，1901，1969，2139–2142，
　　2280，2669，2748，2777，2841，
　　2884–2885，2949–2964，3016

圉莊　0409

宥別　0970

于成澤　0461，0490，2022，2367–2375

于廣虞　0633

于天慧　0101，1151

于鎮西　0351

余岱東　0543–0544

余家菊　1013

余上沅　0033–0035，0097，0778，0866，
　　2350

余文偉　1127，1322，1367–1369，1536，
　　2002，2040，2100，2773，2819，
　　2912，3037–3042

余幼塵　0564

俞念遠　2464

俞平伯　0307，0675，1625

俞琴　1456，2870

俞問樵　2122

俞宗杰　0013–0014，0194，0608–0609，
　　1107–1108，1167，1229，1420，
　　1457，1887–1891，3030–3033

隅卿　1263

愚公　2467

愚露　1518

宇文丙　0568，0800–0801，1049，2124

玉樹　1716

玉照　2844

喻元慶　2046

鬱陶　1909

元度　1102

沅君　1391，2863

袁嘉華　1240-1249

袁憲範　1624

原孝友　1045

遠林　0966

沄沁　1400，2176

雲卿　2028

雲岫　1541

雲章　1152

允明　0861

韻笙　2590

Z

在宥　1772

增田正雄　0199-0203

湛廬　1285，2776

章炳麟　0690

章進　1001

章錫琛　1608，2433

章淵若　0864，0876

章質夫　0561

張炳鈞　1720

張陳卿　0009

張定璜　2727

張東蓀　1630

張鳳舉　2290-2294

張敷榮　0460，2204

張光人　2854

張漢輔　2357-2358

張宏經　0975

張競生　0018-0021，0072，0299，0944，
　　0998，1158，1221，1407-1415，
　　1421-1438，1600，1692-1698，
　　1779，2613，2823，2909，3021

張覺民　1886

張鳴琦　0696

張潛華　0322

張清淇　2265

張權　2729

張榮福　0069-0070，0662，0833，1275，
　　1971，2027，2310

張銳　2211

張式銘　1171，2970

張崧年（張申府）　0056，1313，1667，
　　1933-1935，2258，2262，2780，
　　2807，3007，3029

張天廬　0391-0394，3009

張文亮　1370-1384，1538

張文蔚　0518，2505

張效良　0552

張煦　1609

張雪門　2705-2713

張一麐　0595

張一粟　0470

張乙雍　0502-0503

張蔭麟　0573，2918

張欽士　0334，2577

張永善　0884

張友鸞　1685

張友仁　2477

張玉蘭　1148

張雲濤　0554-0555

張中正　1503

張宙　2247

張子嘉　0596

招勉之　0706，1467

趙景深　0313

趙其文　1232-1233

趙奇　0832

趙泉澄　0081

趙瑞生　0236，1844，1941，2598-2599

趙天則　2380

趙雄　0115

趙雪陽　1656

趙哲存　1618

哲生　2864

枕戈　1149

枕歐　2811

振武　2696-2701

正言　1549

政均　1051，1751

鄭伯奇　1283

鄭介石　1620

鄭書年　2167

鄭孝觀　1184，2717-2718

知止　0010

直民　2887

志剛　0054

志仁　0940-0943

稚暉　0665，0705，0807，1147，2857，
　　3015

誌照　2905

稺望　0946

稺園　2906

中華教育改進社　0302

鍾敬文　2916

仲潛　0671，2253

仲儒　0535-0536

仲益　1856

重威　0012

重餘　1904

周長憲　1646

周方度　1143

周淦　0300，1691

周建人　1629

周傑人　1644

周開慶　2797

周倫超　0775，1281，1512-1513，1756，
　　2127，2241，2703，2814，3003，
　　3035-3036

周容　0349

周慎言　1261

周十力　0078，0403，2237

周素倩　2779

周亞衛　1899

周一志　1985–1986

周振禹　0425，0499

周志偉　1649

周作人　0312，0780，0839，1283，
　1587，1750，2778，2810

朱大枬　0683，1502

朱壽潛　1258

朱我農　1593

朱湘　0038，0141，0910，1154，1489，
　1874，1912，2048，2186，2600，
　2742，2843，2867，2874，3051

朱虛白　0092

朱馭歐　1755

朱子　1724

竹影　2850

祝冷然　1491

莊　2270

莊更生　1617

莊尚嚴　0650，0651

莊嚴　0652–0656，1262，1462

莊澤宣　2612

子美　1040，1197，1972–1977，2017

子潛　1276

子榮　1390，1699

子約　1189–1190

紫如　2119

宗璠　0230，0588，3043

宗杰　0913，1120，1726

祖仁　0521

昨非　1104

作　0031

作章　0274